学校臨床のヒント

村山正治　編

SCのための73のキーワード

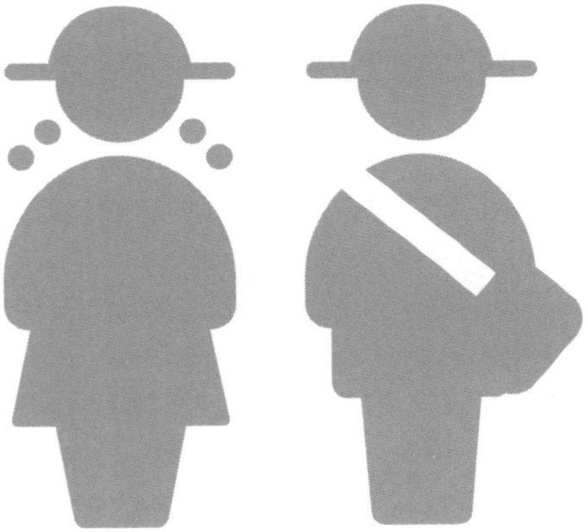

Ψ
金剛出版

はじめに

学校は大きく変わっていく。教育基本法の改正という大きな構造的な問題をとってみても，あるいは財政上の問題や学校の統廃合等をみても，学校はよくも悪くも変わっていく。当然，そのなかにある学校臨床――児童・生徒らに対する心理的なかかわりを主とする援助（スクールカウンセリングももちろん含まれるし，広義には，教育相談や養護教諭によるカウンセリングなども含まれるだろう）――も，変化してゆかざるをえない。ロジャースの三条件に象徴される心理援助のコアとなるものは変わらないが，時代が変われば風俗も変わるように，スクールカウンセラーも変化に対応してゆく必要がある。

社会は多様化しており，さまざまな価値観がひとつの学校に集まっている。起きる問題も多様になった。スクールカウンセリングに対するニーズは増えている。現場においてはなくてはならないものになってきている。1990 年代のいじめ問題を機に，スクールカウンセラーは国家事業として公立中学校に派遣されることになった。現在では，不登校の問題や非行などはもとより，教師や保護者への支援，事件や事故，災害後の緊急支援，また特別支援教育の援助などの対応も行なうようになっている。ニーズが多様化している。そのことに私たちは気づく必要がある。

予算面では，緊縮財政のなか仕方がないところもあるが，それでも，中学校だけでなく，高校，平成 20（2008）年度からは小学校にも配置が始まり，スクールカウンセラーに対する社会的な要請が高まっている証拠でもあろう。

心理的援助の技術と子どもたちに関する幅広い知識とともに，小中高等学校の教員や地域の人たちと協働して子どもたちの成長を支えられる人材が，スクールカウンセラーには求められていると言えるだろう。スクールカウンセラーには子どもと付き合える能力ばかりでなく，学校周縁に関する網羅的な知識が必要になってきている。

本書は，そんなスクールカウンセラーに必要な知識を 1 冊にまとめたものである。絶えず変化，発展しているこの領域の道案内として，新しい地図を提供しようと意図した。そのため，学校臨床のキーワードを選択し，この領域が展望できるように配列している。ベテランの方々にはさらなる活躍のためにこれまでの経験の整理に役立つだろう。また，新しくこの領域に参加する方々には幅広く展望できる道案内として座右に置いていただくのが便利である。また，スクールカウンセラーなどを広く活用してもらうために，学校教職員の方々も参考にしていただけると思う。

本書は，『臨床心理学』誌「学校臨床のヒント」というコーナー（20回あった）を元に，学校臨床のすべてを網羅するよう大幅に項目数を加えたものである。執筆者には，スクールカウンセラーとして活躍され，この領域を拓いてこられた方々にお願いをした。この「学校臨床のヒント」というコーナーは，編者が『臨床心理学』誌の編集委員に就任していた2003年（同誌第3巻1号）から始まり，任期を終えた後の2006年（第6巻2号）まで続いた。コーナーの発案をしたのは編者であるので行きがかり上，編者が本書を監修するという形になったが，項目は編者だけでなく，『臨床心理学』誌の編集委員の皆様のアイデアも頂戴している。これも感謝申し上げたい。

特に『臨床心理学』誌の編集委員長としても活躍されていた故 河合隼雄先生のことに触れておきたい。河合先生は，学校臨床に非常に重きを置いていた。河合先生自身が学校の教員（数学の教師だったというのは有名な話だろう）だったことと関係があるのだろう。編者たち学校臨床心理士ワーキンググループでは学校臨床心理士全国研修会を8月に開催しているが，去年の11回大会まで毎年河合先生には基調講演をしてもらい，好評であった。地元の兵庫の学校での緊急支援の話など今でも記憶に残る話も数多い。どんなに多忙でも，体調を崩されていても必ず駆けつけて責任を果たされた。本来ならば，この本は河合隼雄先生の監修として発刊するべきものだったのだが，いらっしゃらないのが残念でならない。本書を河合隼雄先生に捧げたい。

最後になったが，編集には金剛出版編集部の山内俊介さんと藤井裕二さんに大変お世話になった。記して感謝したい。

2007年8月

村山正治

もくじ

第2部 SCの基礎知識〈こころの問題編〉

第3部 SCの実践

第4部　学校教員への援助

第5部　保護者への援助

第1部 SCの基礎知識〈業務編〉

スクールカウンセラー・システム

村山 正治

キーワード：専門性，外部性，学校臨床心理士ワーキンググループ，政策科学

I 沿革と意義

日本のスクールカウンセラー（以下 SC）制度は，国の教育改革の一環として，平成7（1995）年4月から旧文部省が SC 事業（正式には SC 活用調査研究委託事業）として実施したことにはじまる。ここでいう SC 制度とはこの事業でできた制度のことを指している。

この事業はこれまで聖域視されてきた公教育の場に臨床心理士という外部の専門家を非常勤（週2日，8時間）で投入した点で画期的であった。これは学校側からすると，「黒船の来襲」「開国を迫られる」などと表現されたように，日本の学校の閉鎖性に風穴をあけることにもなったが，その反面，新しいシステムに対して学校側に強い抵抗感もあったのである。

この事業は日本のスクールカウンセリングの発展にランドマークとなるほどの歴史的意義のある事業であり，平成7（1995）年を「スクールカウンセリング元年」と呼んでいる。

この事業は，現場教師，保護者，児童生徒から高く評価され，旧文部省も概して好評と評価した。6年間にわたる実績の評価を基盤に，平成13（2001）年度から五カ年計画で，全公立中学校に SC が配置され平成17（2005）年度で完了している。平成19（2007）年度からは小学校への配置が実施される。近い将来，保育園，幼稚園への配置を要望している。このように日本の SC システムはまだまだ発展，変化して，さらに充実した制度化を促進していかなければならない段階にあり，固定した，完成した制度でないことを認識しておく必要があることを強調しておきたい。

II その概要

ここでは2期に分けて説明しておきたい。1期については旧文部省の平成7（1995）年度概算要求事項表に従って説明する。

1．第1期　平成7年度から12年度まで——SC 活用調査研究委託事業

1）**事業主体：**文部省初等中等教育局中

表１　スクールカウンセリング事業の規模と年度経過

	平成７年度	平成８年度	平成９年度	平成10年度	平成11年度	平成12年度
予算（千円）	306,534	1,100,044	2,174,000	3,274,044	3,378,396	3,500,000
配置校数	154	553	1,065	1,661	2,015	2,250

学校課。

２）**予算規模**：表１に平成７（1995）年度から12（2000）年度までの推移を示しておいた。154校，３億５千万円から出発して４年後には10倍の35億円に増加している。この種の事業では，中学校課はじまって以来の激増ぶりといわれていて，いかに国がこの事業に力を入れているかがうかがえる。平成12年度までの６年間に合計142億円の国費が投入されている。全国には４万の公立小中高校があるので，配置された学校はまだごく一部であることがわかる。

３）**SC資格要件**：システムで画期的なのは，SCの選考に当たって，教員でなく臨床心理士を中心とした学校外の専門家を起用したところにある。旧文部省はこれまでは教員に講習を受けさせてカウンセラーとして養成し，活用してきた。教員による教育相談としてスクールカウンセリングを位置づけてきたのである。これらを支援するため新しいSC事業に踏み切ったのである。

都道府県教育委員会は，財団法人日本臨床心理士資格認定協会が認定した臨床心理士など，児童生徒の臨床心理に関する高度な専門知識と経験を有する者をSCとして選考するとしている。この規定で画期的なのはその専門性と外部性である。

これまで旧文部省はカウンセリングの重要性を認識してきていた。そのため，現場教師の資質向上のため研修訓練に国家予算をつぎ込んできた経緯がある。いわゆる教育相談教師の育成訓練である。教職課程の必須科目にカウンセリングを組み入れるなどもしてきている。

一方，80年代以降，社会の急激な変化のため児童生徒の質的変化が指摘され，いじめ，不登校，非行などが多発して生徒指導の困難性が現場教師からも叫ばれてきていた。社会の各方面からもこれらの対応に教師だけでなく，臨床心理の専門家の援助が要請されてきていた。つまり教育相談教員の充実だけでなく，専門家の投入を必要とする事態が生まれてきていたのである。旧文部省の諮問機関である中央教育審議会はじめ各種の審議会などが心の教育の充実のため学校におけるカウンセリングの充実とカウンセラーの必要性を答申している（平成10（1998）年６月30日答申）。

以上SCには臨床心理士という専門性が必要とされてきたのである。

次になぜ認定臨床心理士かが問われよう。旧文部省も先述の状況に対処するため1980年代から外部の専門家の導入を考えはじめていた。しかし専門家の養成，認定機関という受け皿が必要であった。その受け皿になったのが，1982年に発足した旧文部省所管の財団法人日本臨床心理士資格認定協会であった。客観的にみて，試験制度，養成課程などどれをとってみても，現段階では，日本臨床心理士資格認定協会がもっとも信頼できる認定を行なっているため，学校への臨床心理の介入は妥当であろう。

4）勤務条件： SCは校長などの指揮監督のもとで以下の職務を行なう。

①児童生徒へのカウンセリング。
②カウンセリングなどに関して教職員および保護者に対する助言援助。
③児童生徒のカウンセリングに関する情報の収集，提供。
④その他の児童生徒のカウンセリングなどに関して各学校で適当と認める事柄。期間は1校に2年間が原則。年35週，週2回，1回あたり4時間の勤務を原則としている。

配置形態には3種類ある。

①**単独校方式：** SCは配置された当該学校のみを対象にする。
②**拠点校方式：** 中学校区程度の地域を単位としてその域内にある小学校，中学校のなかの1校を拠点校としてSCを配置し，域内の他の学校も対象とする。
③**巡回方式：** SCの配置校を特定せず，あらかじめ決めておく対象校をSCが巡回する。

2．第2期　平成13年度からの新しい事業——SC活用事業補助

平成7（1995）年度からはじまった旧文部省SC事業は，平成12（2000）年度で終了し，新たに配置事業に向けて大きな発展を遂げている。次にその概要を列記しておく。

①**配置校種：** 公立中学校を中心に配置する。中学校を拠点校とし，区域内の小学校等も対象とする配置方式も認める（公立小・高等学校への配置は全体の10％以内とする）。
②**勤務時間：** 1校あたり，週8時間以上12時間以内（非常勤）とする。ただし，必要な場合は週8時間以上30時間以内とすることができる。
③**資格要件**
1）SC（報酬単価5,500円を参考に定める）
・財団法人日本臨床心理士資格認定協会の認定にかかわる臨床心理士
・精神科医
・児童生徒の臨床心理に関して高度に専門的な知識および経験を有し，学校教育法第1条に規定する大学の学長，副学長，教授，助教授または講師（常時勤務をする者に限る）の職にある者
2）SCに準ずる者（報酬単価3,500円以内）
・大学院修士課程を修了した者で，心理臨床業務または児童生徒を対象とした相談業務について，1年以上の経験を有する者
・大学を卒業した者で，心理臨床業務または児童生徒を対象とした相談業務について，5年以上の経験を有する者
・医師で，心理臨床業務または児童生徒を対象とした相談業務について，1年以上の経験を有する者
（SCに準ずる者の活用は経過措置であり，原則として全体の30％以内とする。）

SCの実際活動の多様性： 学校は生きた組織体であるから，校長の顔がみな違うように，各校の醸し出す雰囲気やSCへの期待，ニーズなどは各校によって大変異なっているのが実際である。SCは1日4時間，週2日という勤務条件のなかでそれぞれ派遣された学校のニーズに応じて柔軟な姿勢で対応し専門性を発揮してきた。その結果，次のような活動を展開して教育現場や保護

者から高く評価されている。

①児童生徒，保護者への直接援助。不登校やいじめなど様々な悩みを抱える児童生徒やその保護者に直接面接して援助する。
②教師へのコンサルテーション。生徒，保護者への関わりについて専門的な立場から教師の相談に乗る。
③専門家として優秀なスキルを役立てる。箱庭療法，家族療法，動作療法，自立訓練，グループアプローチ，危機介入など，派遣されたSCが現場の要請に応じて得意のスキルを発揮して問題解決に貢献。
④教育対象の校内研修会の講師として活動し，校内におけるカウンセリングの理解を深めるのに役立った。
⑤ PTAの講演会講師として，保護者に対し思春期の児童生徒の心理の理解に役立つ講演を行なう。
⑥校内の事例検討会で教師の持たない新鮮な視点を提供して，教員の生徒理解を深め，援助指導を行なう。
⑦外部機関への紹介。緊急事態や他の援助機関への紹介が必要と判断されたときには，SCの持つネットワークを生かして適切な機関に紹介する。
⑧ SCにとっても，教育現場に出て学校の状況や教師の仕事の大変さに気づき，相互の理解，協力，連携のあり方を学ぶことができる。
⑨緊急支援活動。学校で起こる殺人事件，いじめによる自殺などさまざまな緊急事態への対応にSCが活躍している。これらの活動は地方自治体や学校から高く評価されている。これは組織として対応できる臨床心理士会の力量でもある。

Ⅲ　SCのバックアップシステム——学校臨床心理士ワーキンググループの創設

この事業が成功した要因のひとつにバックアップシステムの創設があげられる。SCが専門性を発揮しやすい条件を整備するため，旧文部省のSC事業開始当初から，日本心理臨床学会，日本臨床心理士会，日本臨床心理士資格認定協会の三団体の代表からなる「三団体合同専門委員会」を立ちあげた。のちに，学校臨床心理士ワーキンググループという名称で活動を行なっている。

このシステムは次の目的を持っている。

①三団体の知恵と資源を結集してこの事業が有効に機能するよう工夫する。
②旧文部省，各都道府県教育委員会から情報を集めて，集約し，SC事業に役立てる。
③この事業に役立つ研修，調査，シンポジウムなどの企画立案，実施など。

これとフラクタルな構造をもつシステムを各都道府県の臨床心理士会に設置した。これを「学校臨床心理士担当理事コーディネーター」と呼んでいる。各都道府県の教育委員会へのSCの推薦をはじめ，研修，スーパービジョンなどを実現して，大きな役割を果たしている。

これまで，①ガイドライン作成，②年2回全国学校臨床心理士担当理事・コーディネーター連絡会議の開催，学校臨床心理士全国研修会のシンポジウムや研修会の開催，文部科学省の企画，関連事業に対しての連絡調整，関連事業への人材派遣などの協力，事業の評価などをしてきている。

このうち，SC事業の評価は，これまで「学校側からみた学校臨床倫理士活動の評価」と「保護者からみた学校臨床心理士の評価」の二大調査を実施してきた。政策科学的立場から，いわゆるユーザーからみた学校臨床心理士活動の調査を行ない，学校側，保護者ともSC活動に満足し，大変高い評価を与えていることがわかった。臨床心理士を利用したことのある学校のほうが未派遣校より期待や評価が高いこと，現場へのSCとして臨床心理士の希望がもっとも多かったことなど，「概して好評」という文部科学省の評価を数字で裏づける結果になっている。今後の課題として教師との連携のあり方に工夫を要することも明らかになってきている。

Ⅳ　事業補助から制度化への課題

制度化するとなると，国家の財政状況，国と地方自治との絡み，などさまざまな問題が絡んでくることは，御手洗康前文部科学省初等中等教育局長が指摘している。法律の改正を含むさまざまなクリアすべき課題が山積する。

1）雇用の形態など：臨床心理士側からは常勤を希望する声が強い。身分保証，社会保険など非常勤職の持つ不利な条件のもとでこれまで頑張っている臨床心理士の声はわれわれにも十分届いている。しかしこの実現にはわれわれの努力を超えた国家の財政状況などが絡んでくるので，見通しは立てにくいのが現状である。もうひとつ，仮に常勤にしたときの学校内での位置づけをどうするかである。SCを利用者の立場からもっとも利用しやすいあり方や，専門家としての昇進問題など，現在の公務員制度とも絡んでくるなど複雑である。

2）拠点校方式と派遣校方式：これも一長一短である。現在併用しているが慎重に検討すべき問題である。

3）学校側の準備体制のこと： SCを活用する学校側の態度にはかなりの温度差があることも事実である。どのように体制を整えるのか。教師とSCである臨床心理士の連携のあり方の問題などもある。

4）臨床心理士の質を維持するには：活用調査がここまで発展した重要な要因に，「現場に役立った」という臨床心理士の専門的力量が高く評価されたことがある。これをどう維持していくか。これまで全国研修会，各都道府県での研修会などで実力の涵養を行なってきたが，スーパービジョンの体制など新しいバックアップシステムの構築が必要になってくるであろう。

5）指定制大学院の充実・拡大：日本臨床心理士資格認定協会が臨床心理士の資格認定のための大学院指定制（大学院は平成18（2006）年度156校を数える）臨床心理士の養成訓練が軌道に乗ったことは，SCの制度化のうえで大きな発展である。また平成18（2006）年度の臨床心理士資格試験合格者は1,635名である。今後も，年間1,600～2,000名近い合格者が見込まれている。

文　献

村山正治，鵜養美昭編（2002）実践！　スクールカウンセリング．金剛出版．
村山正治，滝口俊子編（2007）事例に学ぶスクールカウンセリングの実際．創元社．

チーム内守秘義務の実際

長谷川 啓三

キーワード：守秘義務，学校システム，チーム，情報交換

I 守秘義務――問題の発端

こんなことを想像してみてほしい。あなたは都道府県の要請を受けて中学校に派遣された学校臨床心理士である。ある担任から断続的な不登校の生徒について相談を受けた。もちろん心理の専門家として受けたのである。幸い子どもには，相談に必要な信頼は得ているようで，子どもも相談室までは登校してくるようになった。ただ教室には向かわないのである。子どもはカウンセラーにはなんでも話す。ところが，担任が，進級の問題で当の生徒と親との三者面談の席上，子どものことでカウンセラーから聞いていた，子どもにとってはかなり「プライベートなこと」をついしゃべってしまった。以降，子どもはカウンセラーに不信感を持ち，相談室へも来なくなった。

つぎに反対のケースも想像してほしい。カウンセラーは子どもとの信頼関係を徹底的に優先させるべきと考え，担任から相談を受け，引き受けた以上，自分の責任で，以降は絶対に，子どもの情報はもらさないと決めた。そこで担任や係の先生から子どもの情報を求められても，「守秘義務ですので」と宣言して応えないことにした。

いったいこんなことが実際にあるのであろうか。あるのである。いや，あったと過去形でいうべきか。まだ認定臨床心理士制度のなかった頃，まだ我々のこの事業が始まらない頃に，実際にも見かけたことがある。後者，つまり守秘義務上，一切子どもの情報はもらさないという立場は，むしろ厳格な訓練を受けた年配のカウンセラーの中に見られたように思う。

こんな問題をどう解けばいいのだろうか。筆者が属する宮城県臨床心理士会スクールカウンセラー部門でその解決を工夫し試してみて，成果を得ていることのひとつが，「チーム内守秘義務」もしくは，さらに特定して「集団守秘義務」と呼んでいる考え方である。それは，医行為との差異を打ち出すことで明解に理解できる「臨床心理行為」の基礎的な条件にも符合すると筆者は考えている。それは，東山らが明確にしているように，医療行為と臨床心理行為

の質的な差異の指摘にもまったく符合する（東山，2002）。これで子どものプライバシーをどう考え，尊重していくのか？

Ⅱ　学校システムを外側から援助する

まず我々は，学校というシステムが本来持つ力を外側から援助するのであるという立場を明確にしたい。もちろん学校へ派遣されたのであるから，学校内にあり責任の多くは学校長に属すもののひとつを遂行しているのであるが，我々が強調したいのは，学校は本来子どもの問題を解き，子どもを育て，自らを前進させていくという，諸々のシステムが共通にもつ力をもっているという点である。これはロジャースが個人の成長力を前提としたのと同じである。家族療法が家族の持つ自己治癒力を前提とするのとまったく同じである。

子どもの抱えるこころの問題であっても，先生のご努力（それは教育愛と呼ばれるのかもしれないが）でも解かれるのである。筆者などは，家族の事情などもあって，これからどう生きるべきかと悩んだときに，通常の授業，つまり「教科教育」で「救われた」という経験をもつ。社会科の先生がキルケゴールやサルトルをとりあげて実存主義の解説をしてくれた。高校２年になった時の倫理社会，それで救われた。つまり，どう生きるかは外側に求めて得られるというよりは，自らがこうだと決めればよいのである，人間は自らそう決めるべく「真っ裸で世界に投げ出されている存在」だと教えてくれた。これで歩きはじめることができた。また，考えてみれば臨床心理士の資格を持った教員も学校内に増えてきたのである。決して私たち，派遣された臨床心理士だけで子どもを援助するのではない。

ただ私たちには，最新の専門知識と技術があり，またこれこそ重要なのだと筆者は考えるが，カウンセラーは「学校システムの外側にいる」と子どもに映る位置にいるのである。組織図をみると，たいていの場合，相談室は実線ではなく点線で結ばれ，学校組織の真っ只中からは離れた所に置いてある。それでいいのである。どんなに緊密に連携をとろうとも，外側に置かれるほうがいい，子どもらにも外側に見えるほうがいい。だからこそ，彼らは，たとえばいじめの問題でも，また担任の先生に対する悪感情といった問題でも，相談に来てくれるのである。

Ⅲ　学校での臨床心理行為遂行の必要条件としての「チーム内守秘義務」

さてここまでくると，表題のチーム内守秘義務が意味するところは，おのずと理解を得られ始めたのではないだろうか。それは従来のように，あるいは現在でも，個人カウンセリングとは異なってスクールカウンセラー（以下 SC）ひとりがクライアントの情報を守秘義務下に占有するのではなく，それに関わる者が必要な情報を共同に持ち，かつ厳密な守秘をするということが第一の意味である。そこでは，子どもを援助するという最大の目的のために，どの情

表1　守秘義務について

①臨床におけるカウンセラーは，専門家としての判断のもと，必要と認められた以外の内容を他に漏らしてはならないし，資料を用いる場合は，来談者の秘密を保護する責任がある。
②しかし，スクールカウンセラーはチームの一員として働くことが大切であり，これらの事例についての情報の守秘の問題は「個人内守秘義務」というよりも，「チーム内守秘義務」あるいは「集団守秘義務」としてとらえたいと思う。
③事例に関わる援助チームの中では，必要と判断した情報交換はしっかり行い，共有した情報はチーム内守秘義務を守るということが大切である。
④守秘義務にも限界があるが，日頃からのSCと学校関係者との，信頼関係と共通理解があれば「守秘義務」はそれほど問題にならないと考えられる。

表2　スクールカウンセリングにおける守秘義務の特性

①スクールカウンセラーはクライアントに関する守秘義務を大切にしなければならない。特に臨床心理士は臨床心理士会の綱領によって，相談活動全般に関わる厳しい倫理規定を有していることを確認すること。
②しかし，スクールカウンセリングの活動はチームとしての相談活動であることが多く，「個人内守秘義務」というよりも「チーム内守秘義務」を負うと考えられる。
③「チーム内守秘義務」を徹底させるような話し合いをすること。特に，クライアントはカウンセラーが他の教員にプライバシーを漏らすことを心配しているケースがあり，そのような場合，「チーム内守秘義務」が徹底していないと倫理規定に反する重大な事態に発展するおそれがある。
④「チーム内守秘義務」のルールを守った上で，クライアントの抱えている問題の解決のために，教員と情報を共有する場合がある。しかしその場合でも教員が必要としている情報とカウンセラーが守るべき情報は質的に異なっていることが多い。カウンセリングで得たすべての情報を提供する必要はまったくない。
⑤クライアントの利益のために，やむを得ず教員と情報を共有する必要があると判断した場合，事前にクライアントの了承をとることが望ましい。

報を誰と共有するのかという，SCの判断力が問われることにもなる。またこのことは，「守秘，守秘」という守りの姿勢だけではなく，情報を相互に共有することを含む，援助システムをどう組むのかという積極的な問題でもある。

さて以下には，紙幅の都合上，我々のつくり使用しているスクールカウンセリング・マニュアルの中から，守秘義務の項を抜粋してお示ししたい。ところで我々も同感であるが，村山正治は，この問題は個別性が高く一律の解決を求むべきものではないとしている。以下は，日本臨床心理士会の倫理綱領を前提にして，筆者の属する宮城県臨床心理士会で考案し遂行して，その現実性を確かめているものである。

スクールカウンセリングの守秘義務の問題とは，上記に示したように，たとえば担任から不登校ぎみの生徒を預けられた場合に，その後の相談内容を，守秘義務を守りつつ，教員とどう連絡をとっていくのかという点にある。決してカウンセラー個人で閉じるべきことではない。また，個々のケースへの対応ではなく，我々は「一般解」を求められている。宮城県臨床心理士会ではこの問題について長年考え，平成12（2000）年度頭にこれを「活用マニュアル」の形で学校側と，臨床心理士側に正式に示し，協力を得た。以降，ほぼ毎年，活用マニュアル全体としては，内容に前年度での経験を基に修正を加えている。我々のマニュアルには，上記のように「スクールカウンセリングは学校が本来持つ自己治癒の力をシステムの外側から援助する役割を持つ」というシステム論的な姿勢が背景にある。

表1はまず，学校側に協力を求めたものを示す。これは以前にも紹介させていただいたが，公的なものであり，県心理士会の担当研究部ではこの記述に多大の慎重さを要求されたことはいうまでもない。個人の守秘義務をまっとうしつつ，上記にも示したスクールカウンセリング遂行の要求を満たすのか？　この記述自体がすでに守秘義務に関わるような慎重さを要求されたものである。そして表1の4項を選んだ。

次の表2は臨床心理士向けの上記に対応したマニュアルの部分である。内容は同じであるが，学校側と我々SCが共同して守秘義務を厳守しようという趣旨からは，自ずと両者に表現上の差異が出るし，そのリード役のSC側に，より厳しく課されることは理解いただけると思う。

注：本項は「臨床心理学」第3巻第1号（2003）に掲載したものを再録させていただきました。

文　献

東山紘久（2002）心理療法と臨床心理行為．創元社．

スーパービジョン

倉光 修

キーワード：スクールカウンセラー，学習意欲，動機づけ

スーパービジョンは初心者や訓練生が受けることが多いが，ベテランになっても折に触れて受けることが望ましいものである。とくに，スクールカウンセラー（以下SC）は我が国では新天地の開拓者であるため，スーパービジョンを受けることに大きな意義があるだろう。

SCの仕事は，一般の心理クリニックのセラピストの仕事と比べるといろいろな特殊性がある。まず，SCは学校に赴任するので，学校という組織やシステムについて，ある程度の知識を持ち，さまざまな状況で臨機応変に対応することが求められる。通常のカウンセリングでは，守秘義務は最も大切なことの一つだが，スクールカウンセリングでは，担任や養護教諭，校長や教頭，生徒指導担当教諭や教育相談担当教諭，あるいは児童相談所の児童福祉司や家庭裁判所の調査官などと，ある程度情報を共有する必要が生じることが多い。子どもや教師と面接室以外で会うことはしばしばあるし，面接中に突然教師や子どもが面接室のドアを開けることもあるかもしれない。心理テストを行った方がよいと思われるケースがあっても，テスト用具を用意してもらえなかったり，テストが禁止されるときもある。家庭や地域で発生した虐待や犯罪などが学校での問題に繋がったり，学校内で緊急事態が生じて対応に追われることもある。ともかくスクールカウンセリングでは，クライエントときちんと治療契約を結んで枠組みを守り，必要な期間会い続けるという形がとりにくいのである。

これらの点にいかに対応するべきかについては，これまでさまざまな示唆がなされてきたし，私も他に論じたことがある（たとえば倉光，1998, 2002）。そこで，本稿では，子どものクライエントのカウンセリングに対する動機づけについて考えてみよう。一般の心理クリニックでは，クライエントが自分の心理的問題を意識し，それを解決するのに有益な手段として心理療法やカウンセリングを受けるケースがモデルになっていることが多い。もちろん，自閉症児や被虐待児，不登校児や非行少年，心身症者や統合失調症者などでは，「クライエ

ント」は心理療法やカウンセリングをそのようなものとして捉えていないこともある。しかし，少なくとも，保護者には，そうした目標と手段について，ある程度同意が得られるだろう。そして，そういう「クライエント」でも，クリニックに継続して来るときは，自分の問題をある程度意識しているのではなかろうか。

けれども，SC が会う子どもは，自分の問題を意識していなかったり，カウンセリングをそのようなものとして受け取っていないことが多い。たとえば，学習意欲が落ち，不登校傾向がある子どものケースを考えてみよう。彼らのなかには，そうした状態を改善したいと思っているようには見えない「クライエント」がかなりいる。将来進学したい学校や就きたい仕事がない場合，希望校や志望職種があっても進学可能性や就職可能性が低いと思う場合，学校へ行って競争事態に直面すると自分の能力が低いことが明らかになるので嫌だと感じている場合（中島敦『山月記』），あるいは，希望通りに進学や就職ができたとしても，やがてリストラや家庭崩壊などに直面して不幸になるだろうと思っている場合などでは，登校意欲や勉学意欲を高めるために，カウンセリングを受けようとは思いにくいだろう。毎朝，腹痛が起こったり，特定の授業を受けていると気分が悪くなる生徒が，身体症状を緩和するためにカウンセリングを受けたいと思うだろうか。

また，いじめに遭っている子ども，虐待を受けている子どもなどでは，自分よりも周囲の人を変えてほしいと思うだろう。

このようなケースでは，SC は，自分の仕事についてどう説明したらよいか悩む。彼／彼女たちは，子どもの内界に心の傷となるようなイメージや，秘められた欲求や，自己否定的な観念などを読みとり，問題となる行動はそのような内的世界を反映するものとして捉えようとするだろう。また多くのカウンセラーは，子どもたちには本来知的好奇心があり，条件さえ整えば，他者の役に立つ仕事をしたいと思うものだと信じている。現環境はそのような条件を満たしていない（経済的豊かさは必要条件ではない）。したがって，カウンセラーは，その状況を的確に把握し，できればそういう条件の一部を提供し，仕事や勉学に対する動機づけが芽生えてくるのを援助するのである。

けれども，もし，子どもたちがいっさい勉強したくないと思っていたり，将来したい仕事などまったくないと感じているとしたらどうだろうか。しかも，そういう自分について話すことは，弱みを見せるような気がして，避けたいと思っているとしたらどうだろうか。このようなケースでは，カウンセラーのほうからその点について言及すると，いっそう傷ついて二度とカウンセリングルームに来ないかもしれない。そこで，カウンセラーはそれは推測するだけにとどめ，漫画の話ばかりしたり，タレントやゲームの主人公の絵ばかり描いていたり，箱庭に怪獣を埋めることばかり繰り返すクライエントをただ温かく見守ろうとするかもしれない。

しかし，この種のアプローチは的確な推測に基づいていないと，非常に持続しにくい。SCは単なる遊び相手ではない。クライエントの反応や表現から，これまでどのような内的体験をしてきたか，今はどんなイメージや感情を抱いているのか，今後どのような願いを持っているかを的確に把握してこそ，解決の糸口が見えてくる。けれどもこのようなケースでは，外的状況についての情報が乏しく，しかも，クライエントがどれほど継続的に来談するかわからないのだ。

SCがこのような状況に置かれているならば，どのような形にせよ，スーパービジョンを受けること，すなわち，自分の推測や見立ての妥当性について，あるいは，対応の意味やアプローチの効果について，臨床心理学的に検討する場を持つことは，非常に重要だろう。スーパーバイザーから示唆が得られないと，「いったい自分はここで何をしているのだろう。何か役に立っているのだろうか」というような疑問が起こってきて，無力感や無意味感に圧倒されてしまうかもしれない。とりわけ，臨床心理士の資格を取って間もないSCには，スーパービジョンは不可欠だろう。「私にはスーパービジョンなど必要ない」と断言する人もいるらしいが，そういう人ほどスーパービジョンが必要なのではないかと私は思う。聞く耳を持たない人はカウンセラーとして機能し得ないからである。

文　　献

倉光修（1998）臨床心理士のスクールカウンセリング２．誠信書房．

倉光修（2002）スクールカウンセラーへのスーパービジョン．In：村山正治，鵜養美昭編：実践！　スクールカウンセリング．金剛出版．

コーディネーターの実際

髙橋　功

キーワード：スクールカウンセラー，コーディネーター

I　コーディネーターの役割

日本における公立学校のスクールカウンセラー（以下SC）事業は，平成7（1995）年度に当時の文部省の「SC活用調査研究委託事業」から始まり，平成13（2001）年度には国費補助事業に発展し現在に至っている。

当初から，都道府県の臨床心理士会に，学校臨床心理士担当理事とコーディネーターが組織され，SCのバックアップの活動を行ってきた。

SCは，都道府県の教育委員会が採用し各学校に配置されているが，ほとんどの自治体では一般公募はされていない。SCの採用については，都道府県の臨床心理士会がSCを希望する臨床心理士有資格者をSCの候補者として募集し，各自治体の教育委員会に推薦する方法が一般的である。また，公立学校における心理臨床活動は新しい分野であることや，学校では幅広い専門性が求められること，学校状況を的確に把握して活動しなければならないことや，学校の管理職から緊急事態に応じた心理的援助を求められる場合もあること，などからSCには絶えず資質向上が求められている。

そこで，コーディネーターの大きな役割は，前述したようなSCに適した臨床心理士の確保とSCのバックアップである。

II　組織としての
コーディネーター活動

コーディネーターの一般的な役割は各臨床心理士会で共通しているが，具体的な活動内容については各県ごとに違いがあるため，ここでは東京臨床心理士会でのコーディネーターの活動を紹介する。

2007年度東京都では，公立中学校約650校，高等学校30校に500名以上の臨床心理士がSCとして派遣されている。学校数もSCの人数も非常に多いため，東京臨床心理士会では，臨床心理士の人員確保やSCの資質向上などのバックアップ活動を組織的に行っている。

今年度は，東京臨床心理士会の会長，副

会長，担当理事（東京臨床心理士会では専門委員長と称している），コーディネーターを含め14名が「学校臨床心理士専門委員会」（以下，専門委員会）の専門委員としてSCのバックアップなどの活動を行っている。

また，東京都のSC全員が，「東京学校臨床心理研究会」（以下，研究会）という研究会に所属し，研究，研修などの活動を行っている。

この研究会活動は，全員が一堂に会する全体会が年間2回，約50の地域別のグループに分かれて行う地域会が年間5回，初任者会（今年度初めて東京でSCになった人）が年間5回実施され，テーマ別の研修や実践事例研究などを行っている。また，現役SCの中から14名が，研究会運営委員として専門委員会から選出され，全体会や初任者会の企画・運営に携わっており，約30名のスタッフが協力してSC活動を相互にバックアップするシステムを作っている。さらに今年度からは，研究会のホームページを立ち上げ，専門委員会からの情報をより迅速に会員に提供し，会員相互の情報交換を円滑にしている。

Ⅲ　コーディネーターの活動の実際

東京では組織的にSCをバックアップしているが，ここではコーディネーター個人の具体的な活動を紹介する。

コーディネーターの役割を大きく分けると，1）人材確保と教育委員会SC事業担当者との窓口，2）SCに関する情報の管理，3）携帯電話やEメールに寄せられるSCからの相談へのワンポイント・アドバイス，4）地域分科会への参加，などがある。

1）東京都では，今年度ほぼすべての公立中学校に臨床心理士のSCの配置が完了しているため，今後のコーディネーターの役割は，欠員が生じたときの後任の確保である。臨床心理士会の会報などで全会員にSC関係の情報を提供してSC希望者のリストを作成し，教育委員会からの依頼に速やかに応じられるような体制を整えている。

2）SCとして活動するときに，SC同士の情報交換が役立つことが多い。そのため500名以上のSCが，お互いに情報交換が円滑にできるように連絡先や専門分野などの情報を整理し，SCからの問い合わせに応じて的確な情報を提供することもコーディネーターの重要な活動の一つである。

3）SCが困難な状況に遭遇し緊急に相談する必要が生じる場面がある。その場合，コーディネーターを含め専門委員4人が専用の携帯電話を持っていてSCからの相談に応じられるようになっており，コーディネーターには年間数十件の相談がある。短時間の簡単な助言であるが，SCにとっては困ったときにその場で誰かに相談できるという安心感がある。

4）研究会の組織として，東京都を約50の地域に分けた分科会があり，SC全員がそれぞれの地域別の分科会に所属して研究活動を行っている。そこでは，実践事例の検討やその地域特有の課題の対応を検討しているが，コーディネーターが参加を依頼され，助言を求められることもある。コーディネーターは，できるだけ多くの分科会に参加し，地域特有の課題やその対応を知り，情報を提供できるように心がけている。ある分科会で生じている課題が，ある地域では解決済みである場合も多く，情報を提供することが解決のための参考になることも多い。

全国的には，コーディネーターは年に2～3回，「学校臨床心理士担当理事・コーディネーター全国連絡会議」に参加している。この連絡会は，日本のSC事業全体に関することの連絡会議であるが，近県が集まって情報交換をする場にもなっている。

このように，コーディネーターにはSC事業を発展させるための活動とSCをバックアップするための役割がある。しかし，コーディネーターはボランティアの仕事であるため，活動に限界があるのが課題といえるかもしれない。

スクールカウンセリングの評価について

林　幹男

キーワード：スクールカウンセラー活用事業，スクールカウンセラーの効用，専門性，外部性，倫理性，職場適性

文部科学省は，平成13（2001）年度から漸次拡張してきたスクールカウンセラー活用事業において，平成17（2005）年度には全公立中学校にスクールカウンセラー（以下SC）を配置することを目標に進められてきた。制度的事業とはいえ，逼迫する財政事情下でこうした右肩上がり予算化の見通しが立ち得るのも，調査研究事業以来「心の専門家」としてのSCの活動が学校現場や保護者から相応の理解と評価（信頼）を得てきたという世論に支えられているところが大きいといえよう。

事業が計画通りに進むとすれば，全国の中学生が等しく心の専門家のサービスを享受する機会（権利）を有することになるわけで，提供されるサービスに地域差やSC側の事情などによる差異が生じることは，原則的に，許されなくなるわけである。その意味では，本事業の妥当性検証資料としてSCの業務や役割に関してさまざまな角度からの評価が求められるであろうし，その方法や妥当性についての検討も今後の重要な課題となるであろう。

ただSCの評価といっても，評価者によってその目的や対象（内容），方法，結果の取り扱い方などにそれぞれ微妙な違いがあるであろう。ここでは現行のSC活用事業を前提に，SCの評価について主にその目的・内容という面から筆者の私見を混ぜながら論じることにする。

Ⅰ　SCの効用――事業主の視点

SC活用の効果という観点から，多くの場合，事業主（文科省・教育委員会）が行うSC評価である。例えば，文科省ではSC配置校と未配置校との比較という方法で，児童生徒の学校不適応行動の改善や教職員の教育相談的意識・態度改善などの程度について，調査資料を通して事業評価を行っている。結果は，目下のところ，SC配置校における改善率が未配置校に比してやや高いことを示しており，前述のように同省のSC活用事業の積極的展開を支えていることになる。こうした国家政策レベルでのマクロなSC評価は，今後，費用対効

果という財政的（納税者的）見地からの評価とも連動していく可能性もあろう。

Ⅱ　SCの専門性──ユーザーの視点

これは，より直接的SCユーザーとしての学校（教職員）や児童生徒およびその保護者から，SCの「心の専門家」としてのサービスの内容や方法，効果等についての評価である。代表例は日本臨床心理士資格認定協会，日本臨床心理士会，日本心理臨床学会で組織された「学校臨床心理士ワーキンググループ」が，SC配置校における教職員および保護者を対象に実施した全国規模の詳細な調査結果（『臨床心理士報』20号，22 & 23号）に見ることができる。学校（教師），保護者いずれの場合も，SCの専門性に対する期待や満足度について全体的に肯定的な評価がなされており，SCの配置時間や人数の増加等，事業の一層の充実を望む声も大きいことが示されている。

これらのSC評価は，ユーザーによる個々のSCに対する個別評価から統計的に抽象化されたいわば平均的SC像に対するものになる。大局的なSC評価としてSC活用推進を裏づけるという点で意味をもつが，直接の評価者として教師や保護者が自校のSCの活動に対して抱いた感想や評価の内容とは一致しない面も少なくないであろう。その意味では，今後，より注目される評価は個々のSCの活動についての評価内容が直接的に当事者にフィードバックされ得るものになるのではなかろうか。

Ⅲ　SCの適性（職場適応性）──任用者の視点

それは，端的に言えば，SCの雇用（選考任用）に反映される評価でもある。周知のように，本事業では，SCは各自治体（教育委員会）の非常勤職員（単年雇用）として選考任用され，各学校へ配置されるかたちがとられている。したがって，配置校でのSCの活動状況が，求められているSCの業務や役割に照らして妥当か否かが，教師や児童生徒および保護者，担当行政官等からの評価に基づいて判断され，翌年度の任用（更新）の可否が決められることがあっても不思議ではない。またSCの任期（同一校配置年数）や配置換えに関する妥当な基準の設定等とも絡めて，この種のSC評価は求められることとなるであろう。もっとも，ここでいう評価はあくまでも専門家としての有用性を問題にするものであって，組織における人材育成に関わる人事考課とは性格を異にすることはいうまでもない。

この種の評価では，SCとしての専門性に加えて，その職場適性も重要な評価対象となり得ると予想される。SCは，非常勤とはいえ，学校教育に直接参画する職員である。学校というコミュニティに関わるSCには，専門家として一定の外部性を保持しつつも，学校文化を成員と共有できる社会適応性が欠かせない。勤務態度（時間励行等），教職員とのコミュニケーション（連携・協働の作法），生徒指導上学校職員として相応しい服装や言動，教育委員会主催の連絡会議や研修会等への出席状況等，ある意味では，専門家という前に一人の常識的な社会人としての立ち居振る舞いが学校関係者や教育委員会の目に映るSCの実像に大きく影響しかねないからである。

Ⅳ SCの倫理——専門家の視点

これはSC自身による自己評価，すなわちSCとしての自分の日頃の活動を冷静に点検し，専門性を笠に着た独善的行動に陥らないための自己管理に関わる作業である。ここでは援助・介入に関わる見立てや技法適用，連携等の妥当性のみならず，むしろそれ以上にそうした専門家としてのマネジメントに潜む倫理的側面（個人情報の取り扱い等）について評価されるべきと考える。ただ，一人職場にある多くのSCにとって，この管理力を自身で問うことはなかなか容易ではない。その意味では，むしろ，スーパービジョンや専門家（SC）間での研修というかたちで各々の活動ぶりを点検評価する機会が保障されることと，その機会を積極的に活用するSCの真摯かつ謙虚さ等が問われることの方が現実的かもしれない。

同時に，この種の評価結果はSCが所属する職能集団（臨床心理士会等）として個々のSCの適性と力量を担保し，SC候補者推薦および事業主（教育委員会）やユーザーによる評価の妥当性・信頼性の検証等においても効果的に生かされることが望まれる。筆者がコーディネーターを務める福岡県においても，目下，こうした観点からのSC評価のあり方を臨床心理士会と各教育委員会との連携の下に模索しているところである。

広域をカバーするスクールカウンセリング

吉澤 智子

キーワード：乳幼児健診，アセスメント，特別支援教育

スクールカウンセラー（以下 SC）事業が始まって10年以上になる。筆者は調査研究の2年目から中学校へ派遣された。これを遡る数年前から，保健所主導で行われてきた乳幼児の健診が市町村へおりてきている。臨床心理士の資格認定が始まったのとだいたい時を同じくしているわけである。健診にかかわる10数年と，SCとしての10年近い年月が，子どもの成長，発達について意味深いところを筆者の目の前にみせてくれた。

数年前から派遣された中学校で，ある時，不登校傾向の訴えで中学2年生の女生徒に面接した。「教室にいても一人になってしまう。家では勉強をしなさいと言われる。やらなければと思うけれどもできない。休むと叱られる。お父さんは早くでかけて，帰りは遅いから，お母さんと相談して，休んだことはまだ言っていない」などの話が，か細い声で語られた。学校側からは，「おとなしい生徒。小学校からは中学入学時，特記事項はない。現在教室では孤立というより影の薄い生徒。学習は遅れ気味」との話があった。

筆者は，面接をしながら，どこかでこの生徒の名前を聞いたことがあると考えていた。そして思い出したのが，同市で継続している〈遊びの教室〉である。〈遊びの教室〉は乳幼児健診が市サイドにおりたと同時に始まり，主として，1歳半健診，2歳児健診，3歳児健診の中で，言葉，行動，母子関係などでリスクを持っていると思われる親子を誘って，月2回開かれる教室である。当市では，健康推進課（福祉課）の保健師3名，障害児保育に携わる保育士2名，ST（言語療法士），OT（作業療法士），臨床心理士各1名で構成されている。昭和62（1987）年に始まる記録を繰って見ると，この教室を通過していった子どもは400名を超える。年齢は，上はすでに20歳を過ぎている。そして今，学校の中で再びその子どもたちに会うことになったのである。不登校傾向の生徒を発端として，その後，小学校（中学の学区内）や，地域校と言われる高校（学校独自の特別予算でのSC）の中でも，問題を抱える生徒を乳幼児期か

ら見返してみる視点を取った時，意外に多い数で子どもの名前が結びついてくるのに驚いている。仕事の場がコミュニティの中の「子どもを育てる」というフィールドと密接につながり，縦軸として乳幼児から就学の各段階へと辿っていかれるところにあったことが，大変貴重な経験を与えてくれたのである。

アスペルガー，ADHD 等の診断がついた生徒の多くが〈遊びの教室〉に通っている。また改めて考えさせられるのは，校内で反抗的な態度が目立ち，教室での適応を欠き，逸脱行動やはっきりと反社会的行動に走る生徒である。それらの数人がやはり〈遊びの教室〉に名前があった。乳幼児健診から〈遊びの教室〉と，フォロー体制はできている。そして，小学校では無事過ごしていると思われながら，中学，高校で深刻な問題が浮上してくるのをみるのである。子どもの発達と育てるという視点において，制度の見直しの必要を思う。

今年度文部科学省で始まった特別支援教育がそれなのかもしれない。医学（出産），福祉（健診，保育園），教育，労働と一貫性を持って，ニーズのある児童生徒に支援をしていくという発端に立ったのが今年度である。その中で SC に求められているものは，地域に根ざした生活のさまざまなステージでの，一貫性のある支援の要として，機能することかもしれない。

ケースより

ある年，新学期早々から，中学３年生の７名に変化がおきた。２年生から服装や行動面が目立ち始め，「上級生がいなくなったら……」と，職員の間では懸念の声は聞かれていた。教室に入れない，遅刻や学校をぬけだす，器物にあたり傷つける，意味不明の叫び声があがる等，心配は現実になってきた。

このような場合，この生徒たちが筆者の相談室へくることはほとんどない。ここが面白いところで，カウンセラーのあり方や性格を生徒はきちんと見抜いているのだろうと思う。どのような状態の生徒でも，またどのような想いを持った生徒でもたずねてくれるのがよい相談室なのかもしれないが，無理せずに自分のあるがままを守っていこうと考えていた。授業中廊下を通ると，階段の手すりに５，６人またがった彼らが「カウンセラーの先生，俺らと同じように暇なんだ」等と声をかけてくる程度のつき合いで過ごしてきた。

夏が過ぎる頃，彼らの行動はますますエスカレートしていき，とうとうその中の３人が警察の介入するような事件をおこした。この間，３名の母親は子どもの行動を心配し相談室へたずねてきている。各，月２回の割合でカウンセリングを入れた。

10月の学校祭も終わって，気候も寒くなり，いよいよ３年生は受験態勢に入っていった。この時初めて，担任に，「相談室へ行くようにと彼らに言って欲しい」と依頼をする。タイミングがあって，早速２人がやってきた。１人はこのグループの中心人物である。

「先生のところへ来て何かやれば，俺のことがわかるのか」と聞いてきた。〈わかるって言っていいのかは自信がないけれど，あなたのことは理解できるかもしれない〉，「じゃあ，何かやってくれ」。不安を抱えた，率直な言葉に，この回，別々の席に２人をつかせて〈風景構成法〉をとった。筆者の理解できる範囲で，本人の方向性を出す助けになればということを心がけて，２人別々に説明をした。静かに聞いた後，「先生，俺がバカかどうかわかるか」とたずねた。〈バカかどうかというのは基準がないのよ。あなたが，どんなところが得意でどんなところで苦労しているかということならわからないわけではないけど〉。「じゃあ，それをやってくれ」。〈この検査はとても大変なのよ〉。「どんなにたいへんなの」。〈私と２人でいろいろなやり取りをするの。１時間半くらい時間も必要で，しかも家の方の許可がいるの〉。「それでもいい，やる，いつできる？」大変性急な話であった。

担任が保護者の許可をもらうことも本人が承知し，２週間後にWISC-Ⅲの検査をすることとなった。この間の相談日に，先の２人がグループの４人を引き連れてやってきた。「すげー当たるから，お前らもやってもらえ」，「絵をかくのをやってあげてくれ」というのである。本人たちも希望して〈風景構成法〉を次々とかいた。自分の番がくるのを，となりの卓球台の部屋で静かに待っていたのは，彼らの「自分がわかる」という緊張だったのかもしれない。

結局，６人については〈風景構成法〉とWISC-Ⅲの検査をすることになった。この中の３人には〈遊びの教室〉の記録もあった。１人は「言葉全般におそく，声の出し方が不自然」，１人は「行動がアンバランス，人への興味がうすい」，もう１人は「音に過敏，体が小さい」というような記述が残っていた。彼らが生きにくさを抱えてここまで来たことを思いやった。

いろいろな経過を辿りながら，彼らは大きな不安の中で卒業していった。

特別支援教育の施行において，誕生から社会への巣立ちまでをつないでいく視点を求められる役割が，SCに，新たに加わった感が強い。

学校医からの提言

ともに学校に在って

有井 悦子

キーワード：健診，学校保健委員会，授業，学校医，医療機関

Ⅰ はじめに

心理臨床の重要な職域のひとつであるスクールカウンセラー（以下SC）事業は，生徒，教師，保護者（家族）の“困難”のアシストに大切な役割を担って10年以上が経った。この間，学校臨床ワーキンググループが中枢となってネットワークを築き，研修会やシンポジウム，バックアップシステムの充実によって，スクールカウンセリングの質の向上が計られた。このシステムの確立と配置事業の成功裏の進展は，今後のさまざまな事業のモデルともなりうる。

一方，学校医制度は同じく外部からの専門家である医師が学校に入り，100年あまりの歴史を重ね，学校保健に多大な役割を果たしてきた。そして身体の保健は期待される水準にほぼ達したが，学校の懸案事項は，変遷し，SCの働きがあってもなお，学校は難渋している。SC制度が定着した今，発達の視点を共通の基盤として，SCと学校医がこころや身体の専門家として，積極的に協働を進める機は熟している。

Ⅱ SCと学校医の協働に向けて

1．学校医への期待

2005年10月，京都市学校医会は，京都市教育委員会の協力を得て，学校保健の実態把握，現場の要請に合った働き方，およびSCとの協働の方策を探る目的でアンケート調査を実施した。対象は，SCが配置されている京都市の全公立中学80校の学校長，養護教諭，SC，学校医。それぞれ97.5％，91％，98.7％，80％と高い回収率であった。学校長が生徒の健康で一番の課題とするのは，①不登校38.5％，②こころの健康（いじめなど）31％，③学習の障害15％，④社会的逸脱行動10％で，ほとんどがこころの関わるもので，身体面は5％にすぎなかった。学校医に期待することは「こころの問題にも関わってほしい」が41％で，「身体の健康管理のみでよい」と答えたのは15％であった。一方，学校医が受けている相談はアトピー（性皮膚炎），肥満，感染症，気管支喘息など主と

して身体についてであり，合わせて70％を超える。学校医が答えた「これからの役割」は，「こころの問題解決に取り組む必要がある」が65.5％にのぼり，「身体の健康管理のみでよい」は，19％であった。このように，こころの領域は，学校からも期待され学校医自身も重点課題としているものの，多くの学校医は身体医であり，手をこまねいている現状がある。

2．学校医の働きどころ

学校医はこころに焦点づけなくても，身体を診ることで，こころに役割を担うことが出来る。子どもは，成長発達が著しく，医学的に十分には解明されていないが，生物として未成熟で心身の相関が強く，防衛反応がおこりやすいといわれ，多くの臨床家が認めるところである。このため，こころの困難が，身体症状や所見，成長発達によく顕れる。そこで学校医の医学的判断およびアプローチは大きな意味をもつ。これに基き，教師やSCに，守秘義務に十分配慮しつつ情報提供を行えば，生徒の身体を併せた全体像を把みやすくなる。

具体的には，健診や，健康相談が，早期発見と手当ての手掛かりの場となる。成長曲線を活用して，摂食障害，こころの関与する肥満，虐待による成長障害を診断し，不自然な外傷痕で身体的虐待，未治療の気管支喘息などで医療ネグレクトなどを疑う。ある程度の発達障害なども健診で把握できることもある。慢性疾患を有する生徒のこころの困難も，病院ではなく，学校という日常生活の場でわかる機会ともなる。健診を受けにくい不登校の生徒を“無理のない範囲で”という前提で，学校医の医療機関を受診させる動きが拡がっている。中には，早急に治療を要する身体疾患が判明したり，身体症状が手当てされることで，状況が変化する場合もある。身体症状や強迫行動が目立ち，登校に強く抵抗を示す生徒が，“自閉症スペクトラム”などである可能性は高く，理解や手助けへ踏み出せる。全校生徒を診ることができる貴重な機会となる健診は，このように従来にも増して大きな意義をもつ。有用な問診票を作成し保護者の丁寧な記入を促すことで，短い時間を有効に活用できる。学校教育の重点である心身の保健の充実には，もう少し時間をかける調整が必要である。

3．協働をすすめて

前述のアンケートで，SCの配置を知っている学校医は62.5％で，面識があると答えたのは11％にとどまった。一方，SCに学校医との連携を尋ねると，うまくとれている0％，まあまあとれている1％，とれていない89％，その他10％であった。学校医が日頃ともに働く養護教諭はSCとおおむね連携がとれている上に，「こころの問題解決に適任なのは」の問いに75.4％がチームで連携と答えており，コーディネーターとして期待できる。もちろん，学校医も，SCも，お互いに，“直に”，と努力することが，おおいに期待される。そのためには，

1）健診，健康相談の日程を，可能であればSCの出務日に調整する：顔を合わせて，できれば養護教諭を交えて小カンファランスを開く。
2）SCが作成する広報を学校医の手元に：「ハジメの一歩」は仕事の内容を知ることから。
3）SCの行う研修会への出席を学校医に促す：学校医が身体とこころ，発達，心理臨床に理解を深める機会に。
4）学校保健委員会に学校医・養護教諭が働きかけて，SCが参加する：学校医とSCが各々の専門的判断を出し合う場になる。学校医は，主治医とのつなぎの役も担い，地域の医療機関情報も提供できる。SCは，臨床心理士としてのフットワークのよいネットワークを有する相談・支援機関やその具体的業務内容も情報提供できる。

一人の生徒，家族に，多くの職種の人々がさまざまな視点をもって協働をすすめることが今後，非常に重要になってくる。

Ⅲ　SCに恃んで

学校は“教育”の場であり，生活の場であり，成長発達の器である。その“教”えることと，“育”つ手助けをする授業にもSCの専門性がおおいに期待される。生徒が，心理社会的発達などについてSCから学ぶと，自分自身についてや，家族をはじめとするまわりの人々への洞察を深め，自分を護り，他者との関係をつなぐ力をつけることが期待される。そうすると，どれだけ，生きやすく，生を愉しめるようになるであろうか。また親になった時に，過剰な育児不安を抱かず，苦慮することはあっても，子どもとの暮らしをより愉しめるのではないか。SCの行う授業の中で，ゆっくり聴いてもらう体験をすれば，子どもたちは，聴いてくれる相手のいる喜びも識り，ゆっくり聴くことの大切さも知る。こころの困難や発達障害の特性などを学ぶと，仲間とともによく暮らし，それが当たり前となる社会を創っていくことが期待される。

メンタルフレンドについて

野島 一彦

キーワード：訪問援助，非専門家，ケア・ネットワーク

I　メンタルフレンドとは

メンタルフレンドとは，不登校・ひきこもりなどの状態にある子どもの家庭に派遣され，話したり遊んだりなどをとおして，子どもの立ち直りに貢献する大学生などを指す。従来から大学の教育相談室などでは心理系の学生を家庭に派遣するということは行われていたが，1991 年に厚生省が「ひきこもり・不登校児童福祉対策モデル事業」を開始し，その中に「ふれあい心の友訪問援助事業」を位置づけてから，児童相談所を拠点としてメンタルフレンドが活動を行うようになった（加藤，1997）。今日では，厚生労働省の事業とは別に，教育委員会によるメンタルフレンド派遣事業，民間によるメンタルフレンド活動（大原，2003）などもある。

II　不登校対応のケア・ネットワークにおけるメンタルフレンドの位置づけ

不登校の子どもに対応するケア・ネットワークは大きく 3 種類あると思われるが，その全体的構図の中での「メンタルフレンド」の位置づけは次のとおりである。

1．一次的ネットワーク＝学校内システム

1 つの学校内システムにおける不登校の子どもに対応するマンパワーとしては，第 1 に子どもに直接関わったり，家庭との連絡を行う〈担任〉がいる。第 2 に〈カウンセリング・パワー保持者〉として，①相談教師（ティーチャー・カウンセラー），②養護教諭（ヘルス・カウンセラー），③スクールカウンセラー（以下 SC。地域によってはスクールアドバイザー）：「メンタルフレンド」との連携，④（地域によっては）ピアサポーター，などがいる。第 3 に以上のマンパワーを統括する〈管理職〉がいる。

2．二次的ネットワーク＝学校外教育システム

1 つの学校を超えて教育委員会の管轄下にある学校外教育システムとしては，教育センターや教育事務所の教育相談室，適応

指導教室などがある。そして教育委員会による「メンタルフレンド」派遣が行われている。

3．三次的ネットワーク＝地域システム

教育委員会の管轄を超えた地域システムとしては，少年相談センター，児童相談所，精神保健福祉センター，医療機関，フリースクール，民間の入所施設などがある。地域での「メンタルフレンド」派遣は，公的には児童相談所などが，民間では諸組織が行っている。

Ⅲ SCとメンタルフレンドの連携

SCによる学校内での不登校対応のアプローチとしては，①子ども本人とコンタクトできるようであれば子ども本人への直接的援助，②子ども本人とコンタクトできないようであれば保護者あるいは担任への間接的援助，が一般に行われている。

現実的には，ほとんどの不登校の子どもは学校内でコンタクトすることは難しい。多くの場合，家から外に出ることができないとか，家からコンビニや塾には出かけることはできても学校には来られないといった状態だからである。それで近年は，SCの方から子どもの家庭に出かけていく訪問援助が次第に増えてきつつある。そして訪問援助の成果もあがっている。しかし，多忙なSCの時間的制約があり，とても手が回りきれない。

訪問援助の有効性は分かっていても，SCは実際にはそれほど動けない現状を考えると，メンタルフレンドの活用がクローズアップされることになる。最近は，SCから保護者にメンタルフレンドの活用を提案することも増えている。そして，SCとメンタルフレンドが密に連携をとりながら，子どものスムーズな再登校に向けた準備をすることもある。

不登校の子どもへの対応にあたってSCは，一人で抱え込むことはせずに，担任，養護教諭，保護者などの多くの関係者の力をかりる「みこし方式」をとることが多いが，メンタルフレンドにもみこし（不登校の子ども）の担ぎ手として，協力してもらい連携することは，有効でかつ必要なことであろう。

Ⅳ メンタルフレンド活動をサポートして思うこと

筆者は2001年度より今日に至るまで，A市教育委員会のメンタルフレンド活動を積極的にサポートしてきた。具体的には，メンタルフレンドの募集，事前研修の講師，毎月1回のグループ・スーパービジョン担当，随時のメールや電話による相談への助言・指導などを行ってきた。その中で思うことをあげよう。

1．メンタルフレンドの有効性

メンタルフレンドの力はもの凄いとつくづく思う。非専門家でしかも初めてこのような活動を行うのであるが，子どもが劇的に変化していくさまに目を見張らされることがしばしばある。これは，専門家でない

ことによる妙な気負いのなさ（セラピストでなくフレンドであること），年齢が近いこと，いわゆるビギナーズ・ラックなどによるのであろう。ちなみに事例報告としては，坂東（2003），藤松（2003），伊勢谷(2005）などがある。

2．グループ・スーパービジョンの貢献

メンタルフレンドのためのグループ・スーパービジョンは非常に大切である。一人一人のメンタルフレンドからの報告を聞いて，筆者（スーパーバイザー）が理解の仕方と関わり方についてコメントすることは，メンタルフレンドにとっては大きな支えになっている。また，グループなので，他のメンタルフレンドの活動の様子を聞くことになり，これがとても良い参考になる。

文　　献

坂東充彦（2003）他人に強く言われると言い返せない不登校児との関わり―心理臨床初学者によるメンタルフレンド活動．九州大学心理臨床研究, 22；143-151.

藤松裕子（2003）不登校の女子中学生に対するメンタルフレンドとしての関わり．九州大学心理臨床研究, 22；115-123.

伊勢谷凡子（2005）不登校の女子中学生に対するメンタルフレンド活動―会うことが難しかった「いい子」の事例．九州大学心理臨床研究, 24；109-116.

加藤　純（1997）メンタル・フレンド．In：國分康隆監修：スクールカウンセリング事典．東京書籍, p.111.

大原榮子（2003）不登校傾向児童生徒の自立支援モデルの検討―メンタルフレンド活動の実践から．愛知教育大学大学院教育学研究科修士論文.

学校コンサルテーションの本質

平野 直己

キーワード：学校コンサルテーション，作業同盟

I　コンサルテーションの基本的な姿勢

学校現場で臨床心理士がかかわる問題やトラブルの多くは，当事者それぞれのよかれと思う気持ちや努力がかみ合わないところから生じる悪循環や，コミュニケーションのボタンのかけ違いに由来する憶測・誤解にかかわるものである。したがって，学校臨床では，個人内の病理や問題に焦点をあてるよりも，関係性や適応という視点からトラブルや問題を検討する姿勢が求められる。この視点に立って，相談の場に持ち込まれる学校内のトラブルや問題をみてみると，多くのケースで次のようなことに気づくはずである。①生徒に対する教師の言動の中には，必ずその教師なりの生徒への“ポジティブな”思いや考えがあること。②教師は生徒により良いことをしたいと思っていること。③教師こそ生徒の理解者のひとりであること。もちろん，保護者と子どもの関係においてもこれらのことがあてはまる。

コンサルテーションは，こうした関係性や適応にかかわる問題への有効な支援のアプローチの一つである。本稿では，コンサルテーションを「臨床心理士が提供する知識・経験・技術・知恵・発想・意見などを，コンサルティである教師や保護者の実践に活かしてもらう活動」としておく。

いくつかの技法的側面において，コンサルテーションは心理療法と強調点が異なる。第1に，病理探求的なアプローチをとらない点である。原則として教師や保護者の個人内を探索して，否定的な経験や問題点や病理を提示することはしないし，これらを扱うこともしない。第2に，中立的な立場はとらず，かなり明確にコンサルティの側に立つ点である。コンサルティが臨床心理士を問題解決に向けたパートナーとみなしてはじめて，臨床心理士の知恵や技術がコンサルティに活用しうるものになる。したがって，コンサルティの役割や専門性への信頼や尊重こそ，コンサルテーションの基盤となるのである。

Ⅱ　コンサルテーションの関係を作る工夫

上のような基本姿勢を強調したのは，コンサルテーションを可能にする人間関係が，あらかじめ学校の中に「ある」とは限らないからである。２つの事例を紹介しよう。

【事例１】 ある教師が，保健室登校の生徒のカウンセリングを担当する臨床心理士から「受容しつつ見守って」と助言を受けた。この言葉を具体的に保健室で実現することはどういうことなのかと疑問を感じつつも，結局この教師は質問できず，その後，この臨床心理士に問い合わせることをやめてしまった。

【事例２】 スクールカウンセラーとして勤務し始めたばかりの臨床心理士が，ある生徒の行動について教師からコンサルテーションの依頼を受けた。意気込んだ臨床心理士は，この生徒を DSM の障害名にあてはめて説明したところ，対応に苦慮していたこの教師は「障害名がつくくらいなら自分の手には負えない」と，この生徒から手を引いてしまった。

事例１は，生徒と直接触れあうことで教師の立場に立つことができなくなる危険性について，さらには助言に対して積極的な質問を期待していることを教師側に明確に伝える必要性について教えてくれる。また，事例２では，コンサルテーションを求めるに至る教師の背景や文脈をとらえる洞察力の大切さに気づかされる。以上の短い事例からもわかるように，形式的にはコンサルテーションであっても，実質的にはその関係が成立していないことはしばしば生じる。コンサルティのおかれている条件や限定の中で，何ができるかを率直かつ真摯に検討し合うような作業同盟自体が，学校現場にいる教師や保護者には「ピンとこない」ことも少なくないのである。

したがって，学校の中でコンサルテーションを可能にするような同盟関係をどのように構築し，実践するかということを，学校臨床の一つの課題や目標とすることができるのである。この目標に対して，臨床心理士としてどんなアイデアやユーモアを盛り込み実践するか。これこそ学校臨床の醍醐味と言えるだろう。

例えば，コンサルテーションの関係を実感してもらうために，臨床心理士がまず最初にコンサルティとなって，学校現場での活動のあり方について，あるいは子どもたちの様子などについて，教師や保護者から助言をもらうというのはどうだろうか。また，コンサルテーションの中で，コンサルティが自分なりの意見や疑問がありながらもそれを飲み込んだまま「わかりました」などと言う場面で，「ホントに？　頭の上に“？”がいくつも浮かんで見えるのだけど」とユーモアを込めて言うことで，対等に意見を出し合うことがコンサルティには期待されていることを伝えてみるなどはどうだろう。いずれにしても，知的な理解を求めるよりも，むしろ実際身体と心を動かしてコンサルテーションを体験してもらう工夫を発想したい。

Ⅲ おわりに

コンサルテーションの意義は，臨床心理士の知恵や技術を活用することだけではない。教育や養育の多忙な日常の中で，「コンサルティの側に立つ」環境に支えられて，安心して生徒や我が子のことをあれこれと思いやり，自分の振る舞いを内省する時間と場所をもつことがもたらす意義は大きい。

臨床心理学が実践の学問として力をもつのは，一つの正しい答え，正しい手段を追求する方法として活かされるよりも，いろいろな答えや発想の可能性を生み出す源泉として機能するときである。学校臨床でコンサルテーションを行うとき，このことがことさら強く実感される。こうした「臨床感覚」を教師や保護者と共有できるところで，コンサルテーションはプレイフルで豊かなものになると思われる。

スクールカウンセラーは自分が汗をかくことよりも，学校のスタッフが生徒のことで“気持ちのよい汗”をかける手伝いをしたい。筆者は，学校臨床における臨床心理士の役割について，しばしばこのように説明する。スクールカウンセラーは学校内での自分の存在の希薄さに脅かされがちである。そうした脅えや恐れによって，臨床心理士が，事例２のように，性急に認められようと気負いすぎたり，自分の充実感追求のために努力することで，時に学校，教師，保護者，生徒の機能を弱めてしまうことがある。例えば，私たちが仕事をしているという実感がほしいばかりに，「常連さん」を作ってはいないだろうか。時間がかかるとしても，保護者や教師ができる仕事を代わって引き受けてはいないだろうか。私たちの言動によって教師，保護者，生徒の間の溝を大きくさせてはいないだろうか。そうした危険を点検し見つめる気持ちを忘れないようにしたい。これはコンサルテーションのみならず，すべての学校臨床の活動にも通じるところである。

文　献

伊藤美奈子，平野直己（2003）学校臨床心理学・入門．有斐閣．

Sameroff AJ, McDonough SC & Rosenblum KL (2004) Treating Parent-Infant Relationship Problems. The Guilford Press.

山本和郎（1986）コミュニティ心理学．東京大学出版会．

少年法

廣瀬 健二

キーワード：犯罪少年，触法少年，虞犯少年，家庭裁判所，保護処分

I　少年法制の意義・理念

年少者の凶悪事件が大きく報道され，2000年の法改正以降厳罰化しているとの批判もある。確かに少年が犯しても殺人は殺人であり，被害者や一般社会にとっては成人の犯罪より衝撃的なことさえあり，被害者を含む一般社会の処罰感情等に対応する必要がある（犯罪対策の要請）。他方，近代国家では未成年の犯罪行為を取扱う手続やその処分について，程度の差はあれ，保護・教育的な修正が加えられている（保護・教育の要請）。これは未成熟で教育可能性（可塑性）の高い者には制裁的な刑罰よりも保護・教育的な処分の方が効果が上がるという刑事政策上の経験則と，年少者ほど環境等の影響を受けやすいので本人だけを責めるのは酷で責任を軽減すべきだという社会の寛容によって基礎付けられる。このように少年犯罪に対しては，犯罪対策と保護・教育という相矛盾しかねない要請をどの水準で調和させるかが課題となり，各国の少年法制も，北欧諸国のように福祉手続の色彩が強いものからフランスやドイツのように刑事裁判手続に少し修正を加えたものまでがみられることになる。我が国は，刑事裁判手続，少年法による少年審判手続，児童福祉手続の3本立てとなる，中間的な制度であるが，後述のように家庭裁判所が中心となる保護優先的なものといってよい。

II　制度の概要

少年は20歳未満であるが，刑法上14歳未満の行為は犯罪とならないため，その行為者は犯罪少年（14〜19歳）と区別し触法少年（13歳以下）と呼ばれる。犯罪には至らないが問題行動が根深く犯罪の虞（おそれ）が強い少年は虞犯（ぐはん）少年と呼ばれる。犯罪少年，触法少年，虞犯少年を非行少年と呼び，原則として家庭裁判所で扱われる。少年事件は捜査終了後，警察等に家庭裁判所への送致が義務付けられるが（全件送致主義，家裁中心主義），14歳未満については福祉的な対応が優先され児童相談所等から送致を受けた場合だけ家庭裁判所が扱う。少年事

件を受理した家庭裁判所は，少年の問題点を正確に把握し最適な処分を行うため，心理・教育・社会学等の専門性のある家庭裁判所調査官（以下，調査官と略称）が面接，心理テスト，各種照会，訪問調査などを行い（社会調査），重大事件等では，併せて少年鑑別所に収容して行動観察や種々の検査等（心身鑑別）も行い，調査官が報告書にまとめる（社会記録）。裁判官は，社会記録と少年事件の証拠（事件記録）を検討し，非行事実（犯罪，触法，虞犯）が認められれば調査官とも打合わせた上，処分を決定する。万引など軽微で少年の問題も少なく，保護者・学校等の指導の下で自力で立ち直れる事件については，審判を開かずに少年は手続から解放される（審判不開始73%。平成17（2005）年度，道路交通法違反を除いた事件：以下，統計同基準）。

Ⅲ　少年審判

審判は裁判官，書記官が出席し専用の審判廷で行われる。調査官は多数の事件を抱えるため問題がある事件にしか出席できない実情である。少年の出頭は必要的であるが，保護者・付添人の出頭は権利とされている。親族，教員，保護司，児童福祉司等は，少年の状況や今後の監督状況等を確認するため裁判官がその出席を許可できる。少年を曝し者にせず，立ち直りの障害を減らし，親子・家庭内の問題なども述べさせて真実を発見するため，審判は非公開で行われる。少年の情操保護等のため必要に応じて関係者，父母，少年それぞれに席を外させることもできる。個人的な事柄が多いので共犯少年でも個別に審判する。裁判官は，愛情を持った厳しさで臨み，少年に分かり易く，発言し易いように手続を進めるとともに，非行の反社会性・重大性，少年・保護者らの生活態度・行動傾向の問題点等を指摘して自覚・反省を求め，更生意欲を喚起するように努める。審判は，少年の氏名・年齢・住居等を確認（人定質問）し，非行事実を少年に告げて認否を聴き，争いがあれば証人の尋問など必要な証拠調べをし，非行事実を認定した上で要保護性の審理をし，その間，少年・保護者や関係者に質問し，その意見を述べさせ，最後に調査官・付添人の意見を聴いて決定を告知するという流れで行われる。

Ⅳ　処遇選択

比較的軽微な事案で保護処分まで必要ない事件は，裁判官が少年に対する説諭や保護者に対する助言・指導などをするだけで審判を終わらせる（不処分 10.2%）。調査の結果，少年に処分が必要な場合，その非行の軽重・問題点，少年の性格・保護環境などから再非行の可能性の程度等（要保護性）を判断し，それに応じて，保護処分，刑事処分（検察官送致），児童福祉措置のいずれかを家庭裁判所が選択する（処遇選択）。保護処分には，少年を自宅においたまま保護観察官・保護司が指導監督する保護観察（12.4%），開放的な施設に収容して教育する児童自立支援施設等送致（0.3%），拘禁施設で厳格な矯正教育を行う少年院送致（3.4%）がある。批判もあるが，処遇選択の際，犯罪対策の要請にも応える必要があり，被害感情，非行事実と処分との釣り合い等も考慮に入れた処分決定がなされている。法律家である裁判官が調査官等の意見を聴いて最終的に処分決定をする制度的意義もここにあるといえよう。

V　改正問題

2000年の改正で，①逆送年齢の下限の削除，② 16歳以上の少年による故意の犯罪行為により被害者を死亡させた罪の検察官送致義務付け（原則逆送），③検察官の審判立会が実施されたが，厳罰化と批判を浴びている。しかし，①②については，極く少数でも社会を震撼させる凶悪事件には被害感情も含めた犯罪対策の要請が強く，家庭裁判所の判断によりそれに対応できるように改めた意義は評価できる。① 14，15歳の検察官送致は極限的な場合に限られ，弊害はそれほど生じない（5年間で15歳の強盗強姦1人，傷害致死2人）。②原則逆送も，行為時16歳以上の殺人等の重罪に限定されており，被害者の生命尊重の裏返しとも評価できる上，調査結果によって保護処分にする例外（5年間の実績約4割）も認められている。③の検察官の審判立会は非行事実の認定に問題がある場合に限定されており，裁定合議制などとともに非行事実認定の適正化のためのものである。そもそも，保護教育のための手続は，犯罪対策との調和のため，少年の年齢や犯罪の重大性などにより手続の区分や処分の例外などが認められているのが通例である。我が国のように，自白・否認，年少・年長，犯罪の軽重に関わりなく14歳の万引も19歳の殺人も同じ少年審判手続で扱うという制度には無理があったといえよう。前述のように，少年犯罪に対しては，その立ち直りだけではなく，被害者・犯罪対策などの視点も必要不可欠である。2007年触法少年に対する調査，その少年院への収容，保護観察の強化等の改正が成立した。この改正にも処遇の有効性からの批判が強いが，11，12歳の殺人事件を契機とした改正でもあり，犯罪対策の視点からの評価も不可欠であろう。

また，少年は予後が長いので，成人並に厳罰を科しても限界があり（30年受刑させても40代で社会復帰），教育的な処遇による改善の必要性も十分検討はすべきである。さらに，少年法制はいかに優れていようと対症療法的なものに過ぎず，14歳以前の躾・教育の方が重要であることは明らかである。少年法制の改革とともに，物質的・精神的貧困の解消，家庭教育および幼児・児童期の公教育の充実などの非行原因の改善を目指す長期的・根本的な施策の充実が不可欠の課題であることを銘記すべきであろう。

メンタルフレンド入門

林　幹男

キーワード：訪問面接，ナナメの関係，学生ボランティア，不登校，ひきこもり

I　メンタルフレンドとは

近年，大学と地域社会の連携がさまざまな分野で進められているが，教育，特に学校教育に関しても学生がボランティアとして地域の小・中学校等に派遣され，校長の指示や助言のもとで教育活動の補助に携わるということが一般化しつつある。この連携システムには，行政（教育委員会）が各大学を通じて公募した学生が各学校現場のニーズに応じて派遣されるものから，教育委員会が特定の大学と協定を結び，大学から推薦された学生が派遣されるというものまで多様であるが，いずれも今日の学校事情（児童生徒の教育ニーズの多様化とサービス資源の不均衡）からその期待と評価は高いものがあるようだ。

メンタルフレンドは，後者のタイプの連携における学生のボランティア活動である。主に不登校やひきこもりの状態にある子どもを対象に，家庭訪問をして話し相手となったり遊んだりしながら，対人関係の改善と立ち直りを支援することを目的にしている。活動の性格から，メンタルフレンドは（臨床）心理学専攻の学生や大学院生に期待されることが多い。制度的には，厚生省の「ひきこもり・不登校児童福祉対策モデル事業」（1991年）における「ふれあい心の友訪問援助事業」として児童相談所を中心に始まり，その後，文部科学省・教育委員会においても「スクーリング・サポート・ネットワーク（SSN）事業」等と連動してメンタルフレンド派遣が行われている。また，子ども支援に関わるNPO法人やフリースクール，発達支援施設等の民間施設でもこれらに類する派遣事業を行っているところがある（蛯原，2004）。

II　メンタルフレンドの活動

ここでは教育委員会による事業（福岡市教育委員会，2002）をモデルにその一般的な活動内容を挙げる。メンタルフレンドとして登録された学生は，活用要請のあった小・中学校における不登校児童生徒の中から家庭の要望等を参考に担当が決められ，定期的に家庭訪問をすることになる。原則

として，１回あたり２時間，保護者在宅時間帯，家庭内での活動，学習指導は行わない，という活動になっている。また，その過程で，当該校の関係教職員（管理職，担任，生徒指導担当，養護教諭）やスクールカウンセラー（以下 SC）と連絡を取り合いながら助言や指示を受ける。そして，定期的（月単位程度）に活動報告を当該中学校および教育委員会に提出し認証を受けるとともに，教育委員会（事業担当者）主催の連絡会（年数回）にも出席する。なお，メンタルフレンドの登録（活動期間）は１年度間（更新可）で，基本的に学生のボランティア活動であるが，活動にかかる実費（交通費等）に加えて若干の手当が支給されている（自治体により差がある）。

Ⅲ　メンタルフレンドの役割と意義

メンタルフレンドに求められている役割は，もちろん，心理臨床家としての援助（治療モード）ではない。むしろ子どもにとって兄姉的な“ナナメの関係”で関われる友達としてのスタンスにその意義がある：素朴な善意と関心，素直性，遊戯性など，大人（保護者，教師）とか専門家の臭いを漂わさない「軽さ」が，不全感や自信低下に苦しむ子どもの心の窓を開ける契機となりやすいからである。しかし，これだけなら心理系専攻学生を充てる必然性は薄い。

実は，こうした友達感覚や素人性のメリットは，同時に子どもの心に不用意に侵入し過ぎるなどして二重に傷つけかねない危険性もはらんでいる。友達として心配のあまり率直に登校刺激を与えたことが二人の関係を壊すだけでなく，子どもの他者に対する不信感をいっそう募らせることもありえる。その意味で，学生ボランティアとはいえ，これらの危険性を考慮する枠組みを自覚的に学びつつある学生をメンタルフレンドに充てることは，事業のリスク管理の面からも，重要な条件といえよう。

とはいえ，活動の実際において，メンタルフレンドはさまざまな葛藤や迷いに直面しやすい。いかに治療モードではないとはいえ，訪問面接という関係構造のもつ曖昧さへの対処，子どもの状態の見立てと関わり方・距離の取り方などは相当に心理臨床的力量が求められる。特に，友達として訪問するという“おせっかい”が迷惑（侵入的）になり過ぎないための冷静な判断力とコミュニケーション・スキル，自己管理は重要であろう。相手のペースに付き合うという意味から，会話中のツッコミや遊び（ゲーム）の興じ方にも「半歩下がってついていく」感覚を心がけることが望まれる。そこには友達として付き合うこと以上に子どもが心を許せる友達になる配慮が重要となる。この点が，日常一般の友達とメンタルフレンドとが違うところでもあり，メンタルフレンドの専門性といってもよいのかもしれない。

Ⅳ　メンタルフレンドの支援と養成

メンタルフレンドの仕事は，基本的に訪問先での個人活動であるが，役割遂行における上記の課題や困難さを一人で抱えることは大変厳しいことである。同僚間で情報交換したり，担任や当該校SC等への報告・相談を行い，自己点検とともに問題点や課題を整理し，これら関係者と共有・協働する積極的姿勢が必要になる。その基盤になる曖昧さへの耐性や自己開示（開放）性，フットワーク（マネジメント）の良さなどは，メンタルフレンドに限らず心理臨床家を目指す者にとっても欠かせない資質でもある。その点では，学生ボランティアとはいえ，学校や事業主（教育委員会）における支援の体制づくりと同時に，メンタルフレンドを推薦する大学にあっては専門的立場からのメンタルフレンド適性査定とスーパービジョンが重要な意味をもつ。学生にとって，メンタルフレンド体験が自身の心理臨床家としての方向づけに寄与するためにも。

文献

蛯原勝（2004）NPO法人と訪問活動．現代のエスプリ「訪問カウンセリング」, 445；195-203.

福岡市教育委員会（2002）不登校・ひきこもりの児童生徒への援助.

スクールカウンセラーの業務体系

岡本 淳子

キーワード：心理臨床の専門性，学校組織，サポートシステム

スクールカウンセリングでは，心理臨床の専門性に根ざす業務を，子どもたちや教師たちが生活する学校という場の中で行っていくところに特徴がある。多くの子どもたちや教師たちの中にあって，たった一人で心理臨床の専門性を発揮するということは，スクールカウンセラー（以下SC）自身にとっても難しさを感じさせるものであるが，それを受け入れる教員集団にとっても戸惑いを感じることがあるというのが正直なところであろう。SCが一人を過剰に意識すると，「子どものために私ががんばらなければ」と，あたかも使命感を帯びているかのように過剰に主張することになり，また，逆に，教職員の考え方との違いに直面したときに緊張感を回避することにばかり注意が向き，周囲と摩擦なく活動することに専念することになりかねない。専門性を適切に発揮できることを考えたとき，業務体系がどんなものであるかに思いをはせたい。

このことを考えていくと，やはり，教職員も子どもたちも何気なく見える日常の生活すべてが組織的な管理運営に基づいて動いているところに視点が行き着くだろう。専門性，外部性をその特徴とするSCにしても，その業務は学校長をその責任者とする学校組織のしくみの中で教師たちと協働して機能してこそ，円滑に，そして効果的に機能を果たすことにつながるのだ。

Ⅰ　学校におけるSCの業務体系

学校は学校長，副校長（あるいは教頭）という運営にかかわる管理職が統括し，運営委員会（または企画委員会など），職員会議，特別委員会等の委員会や，教務部，生徒指導部，進路指導部，学校事務部などが組織内で機能を分担している。その組織の中で，SCはどこに位置づいているだろうか。学校組織はどこでもおおむね共通の組織形態をもっているが，細部ではその学校の校種や特徴にあわせて異なっているのが実状だ。そういう意味では，今，その学校のどこの組織に教育相談やSCが位置づけられているかを認識し，その学校のSC活用への考え方を知りたい。

一般的には，生徒指導部の中に教育相談係として位置づけられていることが多いだろう。それを例にとって考えると，SCは生徒指導部会に出席することから学校全体の教育相談体制に加わり，指導に配慮を要する子どもたちについて教師たちと理解をともにして指導やかかわりを行う。SCの軸足を生徒指導部に置くとき，業務の体系では生徒指導担当教員や教育相談担当教師や養護教諭との連携のもとに，相談室運営を行っていくことになるだろう。子ども理解を積極的に学校の活動として行う場合では，事例研究会や校内での生徒指導連絡会への出席も重要だ。個々の子どもたちの相談については，学級担任や学年教師，管理職などと教師たちの組織的活動を背景に行い，情報交換や連携を欠かさず行いながらステップを踏んで行っていくことが求められる。学校によっては，SCの活用を全校的に積極的に行うために教育相談委員会（または，SC活用委員会など）が組まれ，各学年，養護教諭，教頭等が全校組織を背景にSCの活動に具体的な要望を挙げ，活動計画を行っていくことがみられる。このような場合，SCの業務体系は組織の中でも見えやすく，学校組織全体の意向が反映されるので，SCにとっても活動への指針が得られやすい。また，最近では特別支援教育の一環としての校内委員会が各学校で立ち上がり，SCも校内委員会の一員となって支援を要する子どもたちへの対応にあたっていることも多いだろう。

SCの機能は次のような観点でもとらえられる。すなわち，子どもたちや教師，保護者への個別対応と集団への対応，あるいは，問題行動等への対処と予防開発的対応，学校内部での連携と外部機関等との連携，危機対応や緊急支援と日常の教育相談体制への協働などだ。SCの活動の定着とともに広がりが出てくる。いずれにしても，それらの業務を実施するにあたって，SCは全校組織内で自分がどういう立場にあるかを常に認識しながら，今進めていこうとする活動について必要な学校組織の担当者との連携の中で業務の道筋を作り出し，実践していくことが重要だ。課題によってその順序や比重も変わるが，管理職の考え方を念頭に置き，必要な都度了解を得て活動を進めていくことも忘れてはならない。SCの業務体系は基本をもちながらもただ定型的に存在するものではなく，その学校の実情に合わせて，また，そのSCが展開できる機能により，臨機応変に作りあげていくものとも言えるだろう。

Ⅱ　SCのサポートシステム

SCは学校現場だけで業務を行っているわけではなく，臨床心理士として幅広い領域での心理臨床の専門性をもっている。しかし，学校組織を踏まえて行う活動のあり方については，学校臨床の視点から研究，研修を継続しながら進めていくことが必要である。特に一人職場であることを考慮に入れると，臨床心理士が数多く集まって十分な討議を重ねる研鑽は専門的立場から学校における活動について振り返り，研究的に考えあうきっかけを提供するものとして意義は大きい。

ここでは，配置事業が大規模に行われ，SC の研究研修を組織的に確立してきた東京の例を紹介する。東京都配置事業（文部科学省補助事業）は，現在，公立全中学校に加えて高等学校 60 校に配置，全体では約 700 校に 580 人弱の学校臨床心理士を配置している。東京臨床心理士会では学校臨床心理士支援部を置き，学校臨床心理士への支援を研究会（「東京学校臨床心理研究会」）方式で行っている。10 年間余りに及ぶ経験の中から研究会の内容はほぼ次のように確立してきたが，これは SC の業務への認識を養成する際にも重要な軸になる内容と考えられる。

1）全体での集まり：全員が一堂に会して事業の推進に必要な事項について理解する。教育委員会配置担当者からも直接，学校や行政の意図を聞く機会を得る。
2）初任者への研修サポート：東京都におけるこの事業の進め方，学校への参入にあたっての課題について研修，ベテランも交えて相互支援できるようなグループ協議によるサポート。
3）地域ごとのグループサポート：各区市を中心に地域ごとの情報を共有しあい，支えあう。

これらはなべてみると，ほぼ月 1 回実施されている。近年ではこれに加えて，新たな教育課題に対応した研究会や，個別やグループで相談に応じるミニ相談会なども折に触れて実施されつつある。東京のような大規模な配置では，一つの自治体としてある程度均質化された SC であることや，配置者全体に対して資質の向上を図っている実績が強く要請される。それに応えて実施されてきたシステムであるが，長い年月を通してみると，研究会への参加を通してそれぞれのメンバーが「学校臨床心理士」としてのアイデンティティを高め成長していく過程がよく見られる。

なお，地域によっては，県教委や教育事務所が臨床心理士によるスーパーバイザーを常時，あるいは緊急事態に応じて業務として配置し，SC に対して個別的なあるいはチームによるスーパービジョンや後方支援にあたるシステムを作って効果的に機能している例もある。

恵まれない子どもの存在

村瀬 嘉代子

キーワード：声をあげられずに呻吟する子，表現されない背後の事情を汲む

かなり以前に遡るが，特別養子制度発足を前に，「子どもの意志をどう確かめるか，事実をいかに伝えるか」という一章を法学の専門書に執筆するよう依頼された。具体的な内容は，養子に迎えられた子どもに対し，「生物学的には親子ではない，しかし，愛情を持ってあなたを私達両親の子どもとして迎え，これから良い家族を作っていきたい」という主旨のことをその子どもの年齢，発達・精神状態，その他もろもろの条件を総合的に考えて，よく分かるような表現で十分配慮を込めて伝え，子どもが「自分自身」についてのアイデンティティを確かに持てるようする，ということなのである。これは子どもにとってのインフォームド・コンセントをいかに考えるか，という問題でもある。

基本事情は今日でもさして変わらないようであるが，当時，いわゆる成長モデルとでもいえる臨床心理学の文献は数多ある中で，こういう問題は全くといっても過言でないくらい取りあげられていなかった。外国での文献や養護の実情を紹介し，それを参照してわが国にも同様のシステムの構築を促すように論じることを勧められたが，日本の精神風土や文化，国情を抜きに西欧のシステムをただ移入することは私には疑問に思われた。わが国の現実とこれからの将来を踏まえて考えることが必要なのではなかろうか，と。

そこで，子どもに関わる仕事に携わるさまざまなプロフェッショナルな方々に，こういう問題についてのアンケート並びに面接調査を施行した。義務教育の先生方にお尋ねした質問の一つに「『父の日』『母の日』などに，それらにちなんだ絵や作文を描くことを学校で課題とされる場合がありますが，クラスの中に，親のいない生徒がいたりするかもしれない，そういう場合どういう配慮をされていますか」という問を挿入した。

驚いたのは，200人余の回答に，「そういう事情のある生徒がクラスにいる可能性について，このアンケートで初めて気づいた」という回答が1割強含まれていたことである。人は自分が一応無事の時は常なら

ざる状態にある人のことに思いを致し難いことを改めて識った。私達は知らず知らず自分が触知しうるもの，自分の知見を手懸かりに，ものを受け取り判断しやすい。他者の立場，言動の背景にある容易には本人自身が表現できない心もとなさを本人の自尊心を損なわないようにそっと汲み取ることがなされたなら，その背景事情は全て消し去ることができずとも，その当事者にはいささかの希望が湧くのではなかろうか。

さて，標題の「恵まれない子ども」という表現には次元を異にする非常に多くのことが含まれている。大まかに考えても，まず，身体的に虚弱であること，身体的障害があって本人の意図通りには子どもらしい生活が限定されざるを得ない子どもがいる。次いで，心理的には軽度発達障害を抱えて自分の意図とはうらはらに周囲とぎくしゃくとした関係になりがちで，学校生活やその他この世に居場所を見いだしにくい子どもたちがいる。一方，まわりからはそれと分からないが境界領域の知的障害を持ち，自分なりの努力をしても，十分な達成感を味わえることが少なく，否応なく自分に引け目を感じざるを得ない子どもがいる。さらに不安定な家族関係の中で自他への信頼を失い，生きていくことへの希望を見いだせなくなっている子どもがいる。友人やその他周囲から疎外されて深い孤立，孤独の中にありながら，声をあげられずに一人呻吟している子どももいる。

他方，社会的な生きる上での困難さに目を転じれば，家庭が経済的に逼迫して，給食費が払えないことを「親に話さずにもらい忘れた自分が悪い」と親を庇いつつ，じっと内心唇を噛む想いの生徒もいる。夜逃げをせざるをえないせっぱ詰まった家の事情のもとで，転校の挨拶や友人への別れも口にするのを控えざるを得ない子どももいる。子ども自身の責任では決してないが，自分を置き去りにした行方不明の親に複雑な想いを一人で密かに抱いている子どももいる。そして，こういう，生物的，心理的，社会的問題は単発で生じているというわけではなく，さまざまな要因が重複して，一人の人になぜにこれまでとため息が漏れるほど重い荷となっていることが少なくない。生きる上での苦難は真に多様で多い。

自分の抱えている課題の原因を外在化させて声高に声をあげる子どももいる一方，さまざまな苦難を抱えつつ，諦めて黙して語らない子ども，あるいは表現する手段を持たない子どもも多いのが現実である。概して，校内では派手な言動で，行動化する生徒には注意が払われるが，ひっそり苦しみや悲哀を秘めている生徒には，ややもすると注意が及ばない。

このような恵まれない子どもにとって，どのような大人，スクールカウンセラーに出会うことが望まれるのであろうか。恵まれない子どもの内心の声が次のようにきこえてくるように思われる。

「あの人にはこれまで見知ってきた大人とは少し違う新鮮な何かがある。そう，あの大人の人には次のような特質がある。何かができるとかできない，という達成の度合いで単純に即断しない。裕福であるとか，貧しいとかで人を差別しない。人の言動の表面だけでなく，潜んでいるその人の活かされてこなかった可能性を見出したい，という姿勢を持っている。ひとまずは耳を傾けて聴く姿勢がある。想像力が豊かで的確で，触知できることだけで，ものごとを決めつけない。相手が表現し得ない背後のもろもろの気持ちや事情を侵襲的でなく，汲み取ることができる大人。そして，その大人は自分の生を享受している人……」

適応指導教室

馬殿 禮子

キーワード：不登校，心の居場所，スクーリング・サポート

Ⅰ　適応指導教室とは

適応指導教室は，不登校児童生徒らに対して自立心や社会性を育てて学校生活への復帰を支援する教育施設である。各市町村教育委員会が，学校外の教育センター等の施設やその他の関連公共施設や，また事情によっては小・中学校内の余裕施設に設置している。

不登校という現象は同じであっても，多様な態様を示しながら不登校が継続する児童生徒に対応するために，学校とは異なるプログラムが工夫され運営されている。

一人ひとりに寄り添う支援を中核にしながらも，学校生活への復帰を目指して，児童生徒の在籍校と連携をとりつつ，個別的カウンセリング，集団での体験活動，教科指導等を組み込んだ指導がなされている。援助プログラムにカウンセリングを位置づけている所もあるが，教育センターなどの教育相談室のように，相談を行うだけの施設ではない。

各適応指導教室は，それぞれの地域の特性や構成メンバーによって，具体的な活動のプログラムは異なり柔軟な対応がなされているが，共通点は「居場所」としての姿勢である。

担当するスタッフは，学校との関係に，ある意味では距離がある子どもたちに対して，「心の居場所」となり得る必要条件を常に考えて迎えている。ここでは，安全の保障はもとより，活動において可能な限りの自由度と各人の意向が尊重されたプログラムが準備される。

他者から誘われた結果にしろ，通院するのは自らが意思を決定し足を運び参加できる子どもたちである。体験活動を中核とする生活で，意識するしないにかかわらず，自己効力感を高めて自己像を回復して次のステップへの動きに必要な心的エネルギーが蓄えられていく。同時にそれぞれのテーマの解決のサポートが必要なことは当然で，ときには，臨床心理学的な対応が求められ，必要に応じてカウンセリングや教育相談も行われる。

Ⅱ 開室の経緯

平成に入り，小・中学校生の不登校が年々増加し，学校不適応の問題への対策が重要課題となってきた。当時の文部省は「学校不適応対策調査研究協力者会議」を設置して検討を重ね，平成2（1990）年から，学校復帰支援のための適応指導教室事業の各地への委託が始まり，次第にその整備・充実へと動いた。更にその適応指導教室で指導を受けた場合，出席扱いの措置がとられるようになった。この不登校等の問題にも対応できるようにと，平成7（1995）年度から，学校に心の専門家としてスクールカウンセラー配置事業が試みられ継続している。

すでに各市の教育センター等では，学校不適応を主訴とする教育相談が増加していて，カウンセリングに加えて教育支援の必要から，教育センター内にフリー・ルーム的な場つくりやグループ活動などが実施されていたので，この施策の導入と運営は容易であった。

長い間，自宅だけの生活が続く学校生活不適応の児童生徒は，仲間との活動や人間関係が限定され，級友や教員との交流が途絶えがちだっただけに，適応指導教室は学校と家庭の間に位置する「心の居場所」として機能し，調査開始の平成3（1991）年から増えつづけた不登校児童生徒数は，平成14（2002）年では初めて減少し，関連事業の成果が見られた。

Ⅲ 適応指導教室の運営

各地域に適応指導教室が設置され増加するにともない，平成15（2003）年から，文部科学省のスクーリング・サポート・ネットワーク（SSN）事業が始まった。適応指導教室の指導員の研修や学校・関係機関とのネットワーク化と，この中核的機能を担うスクーリング・サポート・センター（SSC）の充実もテーマにしながら，サポートシステムが整備された。

各教育委員会が設置し運営する適応指導教室で，直接指導・相談等を担当するスタッフは，教育委員会指導主事の他に，幼稚園や学校教育経験者や心理職として臨床心理士等と，大学院生等実習生や学生ボランティアも加わって活動を支えている場合が多い。学習支援，集団活動，カウンセリングなどのプログラムにより，自主・自立の精神を育てつつ人間相互の関係を理解し深める体験を通して，学校生活への適応を目指した運営がなされている。

また文部科学省が提案したこの適応指導教室という呼称は，地域によっては適応教室と称され，また「あすなろ」とか「ふきのとう」など個別の愛称で，地域の特色を出している。最近，文部科学省では「教育支援センター」との総称を用いている。

Ⅳ 適応指導教室の活動例

1．兵庫立但馬やまびこの郷（不登校センター）4泊5日・1ユニットの宿泊体験活動施設

月：出会いの集い——生活の場と人を知る
火：仲間と協働体験（料理），地域と交流（サイクリング）——場や人との繋がりを広める
水：自分で選ぶ活動（午前：制作，午後：スポーツ）——創作完成と自主的な活動体験
木：仲間と遠くに出かける——自然・文化・歴史探索（ハイキング，スキー，魚釣り等も）
夜：やまびこタイム——自由な発想での自主的活動（グループ／個人）をサポート
金：お別れの会——体験を語り分かち合う

2．兵庫県三木市の適応教室の例

月・水・金：9：00～12：00
火：9：00～14：00
出会い，読書・学習活動，ふれあいタイム（集団活動，栽培活動，ゲーム，各々自主的個別学習，創作，個別相談）
木：9：00～14：00
午前中スポーツセンター等で運動，午後ふれあいタイム

※体験的な活動重視のもと，①個に応じたカリキュラム，②集団活動の活性化，③相談活動の充実を柱に，学校・家庭・地域・専門機関と連携する運営がなされている。

Ⅳ　おわりに

不登校という形で，仲間から，学校から，また地域から離れている子どもたちが，再び人や環境とのつながりを取り戻し，学校や人の中に戻って成長できることを願っている。

適応指導教室は，子どもが求める支援を様々な視点で検証しながら運営されることが望まれる。

文　　献

入江多喜夫（2005）子どもを変える力，子どもが変わる力．In：教職研修．2005年2月増刊号；193-200
三木市適応教室「みっきールーム」のあゆみ．第13集（平成18年度）．

保育カウンセラー

滝口 俊子

キーワード：連携，信頼

平成17（2006）年1月に，中央教育審議会が「子どもを取り巻く環境の変化を踏まえた今後の幼児教育の在り方について」答申した中に，保育カウンセラーの活用が取り上げられた。保育カウンセラーを必要とする背景には，我が国の社会の急激な変化に伴って，子どもの成長に困難がみられるようになったためである。保育カウンセリング活動を通して，これまで分断されがちであった幼稚園と保育所と学校，公立と私立の園の連絡も始まっている。

文部科学省の「幼児教育支援センター事業」や，各市町村の保育カウンセラー活動に携わっている臨床心理士は，子どもの問題の原因を単に追求するのではなく，幼児の健やかな心身の成長と，次の時代を創造してゆく方策を見出すために，取り組んでいる。

Ⅰ　保育カウンセラーの配置

「落ち着きがない」「集団に入れない」「言葉が遅い」などの子どもたちの多様な問題に対応するために，幼稚園・保育所に臨床心理士を派遣する自治体が増えている。保育カウンセラーは，子育てや保育に悩む保護者や保育者の相談に乗る。

東京都文京区では，2002年度から，全ての区立幼稚園と保育所を子育て支援カウンセラーが巡回している。大阪府では，2003年度から私立幼稚園に「キンダーカウンセラー」が訪問している。東京の日野市では，文部科学省の研究指定「新しい幼児教育の在り方に関する調査研究」を経て，2005年には全ての園に保育カウンセラーが制度化され，配属されるに至った。

Ⅱ　保育カウンセラーの役割

保育カウカセラーが活動するに当たって，保育の流れを知っていることは，不可欠である。保育者の意図を知っていなくてはならないし，子どもたちの理解に役立ち，保育の流れに添って，観察する場所や観点を定めることもできる。保育カウンセラーは，スポーツの審判のように全体を視野に入れておくことが必要であるが，時に視点を定めて見ることも有効である。要は，全体的な視野をもち，こまやかな部分も見えていることである。

保育者は子どもたちに働きかけることに力を注ぎ，カウンセラーは子どものこころの動きに関心を向けているところに，相補性が成立する。保育者の目に届かないところにも，保育カウンセラーは眼差しを向けている。ただし，子どもの年齢や，保育の時期によっては，保育者や保育補助員や保育カウンセラーの目が多すぎることは問題である。子どもの成長に，大人の関心が過剰になることにも，保育カウンセラーは心していなくてはならない。

保育カウンセリングには，心理臨床相談室を訪れるクライエントとの面接の基本であるアセスメントや対応の，応用が求められる。

保育者や保護者からの相談に応じるために，相談室に閉じこもっているのではなく，登園から降園までの子どもたちの心身の様子に注意を向ける。時には，関与しながらの観察になるが，決して保育者の役割を奪ってしまってはならない。

Ⅲ　保護者との関わり

保育時間中に，保護者との面談が入ることもある。面接を重ねる場合もあるが，相談は1回で終えることが多いので，限られた時間内に適切な対応が求められる。したがって，園生活全体での当該幼児の理解なくして，保育カウンセラーは勤まらない。幼児の理解のために，発達の観察のポイントを身につけていることが不可欠である。状況に影響を受けやすい，幼児の特質についても，よく知っている必要がある。

子どもの問題の背景には，父母や祖父母との関係や，日常の生活が関わっていることが多い。朝食を食べていない子どもや食事の片寄っている子ども。ほとんど一人遊びの子ども。深夜まで起きている子ども。食事も着替えも親や家族がつきっきりで世話されている子ども。お稽古事に振り回され，自分の時間がない子ども。これらの子どもを育てている大人は，子どもの成長に無関心であったり，子どものために良かれとさえ思っていることもある。親を責めても，子育ては改善されない。しかし，放置しておいては，事態は改善されない。

また，子どもへの無関心ではなく，過剰な関心を向けて虐待にまで走っている大人に対しては，対応を遅らせてはならない。

家族関係，家族成員の力動など的確な判断なくして，ガイダンスはできないので，保育カウンセラーは，子どもと家族状況，環境をアセスメントする資質が求められる。一人ひとりの状況に適した，こころに染み入る温かい関わりでなければ，育児態度の変容を促すことはできないのである。

Ⅳ　保育者との連携

人間の基本が乳幼児期にあることを理解して，献身的に保育に携わっている保育者。一方，儲け主義から保育を選択している設置者や，幼い子どもの支配者に安住している保育者。また，大人の社会に入って行くのを恐れて，子どもとの交流を選んでいる未成熟な保育者もいる。どの職業にも適切でない人が属しているように，保育に当たる人にも支障のある人はいる。完璧な人はいないのと同様である。

保育カウンセラーは，まず，共に子どもの成長に関与する者として，保育者との信頼関係と連帯意識を育むことである。保育の主役は保育者であり，保育カウンセラーは脇役，あるいは保育の背景として存在する。その園の保育者の個性と集団力働を把握し，各保育者の良さが発揮される状況を設定し，その中に保育カウンセラーも溶け込むように心がける。

V 今後の課題

スクールカウンセラーの始まった当初は，ベテランの臨床心理士が配置されたため好評であったが，その後，全公立中学校にスクールカウンセラーが配置される増員によって，未熟なカウンセラーの問題が指摘されるようになった。保育カウンセラーも，同様である。資質の向上のためには，たゆまぬ修練を要する。

保育カウンセラーは，心理臨床全般の知識と実践力をもっていることはもちろんのこと，ライフサイクルにおける幼児期の理解と，幼児とその家族への温かい信頼，幼児に共に関わる専門家との連携が不可欠である。また，「子どもの成長力（可能性）を信じて」と単純に片付けてしまい，的確な対応の遅れる危険も，充分に自覚していなくてはならない。

子育て支援

下川 昭夫

キーワード：育児不安，共同注意，コミュニケーション支援

心理臨床的な「子育て支援」の考え方は，就学前の乳幼児を抱え，まわりに頼るところがなく，育児不安をもつ母親に対して使われることが多い。そのため学齢期の子どもの保護者に対する「子育て支援」というと，何かできることがあるのかと疑問に思う人も多いのではないだろうか。

ところが意外なことに，保護者は子どもの就学後でもさまざまな不安を抱えている。勉強についていけるかという心配はもとより，どのくらい勉強すればよいのか，子どもが学校になじんでいるか，他の子にいじめられていないか，先生や父兄とどのようにつきあったらよいか，悩みはつきない。特に最近の幼稚園は保護者に合わせてさまざまなサポートが行われているので，小学校に入ったとたん子どもの情報が全く入ってこない，親同士のつながりを援助してくれないなど，「ゼロ以下からの出発」と感じている保護者が多いようである。また逆にメディアを通じて，児童虐待，発達障害，いじめ，不登校，ひきこもり，自殺など，あふれんばかりの情報が入ってくるし，そんな子にしないためのハウツーも氾濫している。身近な情報はあまり入らない代わりに，極端な情報があふれているため，何を信用してよいかわからず，不安が増すばかりである。

以前であれば（逆に身近な情報が多く，極端な情報はあまり手に入らなかったが），こんな保護者のまわりにはおばあちゃんや近所の知り合いがいて，専門知識は乏しいものの，生活の知恵で助けてくれたり，担任が相談にのってくれたこともあった。現在では社会的な構造の変化によって地域のつながりが乏しくなったり，担任も忙しく，個人情報保護などでうっかり話せないことも多くなってきている。同じクラスの保護者同士であっても，普段からあまり関わりがなかったり，子どものことでもめたり，所属するグループが違ったりと，お互いになかなかつながりを持てないことも多い。また生活上や共働きの忙しさから，保護者自身もまわりと積極的に関係を作ることを心がけることも少なくなっているのではないだろうか。つまり育児不安が就学後も遷

延化する状況が構造的に起こってきているのである。

このような育児不安は,夫婦関係のよさ,育児に対する父親の関わりやソーシャルサポートなどによって緩和されることが明らかになっている。ここで重要なのは,家族や周囲とのよいコミュニケーションが育児不安に及ぼす影響である。逆に言うと,母子間や家族間,地域でのコミュニケーション不全の結果として育児不安が生まれるという視点が重要なのではあるまいか。地域から孤立する家族ほど児童虐待の危険性が高まることは常に言われていることである。つまり育児不安の存在自体が問題なのではなく,家族や地域のつながりが希薄になることによって,コミュニケーション不全を起こしている点こそ,心理臨床的支援の対象として取り上げるべきであろう。

大河原(2004)は家族への支援の視点として,「親子のコミュニケーション不全からの回復」の重要性を指摘している。米澤(2004)も子育て支援とはコミュニケーション支援であるとし,そのためには,共同注意によって獲得される他者の意図への気づき,意図の内容の理解,および相手によって自分が変えられ,自分が相手を変えるという双感覚性の重要性を指摘している。学校における子育て支援とは,こういった親と子,保護者と学校,学校と地域の間のコミュニケーション支援であると考えると,スクールカウンセラー(以下SC)の仕事としての意義が見えてくる。

具体的な方法の1つとして,保護者のグループワーク(GW)も有効である。筆者は小学校で「子育て支援」のためのクローズドのGWを5回ほど半年かけて行った。平日の昼間で,参加者は母親ばかりであった。GW前のインタビューから,母親たちは「子どもにどうやって関わればいいか」「子どもをどうやって変化させればいいか」ということを気にかけており,それで行き詰まってしまった場合,「自分にどうやって関わればいいか」悩んでいる。また「他の親や学校とどうやって関わればいいか」ということも気になっていた。そのため「子育ての参考にしたい」「他の人と知り合って話をしたい」という動機でGWに参加したことがわかった。GW 5回後のインタビューでは「自分のパターンや子どもの気持ち,人それぞれに気がついた」「自分や子どもに対する見方が変わった」「自分の子どもに対する行動や,家族の関係が変わった」という感想であった。

GWでは毎回,共通の課題を参加者同士で行い,繰り返しシェアリングが行われる。それは自分や他の参加者の考え方や気持ちに共同で注意を向けるという作業に他ならない。その過程では,米澤の指摘する共同注意の3つの側面である,「同時注視」「相互理解」「情緒の共有」が起こっていると考えられる。この作業によって,従来自分が持っていたのとは別の視点に繰り返し気がつき(他者視点の獲得),子どもや家族に対する視点が自然と変化していくというGWの効果が生じると考えられる。つまりGW参加によって,自分の子どもの頃の気持ちや視点，子育てに対する他の人の視点，また自分の子どもの視点という複数の視点を獲得することが可能になり，子どもに対して一歩距離を置いた見方・接し方が可能になったと考えられる。そうすると子どもの方でも行動が変化し，それがきっかけとなり，一部では家族の関係が変わったという報告（双感覚性の気づき）につながったのではないかと考えられた。

このようなインテンシブでクローズドなGWはさまざまなリソースも必要なのでSC 1人では難しいという場合，よりざっくばらんでオープンな茶話会などを定期的に開くこともコミュニケーション支援に有効である。その場合，関心のある先生と企画してもよいし，力のある保護者がいればさらに行いやすくなるであろう。ポイントは場所と人である。場所に関しては少子化で空き教室などが増えており，現在では学校内に比較的確保しやすい。難しいのは人である。特にSCが常時参加できない場合，その場の顔となる公平で偏りのない見方のできる人がいつもいることが必要である。そういう人がいることでその場の安全性が確保されれば，他者視点の獲得はそれほど難しいことではなく，口コミで参加者も徐々に広がってゆくであろう。

その他にもすでに校内で行われている図書ボランティアや読み聞かせの会といった自主的な集まりも保護者相互のコミュニケーションに役立っている。また意外と学童保育が子育て支援の場になっていることもある。力のある指導員のところに保護者が集まり，学校で困ったこと，気になることを相談することで抱えられていたり，また子どものことで指導員から学校に働きかけたりすることもある。こういった学校外の有機的なネットワークと積極的につながることも学校内で子育て支援を展開してゆく際にたいへん役立つであろう。

学校における子育て支援でのSCの立ち位置は，孤軍奮闘というものではなく，コミュニケーション不全の回復のために自らは間に立って緩衝的・触媒的に働く，メタ支援的なものになるであろう。メタ支援は「自分でやった気がしない」「心理臨床本来の仕事ではない」と感じることが多いのが特徴であるが，要はさまざまな場を利用して間接的にコミュニケーション支援を行うのだという視点を持つことが重要である。

文　献

大河原美以（2004）親子のコミュニケーション不全が子どもの感情の発達に与える影響―「よい子がきれる」現象に関する試論．カウンセリング研究，37-2；180-190.

米澤好史（2004）子育てと子育て支援のあり方に関する心理学的考察．和歌山大学教育学部教育実践総合センター紀要，14；113-122.

オルタナティヴ・スクール

羽下 大信

キーワード：エンパワーメント，子どもの権利条約，異年令交流

オルタナティヴ・スクールは，そのまま訳せば，「もうひとつ別の学校」ということになる。この言葉がカヴァーする教育ムーヴメントの日本での広がりを見ると，フリースクール，デモクラティック・スクール，自由学校，ホーム・スクーリング，チャーター・スクール，○○自然教室，あるいは，学校法人の認可を受けた「○○学校」などを称しつつ，それぞれに固有の名前を付けての活動があり，また，その設立の理念や目指すところ，経緯，展開するプログラムも，独自で，個性的である。

こうした彼らの活動のキーワードを挙げてみると，子どもの権利条約，エコロジー運動（地球・環境問題への覚醒と活動），異年令交流，環境教育（参加・体験型，野外ワーク＆サヴァイヴァル），子ども自身のエンパワメント，居場所作り，シュタイナーないしニイルの教育，などがある。では，この「オルタナティヴ」の「もうひとつ別の」の特徴は，どんなものになるだろうか。以下，筆者なりにまとめてみる。

1）彼ら子どもたちは，そこ（学校）に「行かなければならない」という，大人世界から与えられた倫理観と，それゆえの呵責のない義務感に生きている。それが，やがては彼ら自身の倫理と，自らへの義務に組み替えられて行くことを目指す。そのために，場所・プログラムの設定，かかわりなど，ハード・ソフトの両面からの配慮・構成をする。当人の中で「そこに行ってみようか」という関心が高まるには，その子の内側でも，環境の側にも準備が必要だろう。一旦スタートしたものの，途中で迷い停滞してしまった場合も，「そこに行かねばならないわけではない」に立ち返って，互いに考え，話し合い，合意に至る作業を大事にする。

2）好奇心と自尊感情をもとに，自ら学ぶ。好奇心こそ，学ぶことを牽引する最大の力であり，それが実際の場でうまく展開する時，子どもたちは自ら学ぶ面白さを実感できる。そのためには，彼らが，大

人に，あてがわれ，指示され，何かを言われるだけの存在におとしめられないよう，関係のあり方に配慮する。たとえば，場面のアレンジや世話は大人がするが，子どもたちの経験の場に手出ししないのを原則にする。

また，活動の中で，上の子が下の子を，慣れた子が初めての子を，自然に，そして互いに世話するようになることを大事と考える。このスタンスをもって，全てのことが計画される。あるテーマで活動する人やアーティストを招いてのワーク，野外に活動場所となる小屋を創る，畑作りなどの農作業，数泊の自転車旅行や野営キャンプ，海外スタディ・ツアー。ときには，活動の主旨を同じくする国外の団体との交流など，学校教育が多用する知育・座学ではないメニューに軸足を置く。好奇心によって学ぶ中，彼らが経験する自己効力感，有能感，世話がもたらす「自分は一人前」の感じは，自尊感情（心）を取り戻し，養う。そのプロセスを，なによりも重要と考える。

3）学習サポートのあり方も，教科の枠を取り払い，自前の「総合学習」プログラムで進めようとする方向が強い。教科書を使う場合も，その内容に独自の工夫をして学習サポートをするが，基本は「自由に学ぶ」というスタンスである。こうしたプログラムには，「ノイズ」が沢山含まれている。これは，自ら学ぶ時の手がかりとなる（公教育の場では邪魔なものとして，教科書からもほぼ完全に排除されている。教師自身もこのノイズを嫌うことが知られている）。

ノイズの例をひとつ。現在の日本の歴史学，図像学の先端では，「聖徳太子」は架空の人物というのが結論であり，また教科書中の「源頼朝」の図像は源頼朝ではないことが知られている。これらは教科書に盛り込めない内容——すなわちノイズだが，「自由に学ぶ」入口・出口として，彼らには十分に刺激的だろう。

4）教員ではないスタッフで，全てを運営する。学校教育では普通の，大人が子どもを「教える」というパターンは存在しない。スタッフは，その道の専門家や経験者が教えるのをアレンジ，アシストする。そのプランニングや実施準備，片付けなどの膨大な作業に，保護者たちも関わることが多い。

5）資金は子どもたちの親負担と助成金などでまかなう。交流会・イベント・活動の展示などを開き，親たちとの接点を持つ。これは親自身も学ぶ場になる。こうして，関係を密にし，パイプを太くすることで，意見の違いを越え，トラブルを小さく，また，少なくする努力をする。そのための通信誌の発行に力を入れている。

6）世代交代あるいは次を担うスタッフの養成という課題がある。このテーマには，近年，多くのグループが意識的になり，スタッフ養成に力を入れ始めた。自分だけがするのではなく，次に受け渡すことが目前に迫っているからである。彼らはまた，日常的にも横にゆるやかな連携を持ちつつ，交流会や勉強会を開き，互いに刺激し合いながら活動するのを常としている。彼らは，ここ数年，Free（自由な），School（学びの），Ring（輪）というキーワードで緩やかにリンクする団体を創り，ホームページ（http://www.geocities.jp/freeschoolring/ 2007年4月現在）を開いている。

オルタナティヴ・スクールは，本来，子どもたち一般を対象にしたコミュニティ活動であり，不登校の子どものためだけに創られたものではない。最初に創られたアメリカやイギリスでは，実際に「自由に学ぶための」場として展開している。

一方，日本では，不登校の子どもたちのものという性格が極めて強い。が，この現実とオルタナティヴ・スクールの目指すところに，矛盾・齟齬があるわけではない。この2，30年ほどの経過からすると，彼らにも十分に有効なものと考えられる。

ただ，現在こうした場にいる子どもたちの数と，フリースクールの官製版・適応指導教室に通う子どもたちの両方を合わせても，今，不登校と言われる数の13万人には，はるかに届かない。どちらにも繋がり得ない子どもたちが，毎年，数万人単位で存在することになる。彼らは次の時代を生きるはずの人たちである。こうした彼らに，われわれは手をこまねいたまま，時間が流れている。これも現実である。

この現実に向かうことができるためには，われわれには何が必要なのだろうか。まず第1には，「われわれ」というときの意識のあり方の問題があるだろう。この「われわれ」は，教育者やスクールカウンセラー，あるいは日本に住む自分，ではない。われわれ大人世代，という意味になる必要がある。その意識と関心の広がりによって，初めて見えてくるものがあるだろう。それはたとえば，彼らがこれからの自分を生きる時，「かつて学校に行かなかったことがある」というスティグマも持ちつつ生きる人たちである，という存在として相対（あいたい）すること，ということになるだろうか。

第2は，この，教育関係者として自分を限定しない「われわれ」が，彼らが学校に行っていても，行っていなくても，提供できるメニューを創る，である。そのメニューのヒントは，最初に挙げたオルタナティヴ・スクールで活動する彼らが，自らに名前を付け，実際に展開してきた，その具体的な細部，またその全体性，さらには，彼らが背景に持つ理念の中にある。それを詳細に亘って知ることによって，アイデアは生まれ，メニューとなって行くだろう（アイデアが湧かないのなら，それがまだ良くはわかっていない，と考えてみるのがいいだろう）。

「不登校」と言われる彼らのもとに，われわれが出かけて行き，左手に自前のメニューを携え（その中には，教師が，子どもをオルタナティヴ・スクールへとリファーすることも含まれている），右手を差し出して，彼らにその手を握り返してもらうこと。これが可能になった程度に応じて，「不登校」は消えて行き，彼らの「学校復帰」に力を入れる必要もなくなる。そのプロセスは，われわれ大人の持つ「不登校」「学校復帰」へのとらわれが消えて行くプロセスと連動するだろう。

オルタナティヴ・スクールに関わっている彼らは，マイナーながら，子どもたちの発達を，広義の教育の形で援助する先駆者であり，次なる時代の開拓者の位置に立つ。コミュニティ活動の力の，その先見性と工夫と継続する熱意を学びたい。今日の彼らが，明日のわれわれになるために。

そして，もしもそうなったときには，われわれは「さらにもうひとつ別の」教育的かかわりのユニットを創り出しているのかもしれない。そのとき，子どもたちへの援助は一段と厚みを増すことになる。ここに至って，ようやくわれわれ大人は，子どもたちに対して，彼らが教育を受ける権利を享受するための義務を果たすことになるのではないだろうか。

初任者のためのポイント

梶谷 健二

キーワード：学校について理解を深める，SCの活動について理解を広げる，スーパービジョンを受ける

Ⅰ SCは学校について理解を深める

1．学校には教育目標がある。

スクールカウンセラー（以下SC）が派遣されている学校にはそれぞれ教育目標がある。この目標を達成するために必要な運営上の重点を示したものが，教育活動の重点である。ある小学校の重点の一つに〈自然に親しませる〉とあり，全校を挙げてすばらしい花壇づくりに取り組み，子どもたちが自然に親しむ体験の場を工夫している。

教育目標を達成するために，学校は組織を作り，教室での仕事をはじめさまざまな教育活動を行っている。保健に関する仕事を例にとると，換気，照明，清潔など環境の整備，健康診断をはじめ伝染病の予防など活動の内容は多様である。

学校長は校務を教職員に分掌させている。教職員は教務部や生徒指導部，視聴覚部などに分かれて校務を分担している。例えば，生徒指導部には生徒会係や教育相談係などがあり，SCを教育相談係に正式に位置づけている学校もある。

なお，学校には校長，教頭，教諭，養護教諭，事務職員などの他に非常勤講師，実習助手，給食調理員，管理作業員などがおり，組織の一員として仕事をしている。

SCは着任した学校の概要を記載した〈学校要覧〉等に目を通し，教師が多様な校務を分担していることなど，教師の仕事について理解を深めることが大切である。また校下を歩いて回り，子どもが日常生活を送っている地域の実態を把握することなども重要である。

2．教師はさまざまな教育活動を行う

教師の主な教育活動は，各教科，道徳，特別活動および総合的な学習の時間の指導などである。また，教師は教壇に立って授業をするだけではない。例えば，

ア）登下校や掃除，給食，遠足の指導など学級経営に関する仕事。

イ）教材研究や教材教具の準備・作成，授業の分析や評価など学習指導に関する仕

事。

ウ）学年会や教科会，研修会や職員会議，PTA 活動など学校や地域社会における仕事。

などさまざまな教育活動を行っている。

Ⅱ　SC の活動について理解を広げる

1．心理臨床の視点を大切にする

教師と違って SC は子どもの成績評価などをしない立場にいるので，子どもが安心して相談にくることが多く，さまざまな問題を抱えた子どもの相談に役立っている。子どもの問題について担任教師などと話し合う中で，教師とは違った心理臨床の視点で子どもの理解について話題を提供し，教師の子ども理解の幅を広げていくことが大切である。

SC は担任との話し合いの他，学年会や生徒指導の会議などに積極的に参加し，具体的に平易な言葉で教師等に語りかけることが重要である――問題を抱えた子どもの現状と課題について子どもの内面に寄り添う視点で。

2．信頼関係を確かなものにする

心の専門家が身近な学校にいることで，保護者の相談も増加し喜ばれることが多い。来談者の利用経路を調べてみると，学級担任や養護教諭の薦めなどが多く，校内の講演会などで SC の話を聞いて相談に来る人もいる。

学校関係者の薦めで来談する人が結構多いので，日常から教職員との信頼関係を確かなものにしていく努力が大切である。またPTA や地域の研修会で「思春期の子どもの心」など，保護者にとって身近なテーマで話をすることも重要である。

3．関係機関との連携を大切にする

近年，いじめや不登校をはじめ，児童虐待，非行，援助交際など学校側が緊急に対処する必要があるケースが多くなってきている。例えば子どもの虐待問題で，SC が教師と共に，教育センターや児童相談所，保健所などの専門機関とのパイプ役を果たし，「SC さんがいてよかった」と役立ったケースも多い。

SC は心の専門家として，日頃から専門機関との連携を図り必要な時に活用できるようにしておくこと，専門機関との連携について SC 担当教師などと話し合っておくことも重要である。

Ⅲ　SC としての資質を高める

1）学校臨床について学ぶとき，学校臨床心理学をはじめ関係の深い心理臨床などの理論や方法を学ぶ必要がある。理論や方法は文献で学んだり研修会に参加して学ぶことができる。また学校臨床の事例研究も重要である。長年，事例研究会を継続してきて，SC の実践力が高まってきたことを実感している。

研究会に参加した場合，自分がこの事例の担当者だったらどうするのか，という気持ちで常に事例と真摯に向き合うことが大切である。

2）学校臨床の場では多種多様な相談があり，困難な事例もよくみられる。困ったときにSCが一人で抱え込むことなく，スーパービジョンを受けることが大切である。また日頃から，同じSC同士で事例について語り合うこと，相談し合うことを薦めたい。

地域によっては，教育委員会が委嘱したスーパーヴァイザーがいる所があるので，この制度を活用してほしい。また，大学の指導教官や学校臨床の先輩に聞いて，適切なスーパーヴァイザーを紹介してもらう方法もある。

3）特別支援教育は，LD，ADHD，高機能PDD（高機能自閉症，アスペルガー症候群）等の軽度発達障害を含む特別な教育的ニーズのある児童生徒に，すべての教育の場でニーズに応じた支援を行うことである。近年教育現場では，軽度発達障害児の実態把握の方法や特性の理解等について，SCが相談を受けることが多くなってきた。

SCは心理臨床の専門家として，軽度発達障害児の理解を深めると共に，保護者や教師にどのような援助ができるか，常に今日的な課題についても研鑽を積み重ねていく必要がある。

Ⅳ　日常の勤務を大切にする

1）一般的にどこの職場でも服務規律がある。遅刻をしない，出勤簿へ押印をする，休暇を取る場合は事前に連絡するなどである。また，喫煙や自動車通勤なども学校側のルールに従うことが求められている。

朝登校して来る子どもに校門で「おはよう」などと声をかけているSCがいる。下校時には，担当者等に「今日はこれで失礼いたします」と必ず声をかけているSCもいる。

学校は子どもを育てる場である。SCも社会人として，日常の勤務の基本を大切にして，子どもや教職員，保護者との信頼関係を培い確かなものにしていくことが大切である。

2）SCは学校に派遣され，子ども，保護者，教職員などの相談に応じるのが主たる仕事で，困難な相談事例も多くなってきている。そのため，SC自身の心身の健康管理が特に重要である。

SCは，自分自身の心身の健康を保つように，日頃から心掛けてほしい。

アドバイスと対応

「関与上手」と「ほめ上手」のコツとその臨床

増井 武士

キーワード：アドバイス，関与上手，欠点みつけ，ほめ上手

I はじめに

教育相談のみならず，心理臨床的事態での我々の課題は，問題を抱えるクライアントないし子どもの内面で「一体どのような内的条件ができればどのくらいでどの程度の回復が希めるか？」という「見立て」と事実との限りない相互作用の連続体であるとも言える。無論この見立てが正確であるに越したことはないし，この内的条件の中には，無論家族や学校，友人やペット，パソコンやテレビゲーム，時には居場所などの外的条件も入っているのは言うまでもない。またこれらを含めた条件を備える作業の大きな要因として「アドバイス」が含まれていることをまず示さねばならないだろう。

我々が伝統として大切にしている「共感的理解」も上述の内的条件を備える大切な１つではあるが，それはあくまでも上述課題遂行のための「手段」であり，「目的」ではないと認識することは，我々の仕事の質の向上において，重要な要件であると筆者は常に痛感している。というのも，ただ共感的理解のみで上述課題が達成されるのは筆者にとり事実としてごく希であるからだ。また我々が大切にしているモットーとして「関与しながらの観察」は良く知られているが，相談自体で「もう少し○か×以外に△位の考えがあれば良いのに」と思った時，それを告げ相手が同意するならそれを当面の課題とすることができ，当面の治療的合意と目的を共有できることにもなる。この作業は適切な「関与」であり，「アドバイス」とも言える。それを押し殺しながら共感のみの面接に終わるのは，「観察しながらの観察」となり，労多く益少ない結果に終わるかもしれない。筆者はスーパーバイズの体験から，バイジーの全体傾向として「関与知らず」か「関与下手」ないし「関与抑制」という職業病に罹っている方を常に見てきている。例えば，服薬が内的条件として是非必要で少しアドバイスしにくいとき「是非薬が必要ですね」と言うより「一体どのようになれば貴方は少し満足するのかな」と問い，「それに少し

は近づくためには薬は有効と思いますので，できたらそうした方が良いと思います。一応相談を受けた以上，伝えることは伝えておきます。念のため，紹介状を書きますので日付などは自分で入れて，利用したいときに利用してください。後は貴方の判断で動いてください」と伝えるのは相手と当方での相互の主体性を重んじることとなり，関与上手でアドバイス上手と言える。

その後，服用して「まだ元通りでないから，薬が効かない」と言うとき，「前を100にしたら今，こみこみで大体どの位か」を確認したり，少し表情がましになっているならそれを伝えることは「ほめ上手」であり，これらは来談者の中での「ほめ上手」の種をまいていることにもなる。我々にはともすれば従来の余り事実として根拠のない「ルール」に縛られて適切なアドバイスをためらい，そのために仕事に不全を起こしている場合が多い現状であると思われる。

Ⅱ　ある事例から

筆者がスクールアドバイザーをしていたとき，中年の一見してまじめで固そうな女性の先生が新学期となり，ある子どもが急に落ち着きがなくなり，徐々に多動的になったということで相談に来た。よく聞くと担任が自分となり，その子が落ち着きがないので少し心配になるメモを取っていたらしく，それでますます子どもが多動になるのでメモの量が増えてきて，ひょっとして多動傾向がもともとあるのでは？　と思い前任の先生に聞くとそうでもないとのことで，急に多動症が出現したのでは？　と心配とのことだった。

私は即座に事態が判ったが，一応メモを取る理由を確認したところ「何かあったとき正確な情報が必要だから」と言う。それで「仮に先生がその子ならどんな気がするか少し考えて下さい」と確認した所「よく判らない」とのことだった。それでその子の良い所を1つだけ教えて欲しいと伝えると眉をひそめているので，「何でも良いんですよ。毎日学校に来るとか，食欲があるとか，動物を可愛がるとか」と伝えると，「給食はよく食べます」とのことだったので以下の点について，1カ月やってみて相変わらずならまた考えようということにした。

①メモを取るのを止めること。
②給食のとき「何でも良く食べて偉いね」などできたら毎日声をかけること。
③できたら遊び時間に元気で遊んでいたら「よく遊べてとても良いね」とかの声かけをすること。

以上3点である。

2週間位して，その先生は明るい顔をして「そのようにしたら落ち着きがなくなる所か，クラスで手を挙げてとても元気になり，自分にニコニコしていろいろ話をするんです」と語った。そこでその先生の「これから」のことも気になったので，「どのようにして子どもが元気になったか」と聞くと，まだ私の言いたい用件とずれているので，大体以下のようなポイントで話をした。

①担任が変わり，その先生が何者かも判らないとき，そわそわして，それを見て「メモ」を取られる子どもの気持ちはどんなものであるか。多分「×××」のようではないか。
②そのメモを取るとき，多分，「子どもにとり〈アラ探し〉のような心の視線で見続けられたと思うが，その時の子どもの気持ちはどうか。多分「×××」ではないか。
③メモを止め，先生が相手のよい点に少し関わっただけで子どもが元気になったのはどうか。多分「×××」ではないか。
④私達が仕事上大事に考える１つは「関与しながらの観察」ということがあるが，関与というのは，子どもにとり誰かが思ってくれている，大事にされるという先生との人としての関わりで，そうしながら今どのような内的状況にあるかを正確に観察し，また関与が始まることの繰り返しであること。
⑤簡単に述べると子どもだけでなく人は妙に観察されるのは嫌であり，また判ってもらえているとか心配りや思いやりという，いわば愛される「主体」であることを常に求めていて，それが充分でないと心が不安定になる。

以上をその先生の心の中に通しておかないと同じことがまた発生するかもしれないという懸念から上述をアドバイスしたら，その先生はやっと気づいたのか少し涙をためておられた。根は皆優しい方だが，その優しさの出し方や工夫が問題なのである。

以上は極端な例であるが，その手前に近い状態は，教育現場でも我々の世界でも嫌な程ある。いわくこの先生のように「観察しながらの観察」とか「関与して関与して頭にくる」とか，「余り関与せず観察のみ」などである。

Ⅲ　むすび

１．「関与上手」と「ほめ上手」のコツとその実施――「困ったこと」の後に能力とつけ，考えてみること

人の非を打ちならし，「悪いところ見つけ」は誰でもやれる簡単な作業である。それはわが身に都合悪いから容易に発想できるのかもしれない。しかしもう少し専門家なら，わが身に都合悪いことの後に「能力」をつけて考え，そのおかげで，その方は何を得ていると考えることも肝要である。例えば，「学校に行かない〈能力〉」である。すると，かろうじてその能力のおかげでその子の心のバランスが苦しいなりに保たれているかもしれないし，そのおかげでもっと状態が悪化して気が狂わないうちにかろうじて踏み止まっているかもしれないという発想が浮かぶだろう。すると当分の間「安心して休むほうが返って回復が早いし無難かもしれない」という方針が出るかもしれない。すると少し子どもの内的条件が

「安定の保証」という軸で周りが動き出し，子どもの様子が以前より少し家の中だけでも落ち着いて陽気になったりする。ここで，その点についての「心のほめ上手」が必要なのである。少しましならその積み重ねでしか人は急には変わって行かない。それを見過ごして，「学校に行くか否か」という大きく眼に見えることのみ考えていると相変わらずの「けなし上手」なのである。すると以前と同じ，周りの「アラ探し」の視線→本人の萎縮と自分への叱責→行動が取れない→周りの「アラ探し」，という限りない悪循環の中で，本人も周りも苦しむことになる可能性が増加する。

また大切なことは，この「能力」的発想は他人のみならず自己自身にも当てはめて考えることである。例えば自分が欠点だと思う所が「せっかち」だとする。しかしその「せっかち能力」は，責任感が強く，そのおかげでやれるときはてきぱきと仕事ができていると思い着くと，「せっかち」を直すのは，「それでは駄目だ」という発想では多分困難であろう。それは，労多くして益少ない不毛な結果に終わることが多い。しかし，「そのおかげで」の後の部分を伸ばそうと考えが浮かび，少しずつ実行していくと，今まで欠点と思われる「せっかち」感は徐々に低下し，その方の心の安定は以前より増加する。このように「ほめ上手」は自分にも相当し，そのように心掛けないと他人への「ほめ上手」は中々浮かんで来ない。「人は自分が自分を見るようにしか他人を見ることができない」という大きな枠があるためかもしれない。人は育つためには，苦しい経験をしながら誉められて育つ体験が少しでもないと，心の成長に少し無理がかかるものだと思われる。

2．クラス運営の中での「良い所見つけ」など

この「ほめ上手」能力は子ども同士でお互いに「良い所見つけ」をさせてみるとクラス全体がとても活動的になったというような報告は沢山あるので，ここでは割愛する。

困った方を相手にするとき，「どのような内外的条件があるとどのようになるか」という見立ての必要性は前述したが，その内外的条件に必ずどこかで何かの意味で「ほめ上手」が入っている。そして，また「きちんと理解され，少し安心して居られる」という条件には適切な関与的観察という作業も必ずその条件に入っているものと思われる。ほめ上手は関与上手とも「優しさ」とも言える同じ土台に立っていることは明らかである。

3．「関与」とは葛藤共有者になることである――子どもと親と教師らの葛藤をまとめて生きる内的作業

上述した要件は下手をすると子どもの視点のみで動く専門家としてしか理解されないし，それだけでは適切なアドバイスが不可能である。この3．の用件は，専門家は子どものみならず親の，教師の，時には学校構造の葛藤共有者であり，それをまとめ

て生きることの重要性を示している。それは子どもなり親なり教師なり，それぞれが同じ権利で内的世界と葛藤を持ち，それぞれが悩んでいることを大切にして，それぞれの食い違いをまず「判っていてくれる」という安心感がそれぞれに発生しないと子どもの問題は収まりにくいという事実を示している。

例えば，親の，そして教師の「子どもが学校に行かず，このままではどうするか！」という不安や恐れは，その枠で見ると当たり前の心情であろう。それが専門家の意見と異なるときは，その食い違いを「共有」するために，専門家がそれを少し早く，かつ明確に自覚し，その食い違いを大切に生きることができない限り，親は納得した心地にはならない。そこで大切なことは専門家がそれぞれの食い違いと専門家の自分の違いを込みにしてその苦しみの現実を拒否しようとせずそれを保持して，自分の道を発見して行くプロセス自体が教育相談であり，しいては我々の仕事の実質的部分であると考えてみてほしい。そして自分の食い違いの葛藤が再編成されるに従い，プロセスも再編成されてくるであろう。これは，専門家の葛藤を抜きにして，葛藤外で事を処理しようとしても中々自体は好転しないのは当然とも言える。我々の仕事において，程度の差はあれ他人の苦しみをまず少なくとも自分のそれに置き換え，それをまとめて生きるというプロセスについての専門家であることを忘れてはならないと思う。

第2部 SCの基礎知識〈こころの問題編〉

中高生のリストカット

松田 文雄

キーワード：リストカット，自傷行為，手首自傷症候群

近年，リスカ（リストカット：wrist-cut，手首自傷）やアムカ（アームカット：arm-cut，前腕自傷）といった言葉を，流行語のように見聞きすることが多い。また，中高生の間にこのような自傷行為が多く認められるようになっている。その対処について考える場合，リストカットの意味やその背景にある気持ちの理解が必要である。1960年代にアメリカで若い女性のリストカット（主にカミソリを使って自分の手首切創する行為）が流行し，Rosenthal（1972）は，手首自傷症候群（wrist-cutting syndrome）という診断名を提唱した。その心性として失望や失意，対象喪失感などが考えられた。

I　自傷行為

自傷行為は，self-mutilationの訳語として用いられていることが多い。その意味として主に，境界性パーソナリティ障害の人が，手首に限らず前腕，下肢，胸など（著者の経験では，他にも上腕部，腹部，頸部，頭部などあらゆる部位が含まれる）をカミソリやガラス片，陶器片，プラスチック片，ピン類，煙草，筆記用具，爪などさまざまな道具や方法で傷つける行為であると言われている。また，壁に頭を打ちつけたり，階段から意図的に落ちたり，手を床や机に打ちつけるという自傷行為もある。カミソリを使った手首の自傷行為は，境界性パーソナリティ障害に限らず，さまざまな病態レベル（神経症圏から精神病圏まで）で認められるが，病理性の判然としない中高生の間でも少なからず行われていると言えよう。この稿では，神経症圏からパーソナリティ障害に至るまでの病態レベルに焦点を当て，治療者としての対処について紹介する。

II　リストカットの意味するもの

なぜ手首を切るのかといった質問に対し，「おもしろそうだから」「人がやっているのを見てやってみたくなったから」「イライラするから」「覚えてない」「生きるため」「気持ちがスーっとするから」「腹が立ったから」「切りたくなったから」「こころ

の痛みに比べれば痛くないから」「自分の辛さを分かって欲しいから」と返事はさまざまである。その意味するもの，意図，メッセージは何であろうか。個々の子どもにおける理由はそれぞれ異なるのであろう。しかし，共通している心性が考えられる。それは，「自分のこころを護るため」ではないだろうか。その時はそういった方法でしか護れないように思われる。リストカット自体が自己破壊的な行動であるが，本当の破壊（自己の内的世界，家族関係や対人関係といった対象関係，自殺や他殺など）から護るための方法でもある。しかし，護るはずのものが意図に反して，破壊的（例えば自殺の危険）になることもある。対処を考える上で，リストカットを何か強い力で禁止することが，本当の破壊的な行動に追いつめてしまうことになり，かといってそのまま放っておくことも危険であるといったように，周囲の者にとって身動きの取れない難しさがある。また，中高生という精神発達の段階は，さまざまな価値観が混在し，急激な心身の変化からも不安を感じている。同年代の友人と不安を共有し，安堵の場を探し，不安定の中での安定を求めている時期でもある。自分であり続けるための自分のためのリストカットとも言える。さまざまな精神力動的理解を紹介するならば，〈手首は自分を拒否した母親の象徴であり自分自身でもあるが，リストカットは母親に対する攻撃と合体の葛藤である〉〈自己に向かう攻撃性である〉〈対象喪失の結果である〉〈象徴的去勢である〉〈自慰行為の象徴的代理行為である〉〈出血は生理にまつわる葛藤である〉〈自体愛の自虐的表現である〉〈受け入れてもらうための脅しである〉〈血液は温かい毛布であり移行対象である〉〈苦痛からの解放である〉〈攻撃衝動と性衝動との融合と遊離である〉〈自己の存在感を取り戻すためである〉〈生きている証である〉などと言われている。いずれにしても，それぞれの子どもにとって意識的な意味と無意識的な意味があり，リストカットは何らかのこころの表現方法である。

Ⅲ　対処について

リストカットそのものを止めることが目的ではなく，リストカットをしなくてもすむように「こころの問題」を健康的な解決に導くための対処である。すなわち，リストカットの背景にある，精神力動的な理解を進めるための対応そのものが，受容的で支持的なかかわりを持つことになり対処でもある。しかし，リストカットが本当の自己破壊（自殺の危険）につながる恐れがある場合，一時的な緊急の対処が必要になる。本人にその旨を伝え，入院治療における行動制限や積極的な薬物療法（鎮静目的）などが必要となる。その場合には，そのような対処そのものに対してどのような体験をしているのか，あるいはどのような体験だったのかを話題に，面接を行うことが大切である。

それは，本人の内的葛藤を治療者と対処の方法を巡ってのやりとりに置き換えて話題にすることでもある。彼らが，そのやり方（自傷行為）に違和感を感じ始め，そのやり方では本当の解決にならないと悟り，傷跡がこころの痛みの傷跡として意識され始めたとき，傷を隠そうとしたり，手首に包帯を巻いてリストカットを自ら止めようとしたり，赤いボールペンで手首に赤い線を書くことや皮膚をつねることでリストカットのかわりにしようと努力することがある。その場合には，まずその気持ちにつき合うことである。いずれにしても，本人が，自分のこころに対する対処方法を見つけるまでの対処であり，本当の自己破壊に至らないようにするための対処でもある。

Ⅳ　おわりに

リストカットの持つもう一つの意味は，自らを傷つけるという体験だけではなく，傷つけても傷つけても傷が癒されていく様子を体験することでもある。自らの傷を癒す力を目の当たりにしながら，やがてこころが癒されていくまでの間，繰り返し身体の傷が癒されていく体験をし続けることでもあるように思われる。

文　献

Rosenthal RJ, Rinzler C, Walsh R et al (1972) Wrist cutting syndrome：The meaning of the gesture. The American Journal of Psychiatry, 12；1363-1368.

PTSD

久留 一郎

キーワード：スクール・トラウマ，フラッシュバック，サイコエデュケーション

I スクール・トラウマとスクール・カウンセラー

「学校」は，全く突然に，火災や，遠足や修学旅行での児童生徒の死亡事故やけが，あるいは意図的な暴力事件などの惨事や危機に巻き込まれること（スクール・トラウマ；学校災害による心的外傷）がある。事件，事故，災害が「体」や「心」に与える影響をできるだけ軽減するために，特に，学校災害に関わるスクール・カウンセラーは，「PTSD（心的外傷ストレス障害）」に関する概念や症状の理解，支援のありように関して「気づき」をもつ必要がある。

II PTSD (Post-traumatic Stress Disorder：心的外傷ストレス障害）とは

地震，豪雨，土石流等の自然災害，殺傷事件，極度のいじめ，性的虐待などによる人的災害は，生命の危機を脅かし，重篤な恐怖体験をもたらす。青天の霹靂として全く突然に（予測不可能），自分の意志で制御できない（統制不可能）状況に曝された人間は，その後に，「正常な反応」として「PTSD（心的外傷後ストレス障害）」という状況に陥る。

III PTSDの症状

PTSDの症状には，「再体験」「回避と感情のマヒ」「神経過敏（覚醒亢進）」がみられ，事件・事故・災害後1カ月を経過した頃から現れる。

「再体験」の症状は，思い出したくないのに繰り返し思い出される苦痛を意味する。あの時の忌まわしい夢をみたり，ささいなことで，怖かった出来事がよみがえり（フラッシュバック：よみがえり現象），恐怖感にさいなまれる。

「回避と感情のマヒ」の症状は，出来事に関連したことを回避し，辛く，悲惨な気持ちを記憶から消し去りたくなる。その反動として，快的な感情もマヒし，中には解離現象を生じる場合もある。孤立しがちで意欲も低下し，将来への希望ももてなくなる。

「覚醒亢進（神経過敏）」の症状では，用心深くなり，ささいなことに敏感に反応してしまう。睡眠障害，集中力の低下，イライラして人や物に攻撃の矛先が向くこともある。

親や教師には，当人の人格がすっかり変わり，別人のような印象を受けることがある。

以上の診断基準に示されるように，PTSD に苦悩する人間は，誰もが「死よりも辛い（worse than death）状況」の中でもがき苦しんでいることを忘れてはならない。

Ⅳ　PTSD の発症要因

PTSD の発症要因については，出来事の激しさよりも，本人が叙述する「主観的意味づけ」を重視すべきだといわれる。安全なはずの横断歩道での交通事故，信頼していた隣人からの暴力行為は高頻度に PTSD に結びつくという。その当人が「いかなる状態でその状況を体験し，受けとめたかという心理的意味」が症状に大きな影響を与えている。

Ⅴ　被災者，被害者の心理的状況

被害に遭うと，自分以外の人間に対して，「敵か，味方か？」という見方をしやすい。例えば，性被害に遭った人間は，一方的に事情聴取をする権威的な警察官や根ほり葉ほり問いただす教師が「敵（加害者：The rapist）」にみえ，攻撃が向けられることもある。心に傷を受けた苦しみ，痛みを心底から理解してくれる「味方（治療者：Therapist）」を得たとき，心の傷は癒されていく。PTSD の症状をもつ人間をとりまく周囲の人々の深い理解は必要不可欠であり，スクール・カウンセラーは最大の「味方」になるべきである。

Ⅵ　スクール・トラウマへの臨床援助的接近

スクールカウンセリングのポイントを要約すると，次のようになる（久留, 1990）。

1）実際にどのような災害や事故，事件的状況であったのかを，あらかじめ慎重に分析，理解しておくこと（本人から直接聞くと，再体験の症状を煽る危険性がある）。
2）災害や事故後に抑制されていた感情を，受容的，共感的関係の中で解放すること（カウンセリングにより自己表明を促進する。本人が言いたくないことを無理に聞き出したり表現させることは危険である。本人自らの表明を待つというかかわりが大切）。
3）現実を再構成し，被災・被害者の未来に対する「生きる意味の確立」を促進すること（本人の未来が明るく展望できるような精神的，経済的，環境的配慮などの行政的補償）。

Ⅶ　時間的経過と支援のあり方

ライフラインを中心とした緊急支援的危機介入のあと，スクール・カウンセラーにとっては中・長期的支援のありかたに重要な役割が求められている。

災害直後の活動：正確な情報に基づき，学校側（児童生徒，教職員，保護者）や他の職能団体との横の連携をはかり，行政や市町村教育委員会との縦の連携をはかる。

短期的展望に立った活動：児童生徒，教職員，保護者へのサイコエデュケーション（心理教育）とデブリーフィングなど集団へのアプローチなど（その日から1～2週間以内）。

中期的展望に立った活動： ASD（急性ストレス障害）へのアプローチ，PTSDの予防的アプローチなど（1～2週間から1カ月以内）。

長期的展望に立った計画： PTSD発症に対する専門的，個別的アプローチ。記念日（フラッシュバック）への配慮など（1カ月から1年目，2年目……）。

被災者，被害者に「求められる支援」のあり方，さりげなくそっと「寄り添える関係」のあり方など，スクールカウンセラーの臨床的センサーや人間的感性が重要な意味をもつ（村瀬嘉代子：被害者支援研修会講演より）。

信頼の絆が回復し，絶対的な安心感が得られたとき，傷ついた心は安らぎを得，一人の人間として自己実現的変化をとげていく。

文　　献

久留一郎（2003）PTSD―ポスト・トラウマティック・カウンセリング．駿河台出版社．

Yule W & Gold A (1993) Wise Before the Event : Coping with Crises in Schools.（久留一郎訳（2001）スクール・トラウマとその支援―学校における危機管理ガイドブック．誠信書房.）

性同一性障害

樋口 亜瑞佐

キーワード：性同一性，ジェンダー・アイデンティティ（性の自己意識），性違和感，

I　性同一性障害

性同一性障害（Gender Identity Disorder；以下GIDと略記）の基本的主症状は以下の3つの観点があげられる。

1）反対の性別に対する，強く，持続的な同一感（男の子が女の子の遊びを好んだり，服装を執拗に真似したがったりするなど）。
2）自分の身体的性別の特徴を強く嫌悪，あるいは忌避する（男の子が男性器を取り去ることを希望したり，強迫的に体毛や髭を抜き取ろうとしたりするなど）。
3）日常生活で，反対の性別役割をとろうとする（家庭や学校などで反対の性別の言葉遣いや身のこなしによる振る舞いをするなど）。

などである（診断の詳細は表1参照）。

また診断上の観点は以下の2点が一致するかどうかによって検討される。これは日本精神神経学会のガイドライン（2002）によるものである。

1）生物学的性別，すなわち身体的性別が男女いずれかを明らかにすること。
2）ジェンダー・アイデンティティ（性の自己意識；Gender Identity）がいずれの性別に属するかを明らかにすること。

1）と2）とが不一致の場合GIDが疑われ，この診断は2人の精神科医の一致した見解により確定される。両者不一致の場合にはさらに経験豊富な精神科医の診察で再検討される。

なおGender IdentityはGenderの中核部分であり，自分がどちらの性別に属しているかを示す基本感覚である。一般的には2～3歳頃までには形成され，ひとたび形成されると，以降変更することが極めて困難であると考えられている。

II　思春期と性同一性

1．思春期に診断することの難しさ

学校臨床で出会う，思春期のGIDが疑

表１　性同一性障害の診断基準（DSM-Ⅳ-TR より抜粋）

A．反対の性に対する強く持続的な同一感（他の性であることによって得られると思う文化的有利性に対する欲求だけではない）。 子どもの場合，その障害は以下の４つ（またはそれ以上）によって現れる。 （１）反対の性になりたいという欲求，または自分の性が反対であるという主張を繰り返し述べる。 （２）男の子の場合，女の子の服を着るのを好む，または女装をまねるのを好むこと；女の子の場合，定型的な男性の服装のみを身につけたいと主張すること。 （３）ごっこあそびで，反対の性の役割をとりたいという気持ちが強く持続すること，または反対の性であるという空想を続けること。 （４）反対の性の典型的なゲームや娯楽に加わりたいという強い欲求。 （５）反対の性の遊び友達になるのを強く好む。 青年および成人の場合，次のような症状で現れる：反対の性になりたいという欲求を口にする，何度も反対の性として通用する，反対の性として生きたい，または扱われたいという欲求，または反対の性に典型的な気持ちや反応を自分が持っているという確信。
B．自分の性に対する持続的な不快感，またはその性の役割についての不適切感。 子どもの場合，障害は以下のどれかの形で現れる：男の子の場合，自分の陰茎または精巣は気持ち悪い，またはそれがなくなるだろうと主張する，または陰茎をもっていない方がよかったと主張する，または乱暴で荒々しい遊びを嫌悪し，男の子に典型的な玩具，ゲーム，活動を拒否する；女の子の場合，座って排尿するのを拒絶し，陰茎をもっている，または出てくると主張する，または乳房が膨らんだり，または月経が始まってほしくないと主張する，または，普通の女性の服装を強く嫌悪する。 青年および成人の場合，障害は以下のような症状で現れる：自分の第一次および第二次性徴から解放されたいという考えにとらわれる（例：反対の性らしくなるために，性的な特徴を身体的に変化させるホルモン，手術，または他の方法を要求する），または自分が誤った性に生まれたと信じる。
C．その障害は，身体的に半陰陽を伴ってはいない。
D．その障害は，臨床的に著しい苦痛，または社会的，職業的，または他の重要な領域における機能の障害を引き起こしている。

われるケースは，特に診断で難渋すると言われている。診断手続きの際には，詳細な生活史を本人から聴取することが必要となるが，本人から語られる現時点での Gender Identity は主観的認識にならざるを得ない。なぜなら思春期は第二次性徴という身体の突き上げが進む時期であり，それゆえの情緒的な不安定さも相俟って認識の揺れ動く幅が大きいと考えられるからである。よって通常の診断以上に本人のみならず家族や環境を知りうる人たちの協力を得て生活の状況や情報を多面的に把握し，総合的判断をすることが必要になる。

2．第二次性徴とその反応

身体上の具体的な変化として，男子は喉仏が出だし，声変わりが始まる。女子の多くは乳房が膨らみだす。各々がこのように体の様変わりする感覚を「自分なりのやり方」で受け入れる時期でもある。だが，それを受け入れることがどうしてもできない，あるいはそうした変化に突き動かされるように「これまでずっと違うと思っていた」と自分の属する生物学的性別の違和感を訴えるケースがある。あるいは，違和感を訴えることができずに苦闘を繰り返すケースもある。特に学校現場での男子のGIDケースは，いじめやからかいの対象になることが多く，集団からの孤立や不登校に陥る可能性が高い。女子のケースでは丸みを帯びる身体の成長や月経を阻止しようと，拒食症状になるパターンもある。男女いずれも，抑うつ状態になることや，自傷行為（リストカットなど）を反復する恐れがあることが考えられる。さらに対人恐怖や，自己評価の低下を招く可能性も十分に考えられる。

Ⅲ　理解と援助

スクールカウンセラー（以下SC）や学校教師がGIDの生徒を支援する場合に，留意する点がいくつかある。

1．苦しみに共感する

「こころとからだがバラバラです。苦しいよ，先生」。これはSCである筆者に，ずっと抱え持っていた性違和感をカミングアウトしてくれた中学生男子の言葉である。こうした場合，SCはまず十分な共感をもち，語られる苦悩にじっくりと耳を傾けることが必要である。「僕は変ですか？」と何度も繰り返す彼に，「変じゃないよ，変だって言う人はいるかもしれないけれど。よく話してくれたね」と筆者は受けとめた。いずれかの性を選択するよう指示することや，望む性を選択することを支持するのではなく，誰にも言えなかったつらさを本人が他者に話すことができたことに対して，一歩前に進めたとSCや学校教師が評価してあげられることが重要である。

2．守秘の問題と環境への配慮

また本人の意思を尊重しながら，環境的配慮のために関係者との情報共有が必要になる。学校現場においてGIDはまだ馴染みが薄いため，知りえた者が好奇や偏見の眼差しを向けないよう徹底するとともに，差別や攻撃の対象にならないように取り組まなければならない。本人に対しては，葛藤による行動化を防止するためにも，ケースに見合ったストレス対処の方策を提示することが必要になる。

また，不安など精神症状が見られる場合は，投薬が有効に作用することも多くあるため，医療機関との連携を図ることは重要である。

3．家族との連携

本人の状況を認識している家族と，認識していない家族とが存在する。急に知らされた家族が動揺や憤りを覚えることは自然なことであり，それに対してSCや学校教師が，否定や肯定をする関わりは適切でない。まずは家族の複雑な思いに寄り添い，徐々に本人の思いを受けとめていくことができるような支援をすることが望ましい。

Ⅳ 最後に

我が国では専門医や専門機関が十分であるとは言いがたいが，GIDにまつわる法制度改革はこの数年で進展しており，学校現場における理解も，今後よりいっそう深まっていかなければならない。

また家族や友人への葛藤が性違和感の訴えという形で出現する場合があることを，視野に入れる必要もある。

文　献

アメリカ精神医学会（高橋三郎，大野裕，染矢敏幸訳）（2002）DSM-Ⅳ-TR―精神疾患の分類と診断の手引き．医学書院．

山崎晃資，牛島定信，栗田広，青木省三（2002）現代児童青年精神医学．永井書店．

山内俊雄（2004）改訂版　性同一性障害の基礎と臨床．新興医学出版社．

統合失調症

藤田 悠紀子

キーワード：青年期発症の統合失調症，児童・思春期発症の統合失調症，初期症状，スクールカウンセラーの支援

I　統合失調症はどんな病気か

統合失調症は16歳から40歳と比較的若い世代に多発しやすく，民族や文化の違いにかかわらず約100人に1人の出現率といわれ，原因に関しては，近年の研究では神経伝達物質の一種であるドーパミンとの関係がいわれている。

症状は大きく分けて「陽性症状」と「陰性症状」があり，陽性症状としては幻覚，妄想，知覚の歪み，独語，空笑，させられ体験，言動のまとまりなさ，異常な興奮や緊張などがあり，陰性症状としては社会的なひきこもり，意欲，集中力の低下，感情の平板化，思考の貧困化などがある。また，さまざまな身体的な不調も見られる。

経過は「前兆期」「急性期」「消耗期（休息期）」「回復期」とたどる。各期の特徴を以下に示す。

前兆期：睡眠障害，光や音への過敏さ，不安・焦燥感，気分易変性など。

急性期：睡眠障害，幻覚・妄想，不安感の増大，混乱，興奮など。

消耗期（休息期）：過度の睡眠，倦怠感，ひきこもり，無気力感，過度の甘えなど。

回復期：ゆとり感の増大，周囲への関心の増加，陰性症状が残る場合も多い。

治療としては薬物療法が中心ではあるが，支持的精神療法や精神科リハビリテーションも大きな役割を担ってくる。障害を残すこともある病気ではあるが，病気と上手に付き合いながら再発防止に努め適切な社会資源の利用などが良い予後と結びつくとされている。

II　児童・思春期発症の統合失調症について

青年期以降発症の統合失調症と比べて，児童・思春期の場合は異なった特徴が見られるといわれる。幻覚については成人の場合と比べて幻視が多く，妄想は体系化されず成人の場合のようなはっきりとした症状

としてとらえにくく，激しい不安・興奮，暴力，昼夜逆転，不登校，ひきこもり，自殺企図といった行動の異常や，抑うつ，強迫症状，対人恐怖や頭痛などの身体症状など他の疾患と区別しにくい形で始まることが多い。また，児童・思春期で突然発症するというよりはそれ以前に前駆症状（後述）があり，潜行して思春期に診断可能な症状として顕在化する例が多いともいわれる。

若い世代で発病した人にとっては，病気の回復のためにはゆっくり休息をとることと，学業や親からの分離・独立，仲間作りなど発達課題の遂行という相反する問題を抱えることになり，成人とは違った治療の難しさが出てくる。

Ⅲ　初期の症状

子どもの前駆症状として弟子丸（1998）は，①被注察や被害・関係妄想のために不登校，または集団からの孤立，②不適切な，または乏しい感情表出，知的優位な考え方，③身辺の清潔と身だしなみの障害，④教室内での奇妙な行動，⑤強迫的行為，⑥反抗的，攻撃的行為，⑦自生体験（後述）および自我分裂（もう一人の自分），⑧異常な意味知覚の症状――をあげ，長期にわたってこれら複数が存在する場合は注意して経過を見る必要があると述べている。また，中安（1990）は初期分裂症の特異的初期症状として，①自生体験（自己の意思によらず，体験そのものが勝手に出てくると感じられるもの），②気付き亢進（注意を向けている対象以外の，種々の些細な知覚刺激が意図せずに気付かれ，そのことによって容易に注意がそれるもの），③漠とした被注察感（どことなく周りから見られている感じがする），④緊迫困惑気分（何かが差し迫っているようで緊張を要するものの，なぜそんな気分になるかわからず困惑する）をあげている。

Ⅳ　スクールカウンセラーの支援

病気の治療そのものは医療に任せるとしてもスクールカウンセラーに期待されることは多々ある。

1）**気になる児童・生徒に関心をもって経過をみること：**特に子どもの場合は不安や辛さを言語化しにくいので態度や行動から察しなければならない場合もある。また，高校生くらいになると家庭の側が子どもに生活を任せてしまっていて実態を把握していない場合もある。

2）**早期に医療に繋げること：**精神科受診は傷つきに繋がる場合もあるので，本人が自覚している症状や困っていることを理解して，タイミングを見て医療の活用を勧めることが大切である。

3）**医療との継続的な連携システムを作る：**必要時に適切なアドバイスを得るために。

4）**本人や家族，教師への心理教育やコンサルテーション，当事者の病気受容への援助：**実際に通院，服薬していても病気の真の受容は難しい。精神疾患に罹ってしまったことの受け入れ難さ，抗精神病薬や副作用に対する不安，ゆっくりしか回復に向かわないことへの苛立ち，学業の遅れに対する不安や焦り，将来への不安など尽きない。丁寧に寄り添い断薬や治療中断に結びつかないようにすることが求められる。

5）**回復状況を踏まえた学業や対人関係の再構築，認知の修正などへの援助：**充分な休息とゆっくりペースの回復を心掛けていても焦りは生じるものである。無理が再発に繋がることを肝に銘じて本人の回復のペースに応じた学業や生活上の工夫，社会資源の活用が望まれる。

文　献

弟子丸元紀（1998）児童期発症の精神分裂病の状態像の特徴について．児童精神医学とその近接領域, 39-2；10-16.

伊藤順一郎編（2001）じょうずな対処・今日から明日へ—病気・くすり・くらし．（財）全国精神障害者家族連合会.

中井久夫（1984）分裂病．岩崎学術出版社.

中安信夫（1990）初期分裂病．星和書店.

大倉勇史（2002）精神分裂病．In：佐藤泰三，市川宏伸編：臨床家が知っておきたい「子どもの精神科」．医学書院, pp.182-187.

発達障害

倉光 修

キーワード：知的障害，自閉症，アスペルガー障害，注意欠陥／多動性障害，学習障害

I 発達障害

発達障害という概念には，知的障害，広汎性発達障害（自閉性障害・アスペルガー障害），注意欠陥／多動性障害（ADHD），学習障害（LD）など，多様な障害が含まれる。これらの障害の多くは脳の生理的・機能的異常に伴って生じると考えられているが，ある診断名を与えられたすべての個体に共通する脳の物質的異常はいまだに確認されていないし，異常が見いだされた一部の個体においても，それを完全に正常化する薬物や手術法も見いだされていない。

しかし，こうした障害があっても，さまざまな角度からのケアが提供されることによって，ある程度，普通の生活ができるようになったケースも少なくない。ここでは，各障害の概要を記述し，スクールカウンセラー（以下SC）として望ましい対応について検討したい。

II 障害の概要とアプローチの留意点

1．知的障害

知的障害はMental Retardation（MR：精神遅滞）と同義で，DSM（アメリカ精神医学会による精神障害の診断統計マニュアル）などの定義では，標準化された知能テストで知能指数（IQ）が平均（100）から2標準偏差以上低く，かつ，社会的適応機能の障害が認められる場合をいう。発生率は，定義にもよるが統計的には人口の約2％であろう。

知的障害はダウン症などの遺伝子異常，フェニルケトン尿症などの代謝異常，水頭症などの器質的異常等に伴って生じるケースが多いが，身体的異常がまったく見いだせないケースや，乳幼児期の栄養不良や虐待など環境要因の影響が強いように見えるケースもある。知的障害児に生じやすい心理的問題としては，劣等感コンプレックスによるうつや引きこもり，いじめや迫害に起因する恐怖症，短絡的思考による犯罪行為などがあげられる。

SCが出会う知的障害児は，比較的軽度（IQ 50以上）のケースが多いだろう。彼らの多くは，知的障害自体の苦痛だけでなく，

いじめられたり，深刻な劣等感に苛まれたりして，深い心の傷を負っている。カウンセラーは彼らの知的能力だけでなく，こうした心の傷について，的確にアセスメントする必要がある。

そして，その上で，たとえ障害があっても立派に生きることはできると感じられるようにサポートしていくことが望ましい。実際，知的障害があっても，周囲の人々との間にある程度の愛着が形成されると，社会性もかなり発達していくものである。

2．自閉症

自閉症という言葉の起源は二つある。一つは，Kanner L が 1943 年に見いだし，翌年「早期幼児自閉症」と名付けたもので，生来の極端な自閉的孤立，同じ状態を強迫的に維持しようとすること，エコラリア，優れた記憶などがその特徴である。もう一つは，1944 年に Asperger H が「自閉性精神病質」と名付けたもので，まなざしが合わないこと，単調で場面に合わない言語使用，常同的行動，計算能力の高さなどがその特徴である。両概念は類似しており，近年の DSM（アメリカ精神医学会の診断統計マニュアル）では，「自閉性障害」と「アスペルガー障害」として，ともに「広汎性発達障害」に含まれている。自閉症の下位分類はさまざまに提案されているが，コミュニケーションの障害が目立たないものを「アスペルガー障害」，知的障害を伴わない自閉症を「高機能自閉症」とする場合もある（この場合，両者は「軽度発達障害」に含められる）。

自閉症の出現率は研究や基準によってばらつきがあるが，軽度のケースを含めると人口の１％以上がそのスペクトルに含まれるのではないかと言われている。

自閉症は脳の機能障害と考えられているが，自閉症と診断された個体すべてに共通する脳の異常は確認されていない。しかし，たいていのケースでは養育環境に問題が認められず，先天的な脳の異常があるとされる。一方，乳幼児期にネグレクトなどを受け続けた場合，自閉症的反応が生じる場合があることも古くから指摘されている。このようなケースは，「反応性愛着障害」であるとか，「自閉性トラウマ後発達障害（APTDD）」であるといった，さまざまな見解がある。

SC が出会う自閉症の子どもは，アスペルガー障害や高機能自閉症と診断されることが多いだろう。彼らは，非常に限局された環境でしか安心できないという特徴があるので，SC はまず，そうした反応パターンに即した対応をし，彼らに安心感を与えるように努めるとよいだろう。たとえば，トランポリンや身体揺らし，特定の絵や文字を描くことなどに固執しているときには，その快感を増大するように働きかけたり，共にその美を味わうように話しかけたりする。また，何らかの作業を要請するときには，必要な作業が一目瞭然なように配置するなどの工夫をするとよいだろう。

しかし，すべての自閉症児にとって理想的な環境はとうてい用意できない。とくに日常生活や授業場面では，どうしてもある程度の制限や強制が必要になる。また，特異な認知やこだわりから犯罪が生じる場合もある。こういう場合は毅然とした態度で「○○しなさい」と命じたり，「またこういう行動をとったら，こういう対応をするよ」と予告し，それをきちんと実行したりするとよいだろう。

自閉症児は他者の考えや気持ちが分かりにくいと言われるが，彼らの多くは，厳しく接する人と優しく接する人を識別する。また，自閉症児の障害は「質的」であると言われるが，自閉症のスペクトルの一端を正常者にまでつなげれば，実は問題は「量的」なのかもしれない。いずれにせよ，たとえささやかであっても，共感の萌芽を見いだすことで，より安定した相互関係を形成できる可能性は常に残されている。スクールカウンセラーは，そういう関係構築に向けて，たゆまぬ努力を続ける一人になるわけである。

3．ADHD（注意欠陥／多動性障害）

ADHDは，Attention Deficit（注意欠陥）とHyperactive（多動性）の障害を包括した概念である。前者は指示されたことに注意が集中できない，忘れ物が多い，片付けが難しい，計画が立てられないなどの特徴があり，後者はつかの間もじっとしておれない，順番が待てない，他者の活動を妨害する，衝動的に動く，しゃべりすぎるなどの特徴がある。ADHDの発生率はかなり高く，子ども全体の2％以上がADHDであるとも言われる。ADHDの原因は，かつては微細脳損傷，現在では神経伝達物質のバランス異常であると考えられることが多い。この仮説は，ADHD児の多くに有効な薬物が発見されていることからも示唆される。しかし，薬物の効果の見られないケースもあるし，副作用や長期服用の危険性を憂慮する人もいる。

SCがADHDの子どもに接する際にまず大切なことは，問題行動の背景にどのような衝動や認知が潜んでいるか推測することである。特に，どのような環境に置かれたとき，どのような反応が出やすいかを同定することが有益である。そのうえで，適切な対応を考える。医療機関につなぐ場合でも，その後もコンタクトをとって，継続的にフォローした方がよいだろう。

注意欠陥にしろ，多動にしろ，単に「言うことをよく聞きなさい」「ルールを破ってはいけません」などと命令するだけでは，たいてい効果がない。そして，効果がないときに，いっそう攻撃的に命令したり，罰を与えたりすることは有効ではないばかりか，しばしば逆効果である。したがって，こういう子どもに接するときには，彼らにとって注意集中やルール遵守がいかに難しいかを的確に想像し，その上で，望ましい行動とその影響を明示し，彼らが努力して注意や衝動をコントロールしたときは，それに対して深い敬意を払うことが重要だろう。

4．学習障害（LD）

学習障害は，Learning Disorder ないし

Learning Disability の訳語である。両者はかなり類似した概念で，「読字」「書字」「算数」など特定領域の能力において大きな落ち込みを呈している場合にそう呼ばれることが多い。たとえば，読字障害（dyslexia）の場合は，言葉を音声として聞くと理解できるが，同じことを文字で読むと理解することが著しく困難になる。

学習障害と診断される子どもは，人口の１％以上に上るのではないかと推定されている。学習障害においても，中枢神経系の機能障害が疑われるが，たぶん障害の内容によって異常の発生している部位は異なるだろう。

学習障害の人も，障害自体の苦しみと，周囲の無理解やハラスメント被害など二次的な苦悩に苛まれやすい。しかし，それぞれのハンディキャップを何らかの工夫で（たとえば，テープレコーダーやワープロや電卓を活用したりして）克服できた場合は，かなり普通の暮らしが可能になる。

学習障害をもつ人に対するスクールカウンセリングにおいて最も重要なことの一つは，障害の程度を的確に把握することと，こうした二次的苦悩に対するケアを保護者や教員など，周囲の人々と連携しながら続けていくことであろう。

Ⅲ　発達障害に対するカウンセリングにおける留意点

1）診断名より個々の子どもの特性や個別の状況に注目する

精神医学における診断，とりわけ発達障害の診断においては，いくつかの反応や行動特徴を示すものがひとつの疾患単位であると仮定され，診断名が与えられているだけであって，一般の身体医学のように，疾患名に一対一対応する身体的異常が同定されているわけではない。そのため，ひとりの子どもの診断名が医師によって異なっていたり，加齢に伴って診断名が変更されたり，複数の診断名がつけられたりすることがある。また，診断分類名は，歴史的に変遷してきたし，今後も変化する可能性がある（たとえば将来，注意欠陥障害と多動性障害は別の疾患であるとか，自閉性障害とアスペルガー障害は同じ疾患であるとか，自閉症はいくつかの疾患に共通する症状に過ぎないといった見方が生じるかもしれない）。SC はこのあたりの事情をよく知って，その時々の診断名に左右されて眼前のクライエントの特徴を見逃したりすることのないよう，気をつけねばならない。特に「脳機能障害」という言葉を使うときには，「子どもの脳に器質的異常が発見されている」と誤解されないように注意する必要がある。ここで言う「脳機能」とは，実際は認知や推理，記憶や感情統制などの「心理機能」の言い換えに過ぎない。

ただし，発達障害を脳障害とすることには利点がある。その一つは，問題行動の責任を親や教師に帰さないですむという点である。ある子どもが問題を起こしたとき，「ＡさんはＸという障害を持っているからＢという行動を起こすので，両親の育て方や学校の指導の仕方がまずかったわけではありません。Aさんだって，わざとそういう行動をとっているのではありません」と答えることができる。いわば，「悪者探し」が回避できるのだ。

もちろんSCは，たいていの問題行動は単純な因果関係で生じるものではないことをよく知っている。実際，すでに述べたように，虐待などの環境要因によって発達障害（脳障害）が誘発されたように見えるケースも存在する。しかし，カウンセリングや心理療法においては，通常，誰が悪かったのかを追及しても生産的ではなく，むしろ，今後どうすれば良いかを考える方が有益であるので，そのために脳障害という表現をすることがあってもよいのではなかろうか。

ただし，診断名をこのように利用するとき，「○○という発達障害には××という方法で対処すればよい」といった単純で機械的なアプローチがあるかのように言うことは厳に慎まねばならない。実際のアプローチは個々の子どもと家族，教師や学校の置かれた状況に応じて，臨機応変に創造されねばならない。とりわけ，発達障害児がいじめやハラスメントなどの被害にあってPTSDやうつに陥ったり，不登校や引きこもり状態を呈したり，衝動性がコントロールできずに，非行や自傷行為が生じたりするケースでは，マニュアル的対処では不十分なことは自明であろう。

2）SCへの攻撃を理解の糸口にする

発達障害児のプレイセラピーでは，クライエントがカウンセラー（セラピスト）を攻撃してくることがしばしば認められる。たとえば，ボードゲームや卓球をするとき，クライエントが自分に有利なルールを設定してゲームしたり，「ずる」をしたりすることがある。また，箱庭や人形遊びでは，クライエントがセラピスト自身を虐待したり，殺したり，ダブルバインドにかけたり，奴隷のように扱ったりすることがある。このような場合は，セラピストは傷つき，ときには怒りを覚えることもあるかもしれない。

このようなときには，「ああ，この子はこれまでいつも負かされてきたのだろうか」「こんなふうにいじめられたのだろうか」「自分が強い立場に立つことによって苦境を脱しようとしているのだろうか」などと推測することによって理解が深まることが多い。もちろん，限界を超えるような行動は制止しなければならないが，「子どもはこういう形で自分の苦しみをセラピストに伝えるものだ」と考えると治療的になることが多い。こういったケースでは，ゲームでクライエントが強くなり，ルールがフェアになるにつれて，あるいは人形遊びで，弱者を思いやったり，救出したりするシーンが出現するようになるにつれて，現実適応が進んでいくことが多い。

3）連携においては，境界線より中心点を明確にする

発達障害児に対する支援において，SCは，障害児本人だけでなく，保護者や仲間，

学級担任や特別支援教育担当者，養護教諭や障害児学級担任，校長や教頭，教育センターや教育委員会のスタッフ，さらには，医師や家庭裁判所調査官など，さまざまな人々と接触するだろう。こうした人々との連携や協働においては，互いの仕事の境界線を明確に区切るより，それぞれのアプローチの中心点を明確にする方が生産的ではなかろうか。

たとえば，「医師は体の専門家で，カウンセラーは心の専門家だ」「教師は知識を教え，カウンセラーはカウンセリングやプレイセラピーをする」「教師の提示する問題には唯一の答があるが，カウンセラーが取り組む心理的問題には誰にも当てはまる答はない」などといったことが言われる。こういった認識はたしかにある程度は正しい。しかし，日々の活動においては，それぞれの専門家の活動範囲が面積ゼロの境界線で区切られるわけではない。場合によってはSCがクライエントに知識を教えることもあれば，教師が子どもと一緒に漫画を読んだり音楽を聴いたりして，子どもの心理的課題を捉えようとすることもあるだろう。医師がカウンセリングにかなりの時間を割くこともあるし，SCが身体の調子について聞くこともある。つまり，実際場面では，それぞれの専門家が自分の仕事をするだけでなく，その時々のクライエントのニーズに応じて，その境界を柔軟に変化させており，経験的にはそのほうが子どものためになるのである。

もちろん，我々はそれぞれの専門性の中核を明確にし，それが発揮できる環境を創る努力を怠ってはならない。カウンセリングや心理療法の専門性は，「相互の関係性を基盤にして，個々のクライエントの心理的状況や心理的課題を的確に把握し，その課題達成をさまざまな技法を用いて促進すること」などと言えるかもしれない。多くのケースでカウンセリングが役に立つことは，近年，社会的にかなり認知されるようになってきたが，現在でも十分な理解が得られず，適切なサービスが行えないことがある。たとえば，学校によっては，子どもと面接している部屋に教師がノックもせずに突然入ってきたり，カウンセリングで話されたことをすべて報告するように校長が命じたり，子どもがカウンセリングを受けたいと言っても，保護者や教師がそれを禁止したりするといったことが起こってきた。こういった場面では，SCは，自分たちの仕事について，わかりやすい言葉で（できるだけ個々の状況に即して）説明し，その業務がより十全に遂行できるように，種々の工夫をしなければならないだろう。

発達障害をもつ子どもに対しては，このように，さまざまな立場の人々が相互に尊重しあいながら柔軟なアプローチをとることによって，全体としてきめ細かく質の高いケアが提供できるのではなかろうか。

子ども虐待

野田 正人

キーワード：通告，問題行動，児童虐待防止法

Ⅰ　学校臨床に見る子ども虐待

子どもが健康に育つためには，その発達を十分に保障できる環境が不可欠であり，多くの場合，家庭が大きな役割を果たしている。子ども虐待とは，その家庭あるいはそれにかわるものが，子どもの発達に不適切で，むしろ子どもに害を加える存在となっている状況やその行為を示す言葉である。このため，子ども虐待とは単一の症状像を指すものではなく，不適切な状況を総合的に示しており，解決方法も単一ではない。

本書でとりあげられた子どもに見られる症状の多くは，その原因に子ども虐待が想定できる。特に，発達や人格形成，対人関係や自尊感情など多くの心理的側面に，重大な影響を及ぼすことが分かっている。一般的に被虐待経験は，学校臨床場面では，幼少期からのADHD様の行動を含む行動化の激しいものや，その延長として盗みぐせや粗暴行為などがあり，たびたびの指導にもかかわらず繰り返されるような非行行動，あるいは，ヘッドバッティングやリストカット，拒食，自殺企図などの自傷的な傾向の2つの傾向となって現れやすい。もちろん，この両者が混在することもあるが，特に繰り返される非行行動などは，低学年であるほど虐待経験を疑う必要がある。しかし，その見極めには工夫が必要となる。

たとえば，ADHD様の行動をADHDの本態性のものか，虐待など環境から生じるものかを区別するのは，面接だけでは相当困難である。しかし，学校の多面的な場面で示す様子や，複数の教師に示す子どもの対応などの情報を収集すると，ADHDの類型を仮定するのはそれほど困難なことではない。その上で家庭の養育状況などが把握できるなら，より正確を期すことができ，このような対応ができるところが学校臨床の強みでもある。もっともそのためには，日頃からこのような情報を検討できる校内体制整備が不可欠である。

現状では，被虐待児童の半分ほどが学齢の子どもであるのに，学校が発見し通告している割合は15％程度にとどまっている。

学校の多くに心理臨床家が関与しているにもかかわらず，虐待が発見できていないとすれば，その責任は大きい。虐待は過去に経験して現在その影響から症状を出しているものと，現在進行形のものもあり，筆者の経験では通常20人に1人以上の割合で虐待の影響があると考えている。

Ⅱ　子ども虐待への学校の役割

子ども虐待は，児童虐待防止法第1条が示すとおり，子どもの命を脅かすだけではなく，児童の人権を著しく侵害し，その心身の成長および人格の形成に重大な影響を与えるとともに，我が国における将来の世代の育成にも懸念を及ぼすことが本質的な問題とされている。この条文は，優れて心理臨床的な視点を含んでいる。つまり，虐待は死んでしまうとか，大けがをするということだけが問題なのではなく，ひどい人権侵害であること。そして，心の発達にも大きな影響を及ぼすし，そのような影響が身体の成長にも影響を及ぼすこと。このことは，幼少期の虐待が低身長を来しやすいことでも知られている。そして，人格そのものにも影響を与え，それが世代を越えて次の世代にまで負の遺産として継承されうる問題だと認識されている。

子ども虐待に関しては，2000年に児童虐待防止法が制定され，そこでは児童虐待の定義がなされているので，まずその正確な理解が不可欠である。この法律では，児童虐待を，身体的虐待，性的虐待，ネグレクト，心理的虐待の4種類としている。特に注意がいるのは，外傷が生じていなくても，そのおそれがあれば身体的虐待にあたること。家庭内にドメスティック・バイオレンス（家庭内暴力）があれば，その家庭にいる子どもはどんなに可愛がられていても，被虐待児にあたることなどである。このような知識が必要になるのは，児童虐待のおそれのある児童を発見した場合には，市町村や児童相談所への通告が義務づけられていることによる。この義務は，すべての個人と子どもに関する組織・団体に課せられるが，特に教員やスクールカウンセラーや学校医といった，子どもに関わる専門職は，積極的に児童虐待を発見し，通告を経て連携した支援につなげる責務を負っている。また，学校は虐待を予防したり，過去の虐待の被害を回復させ自立させたり，虐待やDVなどの行為を止めるための教育啓発機能を担うなど，多様な活動をも求められている。そこでは当然カウンセラーに期待されるものも大であるし，できることも多様である。

Ⅲ　虐待に気づいたら

虐待への気づきは，けっして受け身的なものではない。常に積極的に発見する姿勢が求められている。特にカウンセラーは，子どもの話や，保護者の相談，子どもの行動や表情などから虐待を発見する機会が多い。しかし，臨床家の性癖で，本人の同意のないまま通告や関係者に伝達することをためらう例も少なくない。この点では，虐待対応が個人プレーで対応できるものではないことや，子ども本人の意思を越えた，子どもの最善の利益を考慮する姿勢が求められていることなどから，守秘を理由に通告しないことは違法であるとされている。臨床的にはチーム内守秘の考え方などに学びつつ，積極的に通告することが求められる。通告は告発などとは異なり，責任ある関係機関が適切な支援を開始するきっかけとするものであり，通告を受理したものには，通告者が特定されないように守秘義務が課せられている。

特に虐待を受けた子どもは，粗暴な行動や親密な教員に対する過剰な攻撃行動が見られる場合があり，結果として努力している教師がバーンアウトしたり，指導場面では虐待を受けた児童が教師や同級生の怒りを誘発する結果，学校でも虐待されたりといった，不幸な事態を招きかねない。一方で，虐待への早期対応ができるなら，子どもたちの多くの症状が緩和・解決できることにもなる。

そこでは，カウンセラーは一人で対応するのではなく，子どもの行為の意味を正確に理解し，教員にアドバイスする活動も期待される。そのためにも，家庭状況や生育歴などを，さまざまな情報源から情報を得て明らかにし，学校が関係機関と連携しつつ，展望を持った取り組みを展開できるように援助体制を組むことが求められる。このような場合，システム的なアプローチやコミュニティ心理学の知見が有効であると同時に，虐待が法律とも密接な関係にあるため，短い条文であるので，児童虐待防止法（正式には「児童虐待の防止等に関する法律」http://law.e-gov.go.jp/htmldata/H12/H12HO082.html）には目をとおしておかれることをお勧めする。

いじめ

長谷川 啓三

キーワード：いじめの解決事例，いじめられっ子，いじめっ子

I　いじめの解決事例

事例１：みんなに無視されると訴えて相談室にやってきた女子中学生。もう教室にはもどれないと。担当者は気持ちを受容した上で，クラスの名簿と赤鉛筆を与えて，二人で「無視していない人」をチェックしていった。子どもは，実際には無視が「みんなではない」ことを知ったのか，自分で教室へ帰っていった。

事例２：中学生女子。自分の靴に嫌がらせの手紙が毎日入る。「ブタ」「死ね」「くさい」「学校へ来るな」など。そこで担当者は，自分の靴と子どもの靴をしばらく変えてみた。明らかに大人の女性の靴とわかるそれと，子どもの靴である。間もなくいやがらせは止まり，他のいじめも減った。

事例３：いじめっ子とおぼしき生徒を授業を休ませて二人で話し合った。話題はいじめのことではない。この生徒と話すのは初めてである。他の話題で話し合った。

事例１は「例外」を活用した短期療法的な解決事例である。事例２は，当の子どもを含む，学級システムの側への介入をした，家族療法を応用した解決事例である。事例３は，教頭から報告されたいじめっ子への介入で成功した事例である。

II　いじめ問題と学校臨床心理士

学校臨床心理士（スクールカウンセラー（以下 SC））にとって，いじめの問題は，これまでに２回，大きく関わることになった。ひとつは 1990 年代である。まじめで優秀な中学男子生徒が，いじめられた内容を詳述した遺書を残して自死を選んだ。さらにそれが報道されると，自死が連鎖した。2006 年には同じ問題がさらに大きく社会的な水準でとりざたされた。

2006 年と約 10 年前のいじめ自死問題，そしてそれらとかつての日本でのいじめでは，以下のような異同が認められる。まず共通点は，遺書の中に自身の被害状況を詳述し，それが学校を経て社会的な水準で影

響を与えるものであったことである。「いじめが昔と違って陰湿になった」「いじめっ子といじめられっ子が交替することが認められる」といったことも個人の視点では重要ではあるが，上記のこと，つまり報道と教員，親を含む大人同士の対立を巻き込んだ社会システム上の問題となっていることが，かつてのいじめとは大きく異なり，かつ90年代と昨年に共通の問題である。

90年代と2006年のいじめ問題の違いは，「自死予告」という，多分いじめ被害者なりの問題解決が大都市でも地方でも報告されたたことがひとつである。また緊急に出された政府の「提言」にも関連して，学校の責任者の自死も見られた。もうひとつ，インターネットなど匿名性が高いメディアを使っての問題がある。これらは今のところ，幸いにも拡大を見ずに済んでいるが，今後も大いにありえることである。

いじめ対策上の大きな違いも検討しておきたい。それは2006年は，教育再生会議の緊急提言に見られたように，父性的な問題解決様式が出されたことである。大きくは2点。学校がいじめの事実を報告すること。もう1点は，いじめっ子が特定される場合には罰則的な対処を避けないことである。

90年代はいじめられっ子に対して，また時に，いじめっ子と思しき子どもに対して，我々臨床心理士が，カウンセリングで対応した。臨床心理士はカウンセリングについて，世界的な流れを反映して，いわば父性的なもの，母性的なものの種々のアプローチ法を学んでいるが，この問題には，主に，受容的で母性的なアプローチで対応をしてきた。成果は挙げてきた。具体的な数字で文部科学省の報告として出されている。いじめを含む心理的な問題で臨床心理士が派遣されている学校と，派遣のない学校では，有意に問題の生起率が異なるのである。学校臨床心理士としては，これは自信をもって今後も続けて行きたい（村山・滝口, 2007）。

Ⅲ　いじめっ子への対応——システム論の活用

一方，我々が今後，その対応の力をつけるべきは，いじめっ子に代表される，いわば学校内でのアクティングアウト系の問題に対してである。ここには校内暴力や非行，また首謀者の存在がうかがわれる学級崩壊といった問題が含まれる。学校臨床心理士の中でもすでに家族療法の素養がある心理士の介入は参考になる。とくに犯人を探さないという家族療法の基本スタンスが参考になる。教育再生会議の提言は，家族システム内で家族療法家が提言する父親へのそれと似ている。しかし我々，臨床家なら，母親をさらにもっと立てて，つまり母の努力を大きく包み込みながら，子どもに対しては，断固とした規範を両親が一致した態度で示すことができるように支援するだろう。必要ならば戦略的な智策も大いに活用しながらである。第1弾が仮に失敗しても第2弾，3弾が無理なく出せるように介入のシステムを組む。さて以下には，いじめっ子に対する対応策の一部を掲げる（長谷川, 2005)。

①いじめっ子の特定の前に，いじめの校内での存在を全校に知らせることは有効である。被害者にすれば，そのことで安心を得る, 強力なファーストエイドになる。このとき，訴えの経路を，そのまま示すことには慎重でありたい。予想されるいたずらや真似を避けたい。
②インターネットを利用してのいじめ，たとえば特定の子どもへの複数の子どもからの中傷が自死に結びつくことは大いに予想される。またこのような形でのメディアの悪利用は今後，ますます増加が予想される。起きてからではなく先行する予防キャンペーンをネット上で張るのも有効。他のメディアではあるが，我々は10％の期待していた有効な解決事例を得た。
③いじめっ子の親，とくに父親の中には，暴力を大目にみる傾向が，やや認められる。このような場合，第三者，つまり教員と共に，事情をよく説明し，協力を求めることでうまく行くことが多い。事例：三者で協力を求めた。いじめっ子の父が出てきて，子どもを強く叱った。いじめは止んだ。「復讐」にも配慮して次回の訪問も約束した（中学校)。
④傍観している生徒らにも，担任が特別な時間をつくり, 協力を求めることが有効。事例：特定の女子がいじめられているときに，担任の先生が，授業をやめて，傍観は卑怯と真剣に話された。すると，いじめっ子らが後に謝りに来た（中学校)。
⑤いじめっ子が特定される場合の罰則的処置も有効な場合がある。しかし，この判断はカウンセラーの仕事ではない，学校の仕事である。

文　献

長谷川啓三（2005）ソリューションバンク．金子書房.
長谷川啓三（2007）いじめの解決：ソリューションバンクの考え方と実際．臨床心理学, 7-4；467-472
村山正治，滝口俊子編（2007）事例に学ぶスクールカウンセリングの実際．創元社.

非行への対応

鵜養 美昭

キーワード：居場所作り，不登校，未熟な子ども，心育て

Ⅰ　はじめに

スクールカウンセラー活用調査研究委託，同活用事業補助の２事業（以下 SC 事業）は，全国規模のアクションリサーチとして機能し，従来の学校教育の常識とは異なる事実が見えてきた。一例を挙げると，平成 13（2001）年度の初等中等教育局の調査では，平成 11（1999）年度から 13 年度にかけて，不登校児童生徒数は，全国の小中学校で 6.4 ％増え，スクールカウンセラー（以下 SC）配置校では 1.7 ％増に留まった。同時に，全国の暴力行為発生件数は 4.3 ％増だが，配置校では 13.2 ％減少した。不登校の抑止効果より，暴力行為の抑制効果が大きかった。SC 配置により，従来の考えでは説明できない現象が起きている。非行について，学校臨床心理士全国研修では，非行専門の臨床心理士も加わり，多くの見直しがされてきた。その一端を紹介したい。

Ⅱ　子どもが置かれた状況

少年犯罪や非行については，社会情勢の影響の大きさが指摘される。現代の「スピード・ストレス・すれ違い」，「ボーダーレス」社会の影響を受け，価値観の多様化，家庭・地域教育の崩壊の重圧もかかる。親自身が重い病理を持つ家庭，子どもへの接し方が分からない親，子育て機能のアンバランスな家庭も目に付くようになった。成育環境は大きなバラエティを持つことになり，子どもの多様化も進んだ。

以前は見られなかった子どもの様子に，学校関係者の当惑も深まった。少年犯罪は「了解困難」になった。事件後の公的調査では衝動コントロールのできない自我の未熟さが指摘される。この指摘は，SC 業務からの知見とも合致する。集団形成も，同様である。組織が作れず，集団を意識できず，深い対人関係を持てないから，空気が読めず，役割分担もできない。小学校 SC の報告では，就学時点で三者関係どころか二者関係も未成立な子どもが少なくないという。「学級崩壊」というが，「一旦，成立

した集団が崩れる」のではなく，査定すると，学級未成立，または，対人関係未成立であったりする。当然，教師は，親や保育士，幼稚園教諭の役割をさせられる。SCの主要な専門性である臨床心理査定が威力を発揮することになる。特別な査定が必要なわけではない。彼ら個人，また，本人を取り巻く人々の輪（以下，ユニットと表記。友人，担任，生徒指導，養護教諭，SC，親など）についての心理状態の把握，特に発達課題の把握が必要となる。

こうして，非行の具体的な特徴も了解できてくる。以前のような「悪いことするときは遠征」ではなく，未熟で学区外に出られない生徒が増えた。「校内非行」「学区内非行」である。従来のような「番長」にはなれず，「見張り」「使いっぱ」などの役割分担もできなくなった。思春期以前のギャング・グループを作る社会性も育っていない。

Ⅲ　非行への対応

こうした未熟な子どもたちに対し，先生方は，「幼いなぁ」と感じながらも，とりあえず彼らを中学生と仮定して関わりやすい。そこで，思いがけない反応に戸惑うことも出てくる。さりげなく，「そういう行動は，何歳児のもの？」などと質問すると，彼らの幼児性に気付いてくださることも多い。カウンセリングや教科教育をしようとすると大変だが，子育て，躾に即効性があったりする。一緒に遊んでくれる先生がいると素直に嬉しそうである。その事実を指摘して教職員をエンパワーすることで，非行生徒の居場所作りをしているベテランSCもいる。学校が何をしてあげると，心育ちにつながるかの見立てが必要なのである。そのためには，発達状態を見立て，「非行事象」の心理的意味，発症機序の査定にもとづき，この子の育ちに有効な関わりを誰ができるかを見立てることになる。また，学校コミュニティの中で，所属感を満たし，成就感・成功感を得て，集団から充分な教育的効果を獲得できるように支えるための査定も必要になる。熟練したSCは，当該生徒の個別のユニットが人格形成に充分な要素を満たしているか，欠けていれば，学校内で補えるか，校外地域資源が必要か，を見立て，先生方とネットワークを作る。つまり，SCが入ると，先生方の戸惑いが氷解し，非行生徒と付き合える人が増え，生徒はかまってもらえて，落ち着き，暴力行為は減少する。

また，非行生徒の多くは，家庭の支えが不十分である。家族が葛藤を持ち，不安定で，家庭の枠が確かでない場合も多い。彼らの成長促進には，行動を抱えることのできる堅固な外枠と，その中で生徒が安心してホールドされる感覚を持てる心理的な枠，自分の行動を落ち着いて振り返ることのできる相談的関係，自分の行動に対するコントロールを獲得する学習場面，自分が一員として認められ，安心できるコミュニティ，集団の中で自分の存在感を実感できる現実的な活躍舞台，などが必要となる。

このあたりは，少年非行の専門的臨床心

理業務（少年鑑別所，少年相談所，保護観察所など）にヒントがある。従来の神経症の心理療法とは異なり，非行生徒の治療教育は，心の癒しであると同時に，心育て，自我育ての器の機能を，ユニットが果たせることが決め手となる。当該生徒のユニットが，十分に機能し，本人の必要性に応じることができる準備を整えるように，ユニットをアレンジし，組織し，その配慮をするのもSCのみに可能な機能である。この流れを先生方と共有できると，先生方も見通しが持て，安心して生徒に関わることができるようになり，学校にゆとりができてくる。

保護者への対応も重要である。多くの学校では，生徒対応より保護者対応で困難を抱えるケースが目立つ。保護者についても臨床心理査定と，それに基づく危機管理が重要になる。児童相談所への通告，警察との連携，逮捕された場合の少年鑑別所での面会なども重要度を増している。これらの機関にも仲間の臨床心理士が勤務している。日頃から顔つなぎをしておくと良い。

以上のように見てくると，非行に対応するためには，勤務校の学校全体の体制作りが大切になってくることが分かる。しかし，これはSCが作るのではなく，学校全体で作るのであり，学校自体が心理的に機能不全を起こしている場合は，実現可能性がない場合もある。学校の機能査定が必要である。

Ⅳ　終わりに

学校臨床心理士の非行臨床は，治療構造の無い学校場面に，確固とした外枠（空間・時間の制限）を作り，当該生徒を個別のユニットでホールドし，自我育てを行うことが肝要である。枠作りができず，事件をおこし，逮捕されたような時は，少年鑑別所や少年院の枠に守られて，SCや担任との面談が有効になる場合も報告されている。枠作りと自我育てについてはパーソナリティ・ディスオーダーの治療におけるA-Tスプリットに対応する役割分担が有効であることも報告されている。SCの臨床心理査定を基盤に子どもたちが育つことのできる器を作ることも，学校臨床心理士の大きな専門的貢献となるのではないか。

喫煙・飲酒

村山 正治

キーワード：非行，秘密，急性アルコール中毒

未成年者は，未成年者喫煙禁止法や未成年者飲酒禁止法によって，酒やタバコをのむことを禁じられている。しかし，日本の文化はアルコールに関しては寛容であり，例えば正月などのハレの日には子どもが飲酒をすることを保護者が許していたり，勧めたりすることも少なくない。「20歳になってから」とあるが，ほとんどの人は20歳になる前に酒を飲んだことがあるだろう。アルコールに比べ喫煙はさほど許容されているわけではないが，喫煙者の多くは未成年のうちから喫煙している。実際，これらの法律は適用されることが多くはない，ザル法と言っていいだろう。

一方で，未成年者の喫煙や飲酒は，青少年の非行の温床になるという懸念もある。実際，そうした恐れから法律が強化された（喫煙禁止法は，平成12（2000）年と平成13（2001）年に，飲酒禁止法は，平成11（1999）年，平成12（2000）年，平成13（2001）年に改定された）が，飲酒や喫煙が即，それ以上の非行化につながる，ということはまずないと言っていいだろう。ただ飲酒や喫煙を許してしまう家庭の守りの弱さが，非行化をも許してしまう，ということは言えるかもしれない。

学校の指導において，喫煙や飲酒はよくある問題であり，喫煙や飲酒については学校教員の先生方のほうがずっとノウハウを持っている。スクールカウンセラー（以下SC）が直接，指導したり指示したりすることは，まずない。もしSCが入る場合は後述するように複雑な背景が考えられる場合である。

Ⅰ　喫煙の害

未成年において喫煙と飲酒が禁止されているのは健康被害があるからである。第二次性徴後の18歳のときと成年後の20歳時との身体の差はほとんどないが，やはりそれ以前の第二次性徴期の最中に飲酒や喫煙が日常的に行なわれると，身体のさまざま部位に害が生じることになる。

特に喫煙は依存性も高いこともあって，吸い始めると日常的に喫煙をするようになる。喫煙は健康被害がアルコールに比べて

高い。血管の萎縮や脳の記憶力の低下，呼吸器官や心臓に対する害もある。また未成年からの喫煙は大人になってから肺ガンにかかりやすくなるといった臨床データもある。が，実際，中高生にとって，こういったネガティヴなデータは恐怖刺激とはなりにくい。思春期真っ盛りの時代に，大人になってからの健康被害を言われても，あまりにも遠い話なので，自分のことのように思えないからだろう。臨床データとしては確たるエビデンスはないが，「思春期までに喫煙を開始すると身長が伸びない」と「脅す」ほうが得策かもしれない。

Ⅱ　コンパ・打ち上げ

体育祭や文化祭などの後，打ち上げと称してコンパを行なうクラスがある。公園などでこっそりとお菓子を食べながらワイワイやるのは可愛いものだが，思春期後期になり大人びてくると居酒屋などでコンパや打ち上げを行なうこともある。こうした店では当然，飲酒や喫煙をすることになる。喫煙など今まで習慣性がなかった子も「試し」にやることもあり，それがきっかけとなり喫煙をしはじめることも少なくない。飲酒も同様である。

一方で，子どもたちにとっては居酒屋でのコンパは冒険気分であることも少なくない。法律に反する行為であるとはいえ，仲間意識が育つ場面であったり，自立のための行為であることも否定しがたい。しかし，度がすぎて暴走しすぎてしまう場合もある。

飲食店などが未成年とわかって酒類を出すことは，法律で禁じられており，近年は罰則規定も強まった。打ち上げが行なわれるような時期には，飲食店なども交えて地域で連携をとることも必要であり，お互いのためであろう。しかし世間知がついてくると，地域を越えて行なったりするのでなかなか大変である。

コンパで怖いのは，急性アルコール中毒である。アルコールの強い弱いは関係なく，短時間での多量摂取によって引き起こされるもので，重症の場合は死亡してしまうこともある。お酒を飲むことに慣れていない若年層に多い。急性アルコール中毒の害については，飲むことを前提にしてHRなどの時間で情報提示する必要もあるだろう。

なお，①飲み始めてから1時間以内に泥酔状態になった場合，②酒量として，1時間に日本酒で1升，ビールで10本，焼酎1本程度飲んだ場合，は急性アルコール中毒の可能性が高い。その場合には，生命にかかわる危険があるので，すぐに救急車を呼んだほうがよい。

Ⅲ　臨床場面での喫煙・飲酒

喫煙や飲酒について，スクールカウンセリングの場面で，「秘密」として打ち明けられることもあるかもしれない。強がったり，えらぶったりする意味でも，そうしたことを打ち明けるのかもしれない。

法律を犯しているので担任に報告する──ということをするSCはほとんどいないだろう。もちろん，ケース・バイ・ケースだが，その子の雰囲気と喫煙や飲酒という行為が，幼いながらもバランスがとれているならば，さほど問題はないように感じられる。しかし念のため，親は知っているのか，どこで喫煙・飲酒をしているのか，その金はどこから出ているのか，などを詰問調にならないよう聞いてみるのがよいだろう。それから，他の人に知れたら面倒なことになること，なるべくなら喫煙や飲酒は未成年のうちは慎んだほうがいいことを伝える方がよい。もちろん「小言」を言わず，秘密を共有する選択もある。これがいいところもあるが，「常識」を重視することが大事になる場面もある。伝えるタイミングの問題もある。もし信頼関係がとれているならば，その程度の「小言」は問題とならない場合が多い。小さな秘密を共有することで，大きな秘密が共有できなくなることもあるのである。どちらにせよ，さほど不安定さを感じないならば，成長を見守ったほうがいいだろう。

他方，飲酒や喫煙とその子が明らかにバランスがとれていなかったり，無理があったりすることもある。飲酒や喫煙によって，大人になれることを願っている生徒も少なくない。それがいびつに見えるのである。そうした秘密の吐露が，なにかのメッセージになっている場合も考えられる。毎日父親のウィスキーを隠れて飲んでいると自慢気味に話していた女子生徒が，実はクラス内でいじめの標的になっていたということもあった。自分は大人だからクラスの同級生なんて関係がない，という考えがあったのかもしれない。それで大人であるSCに大人として扱ってもらいたく，飲酒の秘密を漏らしたのかもしれない。あるいは，日常的に飲酒をしているという中学生男子によくよく話を聞いてみると，試験前のストレスでアルコールを飲まないと眠れない，軽い抑うつ状態だったこともある。

また，過度の喫煙や飲酒が自傷行為と関係性を持つことや，喫煙や飲酒からシンナーや薬物などの依存につながることもあることはSCとしては記憶にとどめておいたほうがよい。

一方で，思春期前期からの喫煙・飲酒は要注意である。ただの興味からという場合もあるが，多くは，家庭環境に問題がある。まったく守りの弱い家庭であったり，保護者が子どもの教育を放棄していたりする。こうした場合は，じっくりと家庭状況を聞き出した後，教職員らとチームを組んでその子の援助を進める必要がある。状況によっては，行政などとの連携も視野に入れるべきだろう。

抑うつ・稀死念慮

岩宮 恵子

キーワード：変化，他責的な抑うつ

抑うつというのは，気分の落ち込みが続いている状態のことをいう。中学生を対象にした調査で，４人に１人が抑うつ状態にあるという結果が報道されていたことがあった。自分が抑うつ状態にあると感じている生徒のなかには，現実的に家庭環境や学校での人間関係に自分の力だけでは解決困難な問題を抱えている子もいるだろう。しかし思春期の子が抑うつ感や稀死念慮に襲われるのはそういう外的な困難からだけではない。

「変化する」ということは，それまでのあり方が象徴的な意味で「死」を迎えるということである。生きている限り，毎日変化があるのは当然であるが，特に思春期は心身ともに大きな変化のときである。そのため表面に見えている適応がどうであろうと，変化の裏側にある「死」の気配がとても色濃くなる。成長や進歩といったプラスに見える変化の裏にも必ずどこかに「死」のイメージは存在している。つまり，生命力に溢れた時期であると同時に，「死」にも近い時期なのだ。

「死」にまつわる抑うつ的な気分が，不治の病に罹患しているのではないかという不安として感じられることもある。急に背が伸びるときの成長痛を，いくら説明を受けても骨肉腫ではないかと疑い続けている子もいるし，ドラマなどで闘病ものを見たりすると，間違いなく自分もその病気に罹っていると信じ込んでしまう子もいる。

そこまで明確な死の不安といった形を取らず，「死」のイメージだけがある日突然襲ってくることもある。そうなると今までできていたことが急にできなくなってしまう。たとえば朝起きて学校へ行くこと，授業を受けること，部活をすること，友人と話すこと，家族と一緒に食事をとることなど，とにかく「当たり前」のことをするのに信じられないくらいのパワーを要するのである。だから何をしても疲れやすいし，体の不調を訴えがちになる。これも間違いなく抑うつ状態だと言えるだろう。

このような状態が一過性のこととして，さほど意識しないうちに短期間で過ぎていく子がほとんどであるが，自分でも事態がよく飲み込めないままに（そして自分が抑うつ状態であるという自覚もないままに）まったく身動きがとれなくなることもある。そうすると「あんなに元気な子だったのになぜ」と周囲も驚くような不適応に陥ってしまうこともある。

しかしこのような状態であっても，お笑い番組などを見てはバカ笑いをすることなどもあるし，自分の好きなことには身体が動くことが多い。そのため家族は，本当に悩んでいるのだろうか，ただ怠けているのではないかと疑いたくなることもあり，苦しい葛藤状態におかれることになる。

学校場面では，クラスのなかにいるときには，妙に高いテンションで，周囲がひいてしまっていることにもおかまいなしで大騒ぎをしている子が，休憩時間に保健室に来たときや，SCとの相談の場面などには，「死にたい……。もう何もかもがいやだ」などと，稀死念慮を口にすることも少なくない。こういう子は，普通のテンションでクラスに入っていくことが難しいのである。思い切りテンションをMAXにまで引き上げないと，人の中に入っていくことができないのだ。その反動で，気を遣わなくてもいい相手の前では，稀死念慮を口にするほどにテンションが下がるのである。また暗い顔でさまざまな深い悩みを語っていた子が，相談室を一歩出た廊下でクラスメイトと顔を合わせたとたんに，嬌声を上げてはしゃぐこともまれではない。

このように，抑うつ感や稀死念慮は，高いテンションではしゃぎまわっているように見える子のなかにも存在している。そのような生徒と話していると「すっごい毎日楽しいけど，別に生きていなくてもいいから，いつ死んでもいい」「メールの返事が来なかったら，軽く死にたくなる」など，抑うつを感じていることを示すのに，「へこむ」という表現だけでなく，死に直結する表現をとることもある。

また思春期は自殺への「あこがれ」という形で稀死念慮が強まることもある。友人同士が死の方向で強く共鳴してしまうと，理由がはっきりとしないまま自殺へと足を踏み出してしまうこともあるのだ。お互いの不幸な状況に同調して死を選びたくなったのではないか……という推測が成り立つものもあるが，死を純粋で美しいものとして感じていたのかもしれないと思わされることもある。表面的には何の問題もないと思われていた思春期の少女たちが，ふたり一緒に飛び降り自殺をした事件もあった。

抑うつ感を自覚して，それを抱えるというのは，自我がかなり成長していなければ難しい。本来，思春期はそういうテーマにぶつかる時期であった。しかし最近は，自分の抱えている内面的な悩みや問題について継続的に語っていくカウンセリングに乗ってくる生徒が年々減ってきているように思う。

自分の内面にある抑うつ感を感知しにくいとき，それは上記のように体調不良という形をとったり，まったく家から出られなくなったり，抑うつ感に先行して稀死念慮や死の不安が生じる場合もある。しかしこのような子たちは，自分自身で問題を抱える力のある子たちなので，諦めずにアプローチをするとカウンセリングで対応が可能になる場合もある。安心して抑うつに向かいあうことができる場を提供することで，方向性が見えてくることがあるのだ。一方，解決の方向が見えにくく本人も自分を見失い，周囲も援助の方法に苦しむようになるのは，抑うつ感の抱えられなさを他者への攻撃に転化したときである。今，一番，現場で問題になっているのは，このように抑うつを抑うつとして抱えることができない生徒にどう向かい合うかということなのである。

たとえば，何らかの壁にぶちあたったときに，「落ち込んでいる自分」をそのままに受け入れることが難しいと，落ち込みの原因として，友人や先輩，そして教員や親など，身近で関わっている人の問題にしたくなる。それはある程度は，防衛のために必要なこともあるだろうが，いつまでもそればかりになってしまうと厳しい。いつまでたっても「親や先生や友だちのせいで，こんなひどい気分になった」としか考えられないと，そこからの脱出のきっかけがつかみにくくなるのである。憂うつな気分や「勉強や部活が嫌だ」「こんなはずじゃなかったのに」というような倦怠感や挫折感を持つことは誰でも繰り返し経験することなのに，このような気分を感じるなどということは，あってはならない異常現象だと感じてしまったとき，すべてを他者のせいにすることで，自分を守らなくてはならなくなるのだ。

すべてのことをどうしてそこまで他人のせいにできるのだろうかと驚くほど他責的な発言を繰り返している生徒（や保護者）の話を聞いていると，その発言のベースには強い抑うつがあるのを感じることがある。現代は抑うつを抱えることのマイナス面ばかりが強調され，一刻も早く前向きになることを求める姿勢が力を持っている。SCとして関わる私たちが，まずそういう観念から自由になることで，抑うつをベースにして起こっているトラブルの解決の方向が見えることもあるのではないだろうか。

不登校

東山 弘子

キーワード：登校できない症候群，学校文化，情の通う人間関係

I　不登校の現在

「不登校」は，かつて学校恐怖症，登校拒否など個人の適応障害を軸に考察してきた時代を経て現在では，個人だけにとどまらないさまざまな理由によって登校できない現象の総称としてとらえられ，教育改革へとつながるグローバルな課題としてとらえるようになっている。

「学校という環境に適応できないという症状」自体も時とともに変容し，そのさまざまな理由や背景についても複雑化して見えにくく，個別に相当踏み込んで考え，取り組まなければならないならない事例が増えてきていることに同意されるかたは多いであろう。不登校を「登校できない症候群」ととらえ，スクールカウンセリングにおける支援のあり方について今後をみすえた再考が必要な時期にきているように思われる。

平成７（1995）年に全国でスクールカウンセリング事業がはじまって以来関わってきた体験のなかで変容してきたもっとも顕著な視点は「学校のあり方，学校文化に適応できない」子どもたちの側にたいして「適応できにくい学校のありかた，学校文化」が浮き彫りになってきたことである。

「適応する子どもの側」の要因と支援に相当量のエネルギーをつぎ込んできたわれわれスクールカウンセラー（以下 SC）が現在抱いている葛藤と閉塞感は，先送りになっていた「適応される学校側」の要因と支援を直視することの必要性を強く意識化させてきた。

いつのまにか学校はおかしくなり，「壊れている」「病んでいる」といいたいようなことがあってもそのことを意識すると適応できないので意識しないような自己防衛機制が働くことでなんとか保たれているという瀕死の状態であるように思われる。

親子関係などで，不登校さえできなくて学校に強迫的に通いつづける生徒，いじめにあいながらも一日休んだら次の日にはなにが起こるか恐怖だから学校に来て観察していると訴える生徒も少なくないのである。彼らは家庭でも学校でも自己表現の場

を封じられている環境に生きながら攻撃性を溜め込んでいくのである。

学校が子どもにとって適応しにくいものに変わったのだから，そんな学校には行かなくてもいいという単純な発想ではなく，適応指導教室で心の居場所を提供するだけではなく，彼らが社会的に自立した自分の人生を送ることのできるおとなに成長するには今なにをすべきか，「生きる」という課題をどこで誰が支援しうるかということが大切であり，それができる場として学校が機能するかどうかが問われているのである。

また，生徒と学校のあいだで教師としてのアイデンティティが揺らぎ，病み，特別休暇をとる教師の増加，問題と責任のすべてを課されてストレスから突発性難聴を発症したSC，問題をおこさないようにと保健室に鍵をかけている学校の増加など，学校のあり方，歴史的に延々と生き続ける学校文化の検討が迫られている。臨床心理学的独自の価値観，人間観，支援観が支援していく際に有効なノウハウであり，SCの課題であるが，ますます複雑化し，変質していく学校現場に対応するために必要なことはなにか，われわれ自身が知恵と経験を蓄積し，さらに総合的な視点から考察する努力が要請される。

Ⅱ　不登校支援の今後

1．情の通う人間関係の再構築

現在あらゆる教育現場で深刻化している「関係の断絶」は学校現場のすべての人間関係におよび，不登校をはじめとする問題に内在化する壊れた関係の再構築がSCに求められている大きな課題である。カウンセラーとの情の通いあう関係を具体的に個々のケースのなかで構築することに腐心することがそのノウハウを知っているわれわれ支援者の仕事である。受け入れられた関係のなかでそれまで封じ込められてきた自己表現を解き放つことができる。まず噴出するのは攻撃性であるが，多くの子どもたちが小出しにせずに溜め込んできた攻撃的感情のすごさをおとなたちは認識する必要がある。噴出するきっかけは予測できない。攻撃性のエネルギーが暴発しないようにするためにSCができることは，子どものこころをありのままに聞き届けることである。ありのままがうけとめられると自分に対して肯定的になることができるという心理臨床の基本にたちかえって地道に着実に活動していくことが大切である。

2．学校文化の再考

適応する側の「子ども」を支援する視点だけではなく，適応される側の「学校」，「学校文化」について再考することが求められる。不登校の子どもたちが疑問に思うこと，たとえば「なぜ勉強するのか」とか学校に存在する不合理であると思われることは数多く提起される。これを簡単に片付けないできちんと対応しようとするおとながどれだけいるだろうか。答えが出てくることよりも対峙しようとするひとの存在が重要なポイントである。

教師の仕事そのものもみなおされつつあり，数年前に教育特区規制緩和ではじまった「不登校児の通う学校」も試行的に設立され，徐々に効果を挙げつつあり，この動きは今後拡大すると思われる。

3．支援の知恵と工夫の蓄積

先に述べた不登校児の通う学校の設立，家族への支援，家庭訪問，ITの利用，学校教育から職業社会へのスムーズな移行を可能にする体験学習，SCを中心とした支援者グループによるチーム支援，NPOによる地域不登校支援，小学校へのSCの派遣などなど，多くの事業や試みがなされている（筆者は教師やSCにとって，われわれの眼に触れないところで進行する問題性を把握する可能性を「ストレスチェックシート」を作成してその効果を探求している）。

より効果的で質の高い具体的な支援のあり方をめぐって今後も研究と実践が意欲的に進められるであろう。このような多くのさまざまな努力の成果を蓄積し，経験知に学ぶ姿勢が不登校の明日を切り開くと信じている。

ひきこもり

吉川 悟

キーワード：ひきこもり，家族支援，過剰適応

1990年代中頃よりマスコミを通じて日本中にその用語が一気に広がった感のあるのが「ひきこもり」という用語である。まず，「ひきこもり」という言葉は，診断用語ではなく，状態説明のための用語であることを明示しておきたい。加えて，昨今「ひきこもり」だけでなく「ニート（not employment, education or training）」などの用語や，以前からの「モラトリアム（moratorium）」などの言葉が氾濫しているため，ひきこもりそのものの定義もあやふやになり始めている。しかし，ここでは「社会的ひきこもり」という初期に近藤によって定義された内容に準じて述べることとした。

「ひきこもり」に対する注目がされた理由の1つは，治療的対応の中心となっている精神医学モデルの基本である「患者主体の治療」が困難な事例だからという理由が挙げられる。ひきこもりという状態そのものが臨床的特徴である限り，精神医学的対応の基本である「患者主体の治療」は全く期待できないからである。治療的な対応として導入されるのは，本人の家族が相談に来談し，その家族を通して本人への間接的な支援がひきこもりの治療の中心となるからである。いわば，これまでの精神医学的視点では，具体的な対応が困難であることが，ひきこもりへの注目を高めた要因であると考える（吉川, 2000）。

こうした前提に加えて，ひきこもりは，診断学的な鑑別をすれば多種多様な診断を下すことができる状態を包括した事例群である。ひきこもりという用語自体が，先に述べたように状態説明用語であるため，統合失調症の蟄居，パニック障害の外出不安，抑うつ状態の無気力，多様な神経症の回避行動などとの鑑別がされないままであることが多い。加えて，義務教育年齢を越えて社会的接点が増大することによって，やっとはっきりするようなPDDなどの発達障害が含まれている場合も少なくないことが報告されている。このような事態そのものは，ひきこもりに対する注目が顕著になってから，後になって社会的に再認識されるようになったことでもある。

これらに共通するのは，家庭内でひきこもっていることだけが唯一の行動特性であり，治療的な対応としての共通性は，全くないに等しいと考えるべきである。また，不登校などの行動障害でさえ，最近ではひきこもりとして見なす動きもある。しかし，社会的ひきこもりと不登校とは異なる状態像であると考える。それは，容易に変化を起こしうる不登校と，軽微な人格的な問題や神経症的習癖が基本となっている社会的ひきこもりとは，異なる疾患群に属するものであり，当然それに応じた治療プログラムを当てはめるべきだと考えるからである。

このような鑑別の困難なひきこもりに対しても，本来であれば初期段階から適切に鑑別診断を行い，それぞれの事例ごとの状態や特性にあった治療的対応を考慮すべきである。これについては近藤が述べるように，精神分析的なオリエンテーションであっても，鑑別診断を適切に行うことによって，その対応プログラムによる臨床的な対処・対応が可能となっているからである(近藤, 2000)。たとえば，軽微な診断できない程度の神経症的行動が見られたり，人格的特性として自己愛型人格が見られたり，他の神経症の回避行動に類する特性があったとして，それぞれの疾患単位の治療プログラムを元に，治療者がその事例ごとに独自の可変的対応をすることによる効果が報告されているからである。したがって，初期段階でのひきこもり本人の状態に対応した鑑別診断の重要性は，その後の治療計画そのものを左右し，ひいては本人へのサポートの中核となる両親などの援助の効果に大きく反映するからである。

しかし，現実的な治療的対応を考えた場合，ひきこもり本人が治療を求めて来談することは，まずあり得ない。どうしても家族や関係者からの相談によって，治療的な対応が始まることが圧倒的である。そこでは，具体的な家族そのものに対しての持続的・肯定的な支援を含めた治療的対応が不可欠である。したがって，以下には，具体的な「家族支援」のあり方について述べることとする。

まず，具体的な手続きとしての対応を考えた場合，まず，家族が来談した段階で彼らの無力感をコンプリメントすることが重要である。ひきこもりの家族は，対応に疲れ果てて疲弊している。本人に対して否定的で感情的な傾向が強い父親や母親も散見するが，それも彼ら自身の無力感のためである。そこで，両親の動機づけを維持できるようにし，家族の心労に共感的に対応することが不可欠である。特に留意すべきなのは，初期には家族の本人への対応の是非を指摘することを避けるという点である。むしろ，治療の全体において，親の二次的な心理的負荷を処理することが優先される。そのためには，内容や方法はともかく，両親の「解決努力」の意識に焦点を合わせて肯定すべきである。

また，ひきこもりの年齢層を考えた場合，ほとんどが就労可能年齢である。したがって，家族の要望についても，「働くこと」

が目標設定とされやすい。しかし，ひきこもりの問題の主となるのは，「社会からひきこもらざるを得ない心性があること」であって，不就労が主訴ではない。したがって，安易に「働くこと」が目的となるような治療契約ではなく，社会との接点を構成することが目的となるべきである。

ある程度の対応で変化が起こるような事例においては，回復初期段階で見逃してはならないことが多い。それは，多くの初期の段階で改善する事例の回復段階で見られるのが，過剰適応のパターンである。本人が社会的にひきこもっていたがゆえに，現実の社会活動の基準が見えず，社会的な接点における適応判断の基準が大きく異なっているため，過剰適応気味になる傾向が強い。加えて，家族にも本人のこの過剰適応傾向をセーブする術がないことが多く，本人にとって再度の挫折経験となる可能性がある。したがって，回復時点での活動初期の段階では，本人に対するサポートや支持の姿勢を明確に打ち出し，直接的な支援の体制へと移行することを考慮すべきである。

最後に，ひきこもりの治療においては，本人も家族も長期的な治療の中で慢性的な疲労感が生じるため，持続的な精神的負荷に対する考慮が必要である。患者・家族にとってひきこもりが継続するという意味において，状況が不変であるため，そこには心理的な負荷が累積的にかかり続けていることになる。この負荷は，改善の困難な部分も多く，将来的な変化に対する希望を持続できずに，急激な動機づけの低下を招き，治療の中断を容易に生む可能性が高いので，考慮すべきである。

このように，用語としての「ひきこもり」が先行して一般化したため，専門家の中でも混乱が続いている状態である。しかし，学校臨床の場での活動を考慮した場合，「ひきこもり」の中核群が相談対象となることはあり得ない。しかし，ひきこもりに対する適切な対応よりも，「ひきこもりとは何か」についての適切な情報提供により重点を置くことが，学校臨床の場でのすべき行為であると考える。

文　献

近藤直司（2000）ひきこもりケースの家族特性とひきこもり文化．In：青年のひきこもり—心理社会的背景・病理・治療援助．岩崎学術出版社, pp.39-46.

吉川悟（2000）ひきこもりへの家族療法的アプローチ．家族療法研究, 17-2；95-99.

摂食障害

津川 律子

キーワード：神経性食欲不振症，神経性過食症

I　摂食障害で大切なこと

摂食障害（eating disorders）は，Anorexia Nervosa（以下，AN と略）と Bulimia Nervosa（以下，BN と略）を中心とした症候群である。AN も BN も邦訳にはいくつかあるが，本稿では臨床に沿って，前者を「神経性食欲不振症」，後者を「神経性過食症」とする。

摂食障害の状態像は，食行動の異常やボディイメージの障害など一般によく知られており，本稿では繰り返さないが，厚生労働科学研究（子ども家庭総合研究事業）思春期やせ症と思春期の不健康やせの実態把握および対策に関する研究班（2005）による文献は，現在のところ AN に関してスクールカウンセラー（以下 SC）の必読本ではないかと思う。

さて，本稿で最も強調したいのは，摂食障害は死亡する確率の高い障害であり，この事実を肝に銘じておくことが SC に必須だということである。どんな心理的配慮も，その人が生きていてこそできるのであって「人命優先」という基本を外してはならない。たとえば「追跡期間が長くなるとともに死亡率が高くなり，20 年以上では患者の 20 %に至る」（APA, 1993）といった指摘もある。日本においても（厚生労働科学研究, 2005）で主任研究者を務めた渡辺は，AN を「命の危機を伴う難治性の心身症」であると明言した上で，「慢性化し命を落とす児の増加を手をこまねいて見ているわけにはいかない」と宣言し，学校現場に対して「とくに学校は思春期にやせることの危険を生徒に教育し，親の認識を深め，養護教諭，校医，担任，SC らが共通理解をもって取り組んで欲しい」と要請している。実際，AN の生徒が通学途中に心停止で急死したといった悲しい話を今でも聞き及ぶ。AN の生徒を毎日みていると，痩せていてもそれが周囲には普通のことに見えてしまうのかもしれないが，生徒が死亡しては取り返しがつかない。摂食障害では「AN と BN の両者の症状が混在していることが多い」（坪井ほか, 2006）ため，SC が出会ったときの状態像が BN であって

も，過去にAN歴が存在する場合があるので，油断は大敵である。

Ⅱ SCとしてできること

「神経性食欲不振症の少女が入院に至るまでは，しばしば，長い歳月が必要で，定期身体計測が少女の健康管理に活かされていない」（松尾・安蔵, 2001）という指摘のように，健康診断における体重データは残念なことに援助へと十分に活用されているとはいえない。その上，摂食障害の生徒は自分から援助を求めてくることが少ないので，養護教諭との連携がことさらに大切である。ANにせよBNにせよ，摂食障害の疑いがあれば，養護教諭や担任と協力し，放置しない。世の中，‘自己決定権’でうるさいが，我が子が肺炎で死にかけていたら，本人がむずがっても病院へ連れて行くであろう。それと同じであって，未成年者で摂食障害の疑いがあるのに放置しておくことは，「肺炎ぽいけれど，生徒が希望しなかったから放置しておいた」と主張しているようなものである。

しかし，もちろん，本人や保護者に説明しなければならない。何を説明するかというと，医学的な加療を受ける必要性についてである。摂食障害は生命の危険があるだけでなく，脳を含めた身体的なダメージを持続的にもたらしてしまう。たとえば「視床下部・下垂体領域だけでなく，海馬，前頭葉など，脳の広汎な領域に，機能や構造の異常」が認められ，「脳萎縮の研究では非可逆性のリスクが報告されている」（厚生労働科学研究, 2005）。身体的なダメージに関しては堀田（2005）に詳しいが，低体重・骨粗鬆症・歯エナメル質障害・性腺機能等々，枚挙にいとまがない。骨粗鬆症ひとつとっても「たとえわずか数カ月間でも無月経をきたすと，回復不能な骨粗鬆症が潜在的に促進され，病的骨折を高率に生じる」（坪井ほか, 2006）など，生涯にわたって影響が残ってしまう。このようなエビデンスをもとに，養護教諭と協力して説明に務めたい。

よく聴いてもBNのみで，病的なやせ状態に見えない生徒であったとしても，BNには抑うつ状態が潜んでいる可能性が高い。BNにSSRIが効くのは偶然ではない。ただ，本人自身もそのことを意識化していないことが多い。しかし，話をお聴きすると，動物のようにむさぼり喰う自分のことをどんなふうに感じているかが切ないほどに伝わってくる。BNのみの生徒の場合，身体的なダメージだけでなく，過食の背後にある心理を汲み取れるSCが医療に紹介する方が援助に繋がりやすいだろう。

さて，保護者に説明する際，母親だけでなく父親にも同席してもらうと予後に良い影響を与えるというのが筆者の体験である。母親が，父親は忙しくて学校に来られないと強調したり，父親の無理解を主張するかもしれない。しかし，どんなに多忙な父親でも1回は学校に来てくれるし，必ずや父親は父親なりの意見をもっている。SCは女性が多いので，母親の気持ちに共感しやすく，結果として父親を援助の最初から排除してしまっているケースを散見する。また，考え方が偏っているような保護者であったとしても，それをむやみに否定せずに，医療へとつなげることがSCの役割であろう。たとえば「タレントの〇〇に憧れていて，それで真似してダイエットしているだけですよ」といった意見であったとして，もしそうであったとしても，医療機関に受診することが必要なことを説明する。熱心な教諭ほど「本人が病院受診を希望していないのだし，学校で何とかできないのか？　SCもいるんだし」と考えがちであるが，間違っても，最初から学校現場だけで摂食障害疑いの生徒たちを抱え込んで‘治療しよう’などと考えないことが肝要である。

医療機関に繋がったとしても，もちろんそこで終わりではなく，学校にできることは数多くある。多くの生徒にとって学校に居場所感をもてるかどうかは重大なことである。芳川（2005）が指摘しているように，教諭たちの無力感を強めてしまうのは得策ではない。‘医療に行かせるので自分たちに出る幕はない’といった極端な思考に教諭たちが陥らないように配慮しつつ援助するのは，SCとして腕の見せどころであろう。

なお，やっとの思いで本人や保護者を説得し，医療機関を受診したが，簡単な身体的検査のみで何の処置もなく，すぐ帰されてきた，といった話をSCから聞くことは残念ながら稀ではない。摂食障害の専門医は意外な程に少なく，地域によっては紹介先から帰されてしまうと，他の医療機関が乏しい現状も重なる。苦労が報われないSCの気持ちは分かるが，もしそうであったとしても，医療による加療と併存することが必要である。メゲないで！

文　献

American Psychiatric Association (1993) Practice Guideline for Eating Disorders.（佐藤光源責任訳（2000）米国精神医学会治療ガイドライン—摂食障害．医学書院.）

堀田眞理（2005）摂食障害の身体的合併症とその治療．精神科治療学, 20-7；711-717.

厚生労働科学研究（子ども家庭総合研究事業）思春期やせ症と思春期の不健康やせの実態把握および対策に関する研究班編著（2005）思春期やせ症の診断と治療ガイド．文光堂.

松尾宣武，安蔵 慎（2001）身体計測．In：大国真彦，小池麒一郎編：学校医マニュアル—第4版．文光堂, pp.111-121.

坪井康次，久保木冨房，野添新一ほか（2006）摂食障害．In：小牧 元，久保千春，福士審編：心身症診断・治療ガイドライン2006．協和企画, pp.152-176.

芳川玲子（2005）教師へのコンサルテーション．臨床心理学, 5-4；572-573.

自傷行為

岩宮 恵子

キーワード：リストカット，強い感染力

自傷行為とは，読んで字のごとく，自分の身体の一部を自ら傷つける行為である。ひどい爪かみや，唇や指を噛んで赤く腫れ上がらせたり，一部を噛み切ったりするような歯を使う自傷もある。また自分の毛を抜く抜毛や，皮膚に爪でたくさんの傷をつけたり，たばこの火を自分に押しつけるという行為もよく見られる自傷行為だろう。また概念を拡大したら，本人に自傷の意識があるのかないのかは別としても，過食嘔吐など身体を痛めつけるものや，援助交際によって自分の身体を道具として使用するようなあり方も，自傷行為に含まれる場合もあるだろう。しかし学校現場で一番，多く出会う自傷行為は「リストカット」である。そのためここでは，自傷のなかでも特にリストカットを中心に述べていこう。

リストカットは1990年代の始め頃までは，かなり重い問題や，病理を抱えている人がするもの……という印象があった。それほどリストカットをする人数が多くなかったこともあり，そういう生徒がいると，学校中が大騒ぎになるほどの大問題であった。当然のことながら，今でもリストカットをする生徒のなかには，そのような病理の重さを背景に持っている人も多い。そのような人は，摂食障害や境界性人格障害，解離性障害や抑うつ症状，またDV被害などをベースに抱えていることが多く，自傷の改善のためには，専門機関でのカウンセリングやクリニック受診を含め，自傷に至るまでのベースの問題にアプローチするような全体的な環境調整が必要になる。

最近の学校現場で問題となっているのは，そのような人たちのことだけでなく，リストカットを「リスカ」，アームカットを「アムカ」と呼び，軽い「ノリ」で自傷行為に走ってしまう人たちの存在である。その人たちは，専門機関のカウンセリングやクリニック受診などの臨床場面には登場しにくい。臨床場面に登場しにくいという意味で，便宜的にこの人たちを「非臨床群」と呼ぶことにしよう。しかしスクールカウンセラーは，この「非臨床群」の生徒たちと関わる確率が高いため，友人関係の悩みの話を聴いているなかで，「ときどきリスカもしている……」という言葉に出会うことは多い。

非臨床群での自傷行為は，文頭に挙げたさまざまな自傷のなかでもリストカットが一番多く，ほとんどのものは傷が浅い。昨今は，メディアで自傷行為について取り上げられる機会が多くなり，生徒が自傷行為について知る機会は増えてきている。自傷行為が漫画やインターネットで頻繁に取り上げられることで，自傷行為は非常に安易なものとして捉えやすくなっているようである。特に，生徒たちにとって等身大の日常を描いているような漫画やケータイ小説のなかで，リストカットのシーンに触れたりすることなどによって，より感覚的には身近なものになっている。

このように自傷行為が誰でもふつうにしているハードルの低いものとして感じられるようになるにつれて，強いストレスに直面したときなどに，そういえばこんな方法もあった……といったようにストレス解消法の一つの選択肢として自傷行為を行う生徒も出てきている。そしてリストカットは，どこか死に近づくイメージがあるため，思春期心性に強力に感応することもあって，ある種の陶酔感もあるし，感染力も強い。そのため，リストカットの流行などということも起こってしまうことがある。また，切っているときには痛みを感じないとか，何となく知らないうちに切ってしまったといったような，解離症状がみうけられることも多いが，この程度の解離はかなりの生徒が防衛規制として使っているように感じ，自傷をする生徒に特有のものとも言い難い印象がある。それほどにある程度の解離は，適応のために必要になっているのである。

思春期の女子における友人関係では，グループに所属することが重要であるため，グループ内で力を持っている女子がリストカットをし，その傷をグループ内で見せつけるようなことをし始めると，そのグループの一員であることを示すためには自傷して同じような傷を持っていることが必要条件になってしまうこともある。そして，あるグループから他のグループへリストカットが広がっていくにつれて，クラス中で広まり，最終的には学年で流行するという事態が生じる可能性もある。このような流行によるリストカットはそう長引かず，大体の生徒にとっては一過性のものとして終わることが多いが，もともと嗜癖になりやすい行為でもあることから，注意深くみていくことが必要である。

またこのような流行は，あくまでも密やかに流行しているので，教員は気がつかないこともある。リストカットの傷を平気で見せている生徒たちもいるので，そういう生徒たちのグループでの行為は明らかになりやすいが，大人には見つからないように注意をしている生徒も多い。しかし，隠したいけれど実のところアピールもしたいという相反する気持ちから，包帯を手首に巻いたり，リストバンドをしていたりすることもある。特に手首に包帯を巻いている生徒はリストカットをしている可能性が高いと考えていいだろう。

傷を自分から見せたり，傷は見せないけれど自傷について話をしたり，包帯などをわざわざ巻いている生徒ほど「心配してほしい」「自分に注意をむけてもらいたい」という気持ちが意識に上っている。このような自傷については，保護者への連絡についても本人がさほど嫌がらないことがある。嫌がる場合は，自傷をしている自分を保護者が疎ましく思うであろうと予測していることや，学校の先生が気づくほどの自傷を保護者に気づかれなかったということは，自分にそれほど関心がないからだという孤独感がベースに存在していることも多い。そのような想いにも配慮しつつ，家庭連絡をどうするのかについては本人と話し合うことが必要になってくる。学校現場は「自傷行為が見つかったらすぐに保護者連絡を！」と直線的な動きになりがちであるが，自傷行為の背景にある問題（友人関係のトラブルなど）についての読みのほうを伝えていくことのほうが適切な場合もある。

このように自分から傷を何人もの人に見せたりするようなアピール性が高い自傷をしている子もいる一方で，自傷のことを必死で隠そうとしている生徒もいる。前者は，見せることで周囲の関心を自分に向けるよう人間関係を操作しようとする意図が透けて見えて，自傷のたびに周囲が，「またか……」というような憤りを感じるようになり，その周囲の感情がもっと激しい自傷を生むきっかけになる場合もある。後者は周囲の友人などから自傷の事実が耳に入るものの，SCとしては本人にどう確認していいのかわからないことが多い。このどちらの場合においても，自傷という目に見える現象に囚われすぎず，目に見える傷以外のその子の様子に対して細かい注意を向け，その生徒がどのような「目に見えない傷」を抱えているのかということに焦点を当てて，その子と向かい合っていくことが必要だろう。

強迫などの神経症

吉川　悟

キーワード：強迫性障害，こだわり，行為と観念

強迫性障害で，もっとも典型として語られていることが多いのは，洗浄強迫であろう。「自分でも馬鹿げた行為であるというのはわかっているが，手を洗い続けないといけない気持ちになってしまって，止めることができない」という訴えが最も典型的な訴えであり，一連の強迫行動を儀式と呼んでいる。しかし，年齢的に低年齢であれば，単に「よくわからないけど，そうしないと不安になる」という訴えである場合も少なくない。こうした特徴だけであれば，不潔恐怖症との鑑別が困難な事例もあるが，ここに示したような「手を長時間にわたって洗い続ける儀式」が最もよく見られる初期段階での行動特性である。

総称した場合，何かに対する強いこだわりを行動面で示す「強迫行為」優位の場合と，自分の思考・思念の中であれこれとこだわる「強迫観念」優位の場合があるが，多くはこれらが複合した状態になっていることが多い。また，こうした強迫性障害に類似する神経症（社会不安障害といわれているような障害）として，日本人の特徴的疾患とされるさまざまなタイプの対人恐怖症，広場恐怖，自己臭恐怖など，対人場面での他者との関わりに対する恐怖反応を示す障害があり，現在では診断分類として使われなくなっているが，過去においてはより上位カテゴリーとして「神経症」と称されていたこともある。

強迫性障害のひとつの発症ピークとしては，発達心理学的知見との相関からいうならば，10 歳頃の心理的発達時点で「内的対話」の形式が起こり，何かに対する漠然とした「不安」が生じ，その不安に対する「こだわり」から，各種の神経症症状が持続する傾向があるとされている。他にも生物学モデルや精神分析モデル，脳生理学モデルなどの仮説があるが，思春期・青年期に病態が明らかになることが多く，発症ピークとしては，小学校中・高学年，思春期である中学生・高校生の年齢がピークとして示されることが多い。こうした特徴は，自我が未発達な段階での不安に対する適切な対処・対応ができないためではないかとされているが，確定的な症状の発生機序が

解明されているわけではない。

学校臨床においてこうした強迫性障害の相談や儀式行動に類する相談を受けた場合，早期に判断・対処しなければならないことがある。それは，強迫性障害そのものや，類似する神経症のいずれの特性があるのかを鑑別し，適切な診断に準じた対応を導入することである。他の類似する不安反応を示す不適応とは異なり，神経症と呼ばれている障害は，本人にとっては心理的な負荷がたいへん強いにもかかわらず，家族や関係者からは「止めようとすれば止められるのに……」という思いで対応され，結果的に「わがまま」「身勝手」「変なことをする存在」として対人的に疎外されることが多くなる。この対象は社会的な人間関係だけでなく，家族などの近親者からも疎外される傾向は強いので，あくまでも「病気のための行動」として関係者が受けとめられるようにすることが最優先である。ただし，強迫性障害への初期対応として，こうした家族などへの心理教育的な対応の中に，「確認行為を代行してはならない」ということを明確に示しておくことである。強迫性障害の行動特性として，強迫観念にも基づく確認行為や儀式の一部を代行してもらうことで安心を得るという関係が成立する危険性がある。いわば，家族などが儀式の中に組み込まれてしまうことである。家族のいずれかだけでもが，必要以上に「子どもがかわいそうだから，儀式の一部を代行する」ということが見られれば，こうした「巻き込み型」の強迫観念を引き起こすおそれがあり，予後を考えた場合にも重篤な事例に発展する可能性が高いことを留意できるようにすべきである。

治療的な対応については，それぞれの事例の強迫観念そのものの重篤性を鑑別することを優先するのだが，これは容易にできるものではない場合が多い。とくに学齢期の事例であれば，相談の場に来談できるのであればまだ軽微であるが，重篤な場合は一日を家の中でずっと動けなくなるかのような状態になっている場合もあり，本人の来談の可否とその場での疎通性の度合いによって判断すべきであろう。

強迫性障害に対する治療的方法としては,多くの心理療法におけるエビデンスで,薬物療法と行動療法の併用が最も効果的であるとの結果が提示されている。しかし，これらは学齢期の児童・生徒を対象としたエビデンスではなく，強迫性障害全体に対するエビデンスであることを考慮しておきたい。特に低年齢の場合には，患児に対する対応よりも，日常的に適・不適の判断が可能な家族の協力を仰いで治療に協力してもらうことの方が有効な場合も少なくない。ただ，軽微な病態であれば，プレイセラピーや支持的カウンセリングでも改善が可能な場合もごく希にあるが，多くは治療構造のしっかりした心理療法を実施することが望ましい。

その中でもごく軽微な場合を除いて，早期に薬物療法を併用することの必要性を常に念頭に置いておくことが不可欠である。重篤な場合は初期段階からその判断が可能であろうが，軽微な場合にはその判断が難しく，また小児や児童・生徒の年齢での強迫性障害に対する薬物療法の経験のある精神科医師が圧倒的に少ないことが二次的な問題でもある。いわば，こうした未成年者に対する薬物の利用の経験を持つ児童精神科医が圧倒的に少ないため，もしもそうした医師への依頼をしたとしても，受診までに時間がかかるという問題も考慮しなければならない。ただ，児童などの低年齢での発症事例の場合，自我の形成段階にあることを考慮すれば，強迫観念そのものが自我の一部として組み込まれる危険性があるため，早期の改善を考慮する意味においても，薬物の使用が不可欠であるかの判断を要する。それは，低年齢での強迫性障害の予後に大きく関与することが多いという結果からも明らかである。

また，ここまでを初期の心理教育で語る必要があるかは別にして，専門職であれば強迫性障害に関して以下の知識も必要であろう。それは，小中学生の児童・生徒の強迫性障害に関しては，治療的な対応の中に必然的に患児への関係者の行う日常対応による影響性があることを考慮すべきであること。また，治療的対応の有効性を大きく左右する因子として，類似する恐怖症や摂食障害，嗜癖行動などとの鑑別を適切にすることが重要であること，そして，統合失調症の前駆症状である場合も高い頻度で見られることなども，専門職としては念頭に置いておくことが不可欠であると思われる。

このように，強迫性障害への対応は，初期段階で適切に鑑別診断し，家族や関係者に対しての心理教育的なサポートによって患児を心理的に孤立させず，構造化した心理療法によってのサポートを行うことが最も中核的な治療プログラムであると思われる。

解離性障害

一丸 藤太郎・中村 博文

キーワード：解離，心的外傷

通常我々が何かを体験する場合，その体験は自分自身の体験としてのまとまりと連続性をもっている。例えば，私が定期テストで悪い点をとり，答案用紙返却の際に先生から叱責された，といった場面を考えてみよう。怒っている先生の顔の知覚，情けないという感情，うなだれて席に戻ったという行動，これらの全てを私は後で思い出すことができるし，その記憶には一連の順序があるとともに，相互に関連をもって統合されている。また，これらのことは他の誰でもなく，この私に生じたことであるという実感もある。そして，次のテストへ向けて猛勉強を開始したとしても，それは決して突飛な行動ではなく，次回の挽回を期すという一貫性をもった行動として体験されている。

ところが，こうした知覚，感情，行動，記憶，あるいは自己意識などの統合性，連続性，一貫性などが失われてしまうことがある。これが解離現象であり，このような現象を起こす心理メカニズムを解離の機制という。そして，解離現象を主な特徴とする心理的な障害が，解離性障害である。

なお，解離そのものは必ずしも病的であるとはいえない。例えば，映画に没頭したような場合，映画館を出たときにふと我にかえり，映画を見ていたときとの連続性を失うといったことがあるが，こうした体験も解離によって生じるものである。しかし，解離が頻繁に，しかも幅広い体験で起こるようになると，生活に重大な困難が生じることになる。これが慢性的に続くのが，解離性障害なのである。

DSM-Ⅳでは，以下の4つの障害が解離性障害のカテゴリーに含まれている。

解離性健忘（Dissociative Amnesia）：重要な個人的情報（通常は心的外傷体験ないしストレスと関連した情報）の想起が不可能となる障害である。これは，一般的な物忘れでは説明できないほど広範囲にわたる。

解離性遁走（とんそう）（Dissociative Fugue）：突然自分の生活の場から離れて放浪し，過去を想起できなくなる障害である。この場合，自分自身が何者であるかについての混乱が生じるため，今までの自分とは全く，あるいは部分的に異なる自分を装うこともある。

解離性同一性障害（Dissociative Identity Disorder）：これまで「多重人格」と呼ばれていた障害であり，２つまたはそれ以上の，はっきりと区別される人格状態が生じる。これにはまた，解離性健忘を伴う。

離人症性障害（Depersonalization Disorder）：自分の心や身体から遊離して，あたかも自分が外部の傍観者であるかのように感じる体験が生じる障害である。

なお，上記いずれの診断基準も満たさない場合には「特定不能の解離性障害（Dissociative Disorder Not Otherwise Specified)」という診断となる。

解離性障害の発症には，虐待，犯罪被害，事故や事件への遭遇，自然災害，近親者との離別，いじめ被害，等々による，心的外傷が関与していることが多くの研究で示唆されている。これは心的外傷が，体験をまとまりのある一貫したものとして構成することを妨げるような過剰な刺激として働くためであると考えられる。ただし，全ての解離性障害が心的外傷から生じるわけではなく，また心的外傷体験を受けた人全てが解離性障害になるわけでもないことには，留意しておかなければならない。

解離性障害の発症は，その多くが中学生以降であるとされているが，スクールカウンセリング場面で解離現象や解離性障害に遭遇することも，必ずしも珍しいものではなくなってきている。その場合，短期間の健忘や意識状態の変容が見られるといった，診断上は特定不能の解離性障害に該当するものが多いようである。しかしときには，明確に人格の交代する解離性同一性障害が見られるようなこともある。

こうした解離性障害が疑われる症状や問題行動に接したとき，スクールカウンセラー（以下 SC）には，まず精神科医へ紹介すべきかどうかを検討することが求められる。というのは，解離現象に類似した症状は，てんかんや脳の器質的な障害によって生じることもあるため，医学的検査による鑑別・診断を行うことが必須となるからである。特に脳神経系が発達過程にある子どもの場合には，慎重な対応が必要であろう。最初から心理的な問題であると決めつけることは，避けなければならない。

では，鑑別を経た上で，解離性障害の可能性が強く疑われる児童・生徒に対して，SC はどのような対応をするべきなのだろうか。

解離性健忘は，特別な介入をしなくとも，比較的短期間で自然に回復することが多い。失われた記憶を回復させようとするよりも，解離性健忘が生じた背景を理解し，そのような要因が改善できるように児童・生徒，あるいは彼らの家族を援助することが大切である。

解離性遁走が単独で生じることはまれであり，多くは解離性同一性障害に伴って起きる。また，単なる家出や蒸発と解離性遁走とを見分ける際に重要なのが，解離性健忘を伴っているかどうかという点である。

解離性障害のうち，解離の程度がもっとも強いとされているのが解離性同一性障害であるが，中学生や高校生でもこの障害が生じることがある。その際には，病理の深さを知ることが重要となる。この障害は，人格が交代するといったように症状が派手であるため，病理が深いと思われがちである。しかし，一過性の場合もあり，見守っているだけで症状が消失することもある。また，いじめ被害がこの障害の要因となっていることもあるが，こうした場合には担任と協力していじめを解決することが必要となる。

一方，幼児期・児童期に虐待や性被害などによる心的外傷を受けている場合には，病理が深いことが多い。そのような生徒に対しては，専門機関に紹介して心理療法や精神医学的治療を受けるように励ますのが良いだろう。その上で，彼らが学校生活を送る上で生じる難しさに対応するという現実面でのサポートが，主なSCの仕事となるだろう。なお，病理の深い解離性同一性障害では，しばしばリストカットや自殺企図といった，自傷行為が生じる可能性があるので，特に注意が必要である。

家庭内暴力

田中 克江

キーワード：日本的家族療法，甘え焦点化法，リフレイミング

I 家庭内暴力とは

家庭内暴力という言葉を広義に解釈すれば夫婦間の暴力，幼児や老人に対する虐待なども含まれるが，学校臨床で問題になるのは「子どもの親に対する暴力」である。したがって，ここでは家庭内暴力を「子どもの親に対する暴力」と定義づけて話を進めていくこととする。川谷（2001）によれば1977年の開成高校生徒事件，1980年の金属バット事件の頃は，家庭では暴君のように暴れるが学校では成績の良い子としていつもと変わらない生活を続ける子どもも多かった。しかし，不登校が社会現象化した今日ではそうした子ども達は少なくなり，不登校→家庭内暴力→ひきこもり，といった経過をたどるケースが大半を占めるようになっている。

さらに川谷（2001）は家庭内暴力をふるう子どもの家庭環境をみてみると，「父母と兄弟からなる核家族が大半で生活レベルは中流程度，決して貧しい生活を強いられてはいない。彼らの多くが幼い頃から手のかからない『よい子』で『偽りの自分』と『本当の自分』との間の乖離＝人格の未熟さといった人格の病理性を持っているとのことである」が，「最近では20年前と比較して離婚家庭に家庭内暴力が起きているケースがふえ，彼らの生い立ちを詳しく聞くと，両親の養育上の問題，子どもの偏った発達（多動性や衝動性），一親等の家系に感情障害やアルコール依存症で精神科治療を受けた者が高率にみられることが明らかになった」と述べている。

このように家庭内暴力のケース自体もこの30年で少しずつ変化している。実際に筆者は1995年から2000年まで中学校でスクールカウンセラーとして勤務したが，その間は不登校のケースがほとんどで家庭内暴力のケースには遭遇しなかった。家庭内暴力のケースは，強迫症状や抑うつ症状がみられることも多く，投薬が必要な場合も多いので，最初から精神科で扱われることが多かったと思われる。また，今日では家庭内暴力というよりは家庭を通り越して，いきなり社会的殺傷事件や学校での殺傷事

件になるケースが跡を絶たない。

子どもの暴力や攻撃性のコントロールがより衝動的で，短絡的なものになっている。これには，子どもの対人的コミュニケーション能力の未熟化（それを十分に育てられない家庭，学校，社会の問題）やケータイ文化の普及なども拍車をかける原因になっていると考えられるがここでは詳しく論及しない（田中，2006）。

Ⅱ　家庭内暴力のケースへの対応

次に筆者が行なった自験例の対応法について述べる。

１つは不登校の途中経過として家庭内暴力がみられた教育相談の事例（田中，1988）であり，もう１つは精神科から回ってきた長期の引きこもりの事例である。

1．不登校→家庭内暴力の事例

このケースは学校臨床場面でもしばしばみられる「本人が来談しない不登校」の事例である。相談にのっているうちに窃盗事件や母親への家庭内暴力，円形脱毛等の心身症もあり，本人は相談機関や学校にも不信感をもっていて，来談できないことがわかった。そのために，筆者が編み出した日本的な家族療法――「甘え焦点化法」を行ない，問題行動の改善をみた事例である。治療のプロセスや介入の詳細については，田中（1988）に述べているので，ここではその対応のポイント（留意点）についてのみ述べる。

1）家族の困っておられる訴えに耳を傾け，お役に立ちたいというスタンスで話を聞く。

2）問題行動（家庭内暴力や窃盗）や症状（円形脱毛等の心身症）は，家族に対する“help me”のメッセージとしてとらえる。

3）したがって，本人も家族も「誰も悪者にせず」に，家族内のコミュニケーションがうまくいっていない点に焦点をしぼっていく。

4）すると，多くの場合，本人の問題行動を不安に思っている母親や父親のそれまでの生活史の中での未解決な甘えをめぐる葛藤に遭遇する。

5）その甘えをめぐる葛藤を焦点化し，本人の問題行動は，その葛藤に符合していて，それをのりこえることは，ご家族をももう一つ成長させることにつながると助言する（リフレイミング――この符合は，多くの事例で経験したが，実に巧妙なものである）。

6）ご両親の内省が進むと，本人の問題行動はもはや問題ではなくなり，すなわち，ご両親の「物の見方」が変化するのである。心の余裕が双方に生まれ，結果として本人の問題行動や症状が改善したりする。

7）したがって，カウンセラーの側に大切なのは，「心の余裕」であり，双方のコミュニケーションに“スキマ”を入れることである。事態の深刻さにあわてず，くわしく話をきいて焦点化していき，リフレイムする。この連続で，ご家族も成長し，本人も次第におちついて自分の進路に向かって効率よくエネルギーを使いはじめる。

2．引きこもりの事例

「甘え焦点化法」を，次第に長期化する困難例に適用することをこれまで少しずつ試みてきたが，遠くの精神科から紹介されたひきこもりの症例では，家庭内暴力で困り果てたご両親が，精神科に強制入院させようとして，本人の反感を買い事態が硬直化してしまっていた。

じっくり話をきくうちに，ご両親各々の不安や葛藤に少しずつ焦点化していって，一つ一つの大きな波，小さな波を越えていった。時には「やはり入院させた方がいいのでは」とご両親が迷われることもあったが，その際には，「無理をせずにそれもよいと思いますが，もう一度本人を信頼してみてそれからでも遅くないのではないでしょうか？」と返したことが何度もあった。しかし，6年間かかりようやくご両親が自信を取りもどし，本人も強迫症状をやや残しながらも家業を手伝い社会復帰していった。日本の文化に特有の“世間体”をご家族が気にされなくなり，本人の対人恐怖的な引きこもりはよくなっていった。1．の不登校の事例の場合と同じやり方で対応したが，この場合は，一つ一つのご両親の葛藤をのりこえていくのに何回もの治療的プロセスが必要であり，遅々としか進んでいかなかった。しかし，一回一回の治療では，毎回かなりスッキリとした表情で帰っていかれ，ご両親の本人に対する見方が同情的，肯定的に変化していったのである。

文　　献

川谷大治（2001）思春期と家庭内暴力．金剛出版．

田中克江（1988）甘え焦点化法とリフレイミング―本人の来談しない登校拒否の事例．九州大学教育学部紀要，33-1；65-75.

田中克江（1992）思春期危機をのりこえて．サイエンス社．

田中克江（2002）過干渉の親の抱えるストレス―その背景と心の境界．児童心理，56；25-29.

田中克江（2006）育てなおしの心理臨床：日本の心理臨床―過去・現在・未来．人文書院．（未公刊）

第 3 部　SC の実践

危機対応

窪田 由紀

キーワード：緊急支援プログラム，ストレス反応，地域コミュニティ

I　はじめに

全国各地で毎日のように痛ましい事件・事故が発生し，多くの子どもたちがその犠牲となっている。事件・事故が学校の中で起こった場合はもちろん，そうでない場合も，犠牲者が通う学校は大きな影響を受ける。また，自然災害によって地域が壊滅的な打撃を被ることもある。学校はこのような場合，地域コミュニティの拠点として子どもたちの反応を受け止め，ケアを提供することが求められ始めている。

筆者はスクールカウンセラーとして学校臨床に携わる立場から，学校が危機に遭遇した際に教職員をバックアップして子どもたちをケアする体制作りとその実践に関わってきた（福岡県臨床心理士会，2001，2005)。ささやかな経験を基に，学校での危機対応に際してのいくつかのヒントを提示したい。

II　学校における危機とはなにか

われわれが直後の危機対応を考える際に想定した学校における危機とは，学校や子どもたちを巻き込む突発的で衝撃的なできごとである。具体的には，①事件・事故による児童・生徒の死や大きな怪我，②地域での衝撃的な事件の発生や大きな自然災害の発生，③児童・生徒の旅行や実習先での事件・事故への遭遇，④教師の不祥事の発覚，などである。これらは学校の管理下で起こったか否かを問わず，構成員である児童・生徒，教職員，保護者（地域）に大きな動揺を与える点で学校における危機ということができる。

III　緊急支援プログラム——〈危機に直面した人への早期のこころのケア〉の必要性

これまでの学校の危機対応では，事件・事故の事後措置，原因究明，再発防止策の作成などが優先され，こころのケアについてはそれらが一段落して後，ようやく検討されることがほとんどであった。しかしな

がら，以下に述べる理由からこころのケアこそ早期に開始されることが必要である。

危機的な事態に遭遇すると子どもは身体面，心理面，行動面にわたるさまざまな反応を起こすが，これらの多くは適切な時期に適切な対応を行えば収束可能である。しかし，時期を逸すると長期にわたって影響が残ったり，潜在していた問題が顕在化することもある。もともと不安定であったり事件・事故を非常に身近に体験したために反応が大きく，専門的・継続的なケアを必要とする子どもを早期に発見し対処する必要もある。危機に遭遇して機能不全に陥った学校コミュニティ全体が，本来の力を取り戻すためにも支援が必要である。

Ⅳ　緊急支援プログラムの概要

危機的な状況に遭遇したことによるこころの傷の真の回復には，長い年月を要する。今回われわれが構造化を試みた緊急支援プログラムは，「こころの傷の応急処置」というべきもので，事件・事故直後から遅くとも2週間以内（Yule W & Gold A, 1993）に実施することを念頭に置いている。

プログラムの中味は，以下の1．～3．で，児童・生徒，教職員，保護者という学校の構成員すべてが対象である。基本的には学校が実施主体であり，臨床心理士は学校全体の状況の見立てと必要なプログラムの内容についてこころの専門家の立場から助言を行うことが中心である（図1）。

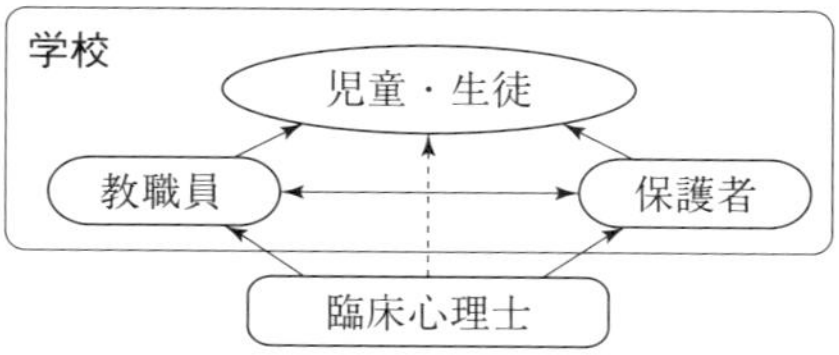

図1　学校の危機への対応モデル

1．出来事についてその段階で確認されている正確な事実を伝え，共有すること

第一に必要なことは，公表可能な事実を当事者の了解の上で文章化し，一貫して同じ内容を伝え続けることである。事件・事故があまりに衝撃的な場合，学校現場は公表を躊躇することが多いが，そのような場合こそ地域に不正確な噂が蔓延することになるため，それらによる二次被害を防ぐ意味でも学校として毅然たる態度で事実報告を行うことが欠かせない。その際，子どもの反応を身近に捉えることができるためにできるだけ少人数で複数の教師が入って行えることが望ましい。

2．事件・事故をそれぞれがどのように体験し現在どのような影響を受けているのかを表現する機会を提供すること

ここで重要なことは，表現を強制することではなく，「表現してもよいこと」「表現すると楽になることが多いこと」をプログラムを通じて子どもたちに伝えることである。具体的には，クラスでの事実報告に引き続いて「こころの健康アンケート」の形で事件・事故後の子どもたちの体験を表現してもらうことが多い。これまでの経験では，子どもたちは，このアンケートの中に，

当初われわれが期待していた以上にそれぞれの体験を表現してくれた。最低限アンケートの実施だけでも，個々の体験を表現する機会としてはそれなりに意味を持つと思われた。できれば，アンケートに基づいて担任,副担任などが個別に話を聴くことが，継続的に児童・生徒をサポートする上で役立つ。より専門的な見立てと対応が必要だと思われる児童・生徒については，臨床心理士が直接個別面接を行う必要がある。

3．一般的なストレス反応と対処方法についての情報を提供すること

プログラムの３つ目の柱は，危機的な状況で人々に生じるストレス反応と対処方法についての情報提供である。このような事態で種々の反応が生じるのは，「異常な」事態に対する「正常な」反応であり，適切に対処すれば次第に回復可能であることを伝えることだけで，多くの健康な人々は不安を和らげ，立ち直りに向けて自ら動いていくことができるものである。

ところで，われわれが重視してきたことの一つは，これまで直後の混乱の中でほとんど顧みられることのなかった，教職員に対するこころの傷の応急処置である。「ストレス反応と対処方法についての情報提供」をできるだけ早い段階で教職員に対して行うことは，教職員自身がそれに照らして自らの体験を表現する機会を保証する意味でも，非常に重要である。

Ⅴ　おわりに

今回提示した緊急支援プログラムは，危機を経験し，重篤な反応を起こすリスクを負った人々を早期に発見し，早期に対応するという点では二次予防的な活動である一方で，混乱状態の中でしばしば生じる二次被害の一次予防という側面も持っている。

いずれにしろ，時期を逸することなく適切な対応が行えるためには，日頃の学校臨床の中で臨床心理士，学校，教育行政が十分に協議し，連携できる体制を築いておくことが欠かせない。

文　　献

福岡県臨床心理士会（2001）学校における緊急支援の手引き．

福岡県臨床心理士会編，窪田由紀，向笠章子，林幹男，浦田英範著（2005）学校コミュニティへの緊急支援の手引き．金剛出版．

Yule W & Gold A (1993) Wise before the Event : Coping with Crises in Schools. Calouste Gulbenkian Foundation.（久留一郎訳（2001）スクール・トラウマとその支援―学校における危機管理ガイドブック．誠信書房.）

学校アセスメント

福田 憲明

キーワード：見立て，スクールカウンセラー，場

I　スクールカウンセラーは学校をクライエントと捉える

スクールカウンセラー（以下 SC）には，生徒に対し個別にカウンセリングを行うだけではなく，教職員への支援や保護者への対応と，学校支援の役割が求められている。平成７（1995）年度からの文部省のスクールカウンセリング事業が展開されていく中で，比喩的にであるが，「SC は学校を一つの人格を持った存在と捉え，関わる」という視点が重要だということが認識されてきた。

これは，学校がそれぞれ独自の存在であり，固有の課題を持ち，刻々と変化する有機体的組織なのだという認識と結びついている。SC は，その学校の個別性を十分に把握し，自らの実践のプランを組み立てていく必要がある。

ここでのヒントは，「学校を見立てる（アセスメントする）ということは，学校を，一人のクライエントに見立てる」ということである。この発想は，学校といういわば抽象的な存在を把握し理解する上で有効だと思われる。

II　SC は学校を「対象」と捉える

先に述べたことは，学校を「関わりの対象」と捉える発想になる。一般的なカウンセリングをイメージしてみてほしい。問題の改善や苦しみの解消など，カウンセラーに何らかのことを期待しているわけである。学校についても，同様に考えてみよう。学校は，何らかの問題を抱えていて，その改善を SC に期待していると捉えてみるのである。いつからその問題が発生してきたのか？　これまでどのような改善の努力がなされてきたのか？　それは，学校組織のどの部分が担ってきたのか？　学校の健康な機能は？　機能不全を起こしているところは？ など，個人臨床に見立てて考えると分かりやすいのではないだろうか。

しかし，学校は，SC に「主訴」を明確に訴えることはあまりない。だから，SC は学校の抱える課題に敏感になっていることが大切である。観察力が必要だろう。こ

こで，留意することは，その課題を明らかにすることを急いで，学校を脅かすことになってはならないということである。個人臨床同様，その問題に直面できる強さを持っているか？　学校の傷つきやすさはどうか？ など，見極めが大切になる。

ここでのヒントは，学校への関わり始めは，個人面接の導入になぞらえて見ることである。

Ⅲ　SCは「場」を捉える

SCにとって，学校は関わりの対象でもあり，また自分の臨床活動の場でもある。SCの学校組織内でのポジションは，その学校状況によってさまざまである。SCは，自分の置かれている場に敏感になることが大切である。これは，実体としての「居場所」，例えば相談室が学校施設のどこに設置されているかに，明確に表されることが多い。この位置が，そのまま，組織上の位置づけを象徴していると言えることが多いのである。

SCは，相談室の場所や設備の内容から，自分の学校内でのポジションを知ることができる。そして，さらに，そこに至った経緯や関わった組織や人たちに関する情報が加われば，学校がSCに対して抱いている期待や，感じている重要性についても把握することができるようになる。さらに，学校内の相談体制や生徒への援助資源の量や質に関しても，把握できるだろう。

SCが求める「場」と学校が提供する「場」は，必ずしも同じとは限らない。その違いが何からくるのかを丁寧に検討していくことで，学校のSCへの期待や，基本方針や考え方，さらに学校を動かしている集団やそのダイナミクスなどが見えてくる。

ここでのヒントは，「場」の意味を考えることは，学校の自覚していないメッセージをキャッチすることでもあるということだ。例えば，設備や備品が充実し素晴らしい相談室が，校舎のはずれの人通りの少ない空き教室の一室に設置されていたとしよう。ここから，この学校がSCに対してどんなメッセージを発信しているかを想像してみてほしい。また，その想像したことを確かめるために，どのようなデータが必要かを考えてみよう。

スクールカウンセリングで難しくもおもしろいところが，この「自分の臨床の場」を学校の中に組み込み，作り上げていくところであろう。そのためにも，場のアセスメントは欠かせない。

Ⅳ　SCは「関係」を捉える

SCは，自分と学校との関係，学校を構成する生徒や教職員との，あるいは学校を取りまくさまざまな存在との「関係」を把握していくことが求められる。学校組織を実際に動かしているものに教職員集団がある。この集団のダイナミクスを理解することは特に重要と言える。意思決定のプロセス，リーダーの存在やリーダーシップのスタイル，組織の柔軟性，サブグループ化の状態などを含めて，関係性に焦点を当てて学校を理解していくことが，学校アセスメントにとって大切になる。

SC は学校の中で，いくつかの立場を取っている。相談体制を充実させるという役割であれば，その立場は，学校全体に関わる立場になる。教員から生徒の対応に対して相談を受けたとしよう。そこでは，教員へのコンサルタントの立場である。生徒から相談されれば，カウンセラーの立場である。それぞれの状況において，自分と関わる相手との関係を把握することで，自らの活動の目的を明確にすることができる。

ここでのヒントは，関係を把握する視点を持つことで，さまざまな立場を柔軟に行き来できるようになることである。

V　SC は適宜アセスメントを行う

学校アセスメントは SC の活動の中で，いつ行うのがよいのだろうか？　通常は，学校に参入する時に行うだろう。これは，活動の基本戦略をカウンセラー自身が作り上げていくうえで必要になるからである。しかし，アセスメントは活動の中で，適宜行うものである。特に，年度が代わったときや組織の中のキーパーソンに変動があったときなど，学校全体は変わらないようでも，SC を取りまく人の関係や，体制が変化していることはよくある。例えば，生活指導主任が替わったり養護教諭が替わったりすることで，SC の学校内での位置づけが変わったりすることもある。新しい校長が着任し，新しい教育活動方針を打ち出したことで，学校の雰囲気や持ち味が大きく変わってしまうこともしばしば起こる。

このようなときには，「対象」としての学校が変容し，SC の学校での「場」が変化し，学校との「関係」もまた変わっていく。この多層的な視点が「学校」をアセスメントするときのヒントになるだろう。本稿とあわせて，学校アセスメントの定式化の試み（福田, 2002）も参考にしてほしい。

文　　献

福田憲明（2002）学校アセスメント．In：村山正治，鵜養美昭編：実践！　スクールカウンセリング．金剛出版, pp.49-64.

訪問面接

長坂 正文

キーワード：連携，構造化，逆転移

I　はじめに

筆者は長年，学校臨床の枠組みの中で，不登校事例に対して家庭を訪問をし，心理面接を実施してきた。これを「訪問面接」とし，以下に留意点を9点述べる。

II　訪問面接の留意点

1．対象と目的

誰に対して，何のために訪問するのか，を明確にする必要がある。対象は子どもであり（必要に応じて母子同席もあるが），初回の訪問は「継続した心理面接へ繋げるための面接」と考える。したがって，まずは子どもとラポールを形成することを主眼とする。以後の訪問面接は，子どもの「変容（内的成長，再登校，自立など）」を目指す。

2．担任との連携

学校臨床は，担任の先生といかにうまく連携するか，に苦心する。訪問面接も同様で，まずは担任の先生に（場合によっては，教頭先生や校長先生にも）許可を得る，という配慮が必要である。また，訪問後も，面接内容の秘密は守りながら，子どもの「状態」について担任の先生への報告が大切である。

3．初回設定の仕方

まず，電話で保護者に連絡を取る。この時，担任に任せるのでなく，自分で電話をかけるとよい（こちらの意向や雰囲気が伝わりやすいため）。自分の立場（カウンセラー）や目的（強引に登校を誘うためでなく，まずは子どもを理解したいということ）を伝える。子どもには訪問の希望を尋ねず（拒否することが多いため），保護者とだけ話をして初回を決めてしまう。保護者から子どもに，訪問の日時と立場と目的，会いたくなければ会わなくてもよいことを伝えてもらう。可能ならば，欠席から1カ月以内に設定できるとよい。

4．訪問の仕方

当たり前であるが，時間通りに訪問する。そのためには，早めに出かけて現地で時間まで待つことが必要である。車の場合は，玄関に横づけせずに（子どもや親は近所の目を気にしているため），駐車禁止でない場所に車を置いて徒歩で訪問する。カウンセラーはこのような配慮もするということを，初回で理解してもらうチャンスである。

5．構　　造

継続した心理面接を前提とするならば，訪問面接といえども「構造化」は必要であり，これを守る。筆者は，かつて「学校カウンセリングの構造は最も重要であり，しかもその構造を柔軟にする必要がある」と述べた（長坂, 1998）。これは，「安易に構造を柔軟にすればよいというのではなく，まずは厳密な構造から始めて，それでできなければ少しずつ構造を柔軟にしていく」という意味である。一部のメンタルフレンドにみられるような，はじめから柔軟な構造（例えば，１回２～３時間で，家の外にでかけたりする）を採るのは控えたい（実際，筆者は１回１時間，固定した部屋で言語面接を実施してきた）。しかし，訪問面接では,子どものモティベーションが低く，場所も子どもの家庭であるため，厳密な構造を設定したり，維持することは難しい。例えば，子ども一人では会えない場合は親の同席を認めたり，子どもが内閉し会えない時期には面接対象を保護者としたり，という工夫は必要であろう。しかしながら，「１時間という時間，固定した部屋」という構造は最後まで崩さない方がよい。

6．面接の工夫

概して，家にいる子どもは，面接のモティベーションが低く，気持ちや考えを言語で表現することが苦手である。そこで，まずは，子どもの趣味や好きなことを尋ね，それを中心にした話を繰り返していく。そして折をみて，少しずつ子どもの内界の言語化を促してみるという工夫が大切となる。また，補助的に，非言語的な媒体，例えば，描画，コラージュ，MSSM，絵本などを利用することも効果的である。子どもの年齢によっては，よりプレイフルなかかわり，例えば，トランプ，将棋，ゲームなども必要であろう。

さらに，子どもにとって，カウンセラーは「New Object」（小此木, 1976）という，子どもの自我発達的な対象となること（父親・母親的な対象だけでなく，友人的，お兄さん・お姉さん的,恋人的な対象となる）も意識することは大切である。

7．程よい能動性

訪問面接では，子どもは家庭で待てばよく，この意味で受け身的である（本来のカウンセリングではカウンセラーが受け身的に待つ，ということに注意）。そこで，カウンセラーは，「能動性」を発揮することが必要となるわけだが，家庭に出向くという程度に留めておいた方がよい。そして指定された部屋で待つことである。その部屋に現れるか，それとも現れないかは，子どもに選択の自由を与える。一部のカウンセラーが，子どもの部屋に押し入ったり，部屋の前まで接近したりした報告があるが，そこまでの能動性は子どもに脅威を与え，好ましくないと言えよう。

8．逆転移

訪問面接では，「カウンセラーが見知らぬ場所へ出かけていく」という構造をとるわけなので，不安は高まり，（実際に家族がいるわけで）家族力動には巻き込まれやすく，あるいは，子どもの面接のモティベーションが低いためもあって，カウンセラーの「逆転移」が生じやすいことに留意すべきである。具体的には，ついサービスをしてしまったり（例えば,時間を延長する），子どもに迎合したり（例えば，次々と子どもの要求につき合う），怖い父親役を担っていたりする（例えば，学校につれていく）。

9．家族力動

逆転移でも触れたことであるが，訪問面接では家族とも直接・間接に会うことも多く，それだけ家族から要望が出されたり，期待が掛けられたりする。つまり，カウンセラーは「家族力動に巻き込まれやすい」ということを認識しなければならない。冷静に考えてみて，その行為（例えば，願書をいっしょに取りに行く，登校練習をともにする，など）を来所型のカウンセリングでも行うかどうか，と自ら検討することである。

Ⅲ　まとめ

以上，訪問面接の留意点を述べたが，ひとことで言えば，構造を厳密にすることが難しいが，カウンセラーはできるかぎり構造を守り，「中立性」を保ちたい。また，同時に，原則を守りつつも各人で工夫していくという柔軟性が求められる。

文　献

長坂正文（1997）登校拒否への訪問面接事例―死と再生のテーマを生きた少女．心理臨床学研究, 15-3；100-111.

長坂正文（1998）学校内カウンセリングの諸問題．心理臨床学研究, 15-6；611-622.

長坂正文（2004）訪問面接．In：氏原寛ほか編：心理臨床大事典　第2版．培風館, pp.197-199.

長坂正文（2006）不登校への訪問面接の構造に関する検討．心理臨床学研究, 23-6；660-670.

小此木啓吾（1976）青年期精神療法の基本問題．In：笠原嘉，清水將之，伊藤克彦編：青年の精神病理．弘文堂, pp.239-294.

学校臨床と心理テスト

小山 充道

キーワード：心理テスト，臨床心理士のスクールカウンセラー，専門性

I　心理テスト実施にあたってのむずかしさ

学校臨床現場で心理テストを導入するのはむずかしい。自分に関心があり占い好きな生徒は一般に好奇心から心理テストなるものを受けたがるが，これは心理テストの本来の使用法とは異なる。ここでいうむずかしさは次の４つの点にある。

①投影法テストは個人の深層にふれることから秘密が露わになり，個人のプライバシー（人権教育）との絡みもあって，使用そのものに学校側が慎重だという事実。
②知能テスト全般について，知的にハンディを負う生徒の就学相談資料として利用する，または教育効果をみるために施行するときは説明がつくが，それ以外の利用時は，なぜ知能テストを実施するのかについて説明困難な場合があること，この場合保護者からスクールカウンセラー（以下SC）の興味関心から実施するのではないかとの疑いをもたれやすいこと，いずれの場合も知能テストを実施するとある種の知能が露わになることから，本人と親の許可を得ないで使用することには問題があるとされる。
③心理テスト実施にあたっては静かな状況が保たれなければならないが，その環境が学校現場では設定しにくい。
④ひとりの生徒に実施した心理テストの情報は当該生徒により別の生徒に容易に流布され，その他の生徒に間接的に影響を及ぼすこと。たとえば「おもしろいことをやっているぞ，お前も受けろよ（興味半分に取り組む）」，「気持ちの悪い絵を見せられた，僕をおかしいと思っているのかな（被害者意識をかきたてる）」などの情報がすぐに流れやすい。その結果，心理テストの目的が被検査者に正確に伝えられない怖れが生じる。

以上，４つの点を指摘したが，いずれの場合においても心理テスト実施が子どもの心に与える影響が大きいことがわかる。それだけに心理テストの使用にあたっては慎重にならざるを得ない。文部科学省の支援に基づく都道府県教育委員会派遣SCに対して，「学校現場で心理テストを用いる際には，とりわけ慎重になるように」との指示を与えている都道府県臨床心理士会もあると聞く。心にふれる際にはいつの場合も慎重でなければならない。

Ⅱ　教育現場で利用される心理テスト

ここでは臨床心理士がSCとなり，心理テストを学校現場で用いる場合を想定して記述する。学校現場の事情を充分に考慮したうえで，相談室で一般に実施されている心理テストには次のようなものがある。

最も多用されているのは描画テストであろう。子どもは絵を書くのが好きだ。落書きは子どもの心をよく反映する。その意味で子どもは落書きの天才とも言える。多用されている描画テストは「バウムテスト」「HTP」「DAMグッドイナフ人物画知能検査」である。このほか通常心理療法として用いられる「風景構成法」や「箱庭療法」なども描画テスト関連で用いられることもある。落書きや思いつき描画など自発描画を含めて，描画テスト実施にあたっては「心理テストとして描かせるのではなく，できた描画を心理テストとしてどのように生かすか」という視点をもつことが重要である。

性格テストでは「YG矢田部ギルフォード性格検査」がよく用いられている。漫画を用いた「P-Fスタディ（絵画欲求不満テスト）」は子どもにとって親しみやすいようだ。このテストは困った出来事に直面したときに自分ならどう応答するか，被検査者を欲求不満場面におき，その応答内容を書き込むだけのテストであるが，子どもにテストで与えられる漫画には動きがあり関心を引きやすい。一方，「SCT（文章完成法テスト）」は与えられた刺激語のあとに続く文章を考えて作文し，自分の思いを書き出すテストであり，心にふれる度合いが大きい。そのためどうしても抵抗が生じやすい。ある子どもは「書けないよ」と言い拒否するかもしれない。心の問題が深く錯綜していて，専門的なかかわりが必要だと判断されたときに利用するのがよいだろう。児童相談所では一般的には「WISC-Ⅲ」「田中ビネー知能検査Ⅴ」「K-ABC」が用いられているようだが，親から子への虐待や子どもの非行が問題となる時代を反映して，一時保護所では「P-Fスタディ」と「バウムテスト」「人物画テスト」を組み合わせて実施，非行対象の場合は「P-Fスタディ」と「SCT」を多用するようである。現在，児童相談所内の一時保護所は当該対象児の急増でおおわらわと聞く。

教育現場でSCがよく用いる知能検査の代表格は「WISC-Ⅲ」である。このテストは遊びの中では見つけにくい子どもの発達特徴をより多面的に把握できる。IQを算出するために田中ビネー検査もよく用いられている。このほか多用されている発達検査は「新版K式発達検査」である。地域の保健センターに勤務する発達相談員の多くはこのテストを用いている。古くからある「遠城寺式乳幼児精神発達検査」も用いられ，「津守式乳幼児精神発達検査」の利用度はその次，という印象をもつ。「KIDS（乳幼児発達スケール）」も用いられている。「新版S-M社会生活能力検査」は知的障害児の診断に不可欠な要素とされる身辺自立，移動，作業，意志交換，集団参加，自己統制で構成される社会生活能力（Social

Maturity Scale）を捉えるテストである。このテストでは社会生活年齢（SA）と社会生活指数（SQ）が算出される。学校場面であっても，病院臨床同様に心理テストは子どもの心理的状況に合わせてバッテリーを組み，実施するのがよい。「子どもの心理的状況に合わせる」という部分が重要である。いつどのような心理テストを施行するかは検査者の臨床経験の深さで決まるといってもよい。このような場合にはこの心理テスト，といった心理テストバッテリーに関する定式はない。

Ⅲ　学校における心理テストの勘どころ

SCが心理テストに頼りたくなるときとは，どんなときか？　心理療法的なかかわりが苦手な人の中には，つい心理テストに頼りたくなる人がいる。SCは何かの形で実績を示さなければならない。本来心理テストは子どもの心に近づくためのひとつの道具であり，就学相談資料や発達状況に関する資料を得るために施行することはあっても，「心理テストを実施すること自体が目的だ」という設定は学校臨床では考えられない。学校は心理テストの実験場所ではない。子どもの心の成長に何かしら役に立つと思われるから心理テスト実施許可がおりる。学校現場でSCが独断で別の目的をもって施行することがないように心がけなければならない。

筆者は学校現場で描画テストを実施する際は，「対話しながら描く」という姿勢を大切にしている。この場合，描画の良し悪しそのものに比重を置くのではなく，絵を描いている過程と，描画に今何を投影しているのかを重視する。そうするとさまざまなことが浮かび上がってくる。学校でSCは心理療法をするわけではないが，子どもの心理的状況は年々深刻さを増し錯綜している。いじめや不登校にあっても，ある思いにふれ，これをつかみ，子ども自身が今の課題を収めていく過程を援助しようとするプロセスは心理療法過程と似ている。臨床心理士のSCが必要だとされる理由は，心理療法という専門性をもっていることが関係する。心理テスト実施にあたって人間関係をつけながら，被検査者が自分の力を存分に出せるようにセッティングできるのも，臨床心理士がもっている専門性がかかわる。この専門性は心理テストが実施できるという小手先の技術ではなく，実施結果から人間性を感じ取れるくらいの深い洞察がどのくらい育っているかにかかわる。洞察を深め育てることは容易ではない。臨床心理士は終生自己修行が必要といわれるゆえんである。

居場所作り

小川 幸男

キーワード：保健室登校，シェルター，ベースキャンプ

I 「居場所」とは

『大辞林』（三省堂, 2006）の「居場所」の項には「人が居る所。いどころ」と載っている。人が行方不明になって「○○の居場所がわからない」というような使い方である。しかし，心理面接の場で「僕には居場所がない」と言うクライエントがいれば，そこには独特の意味合いが含まれてくる。どこにいても落ち着かない，孤独で寂しく，時には怖く，受け入れられている実感がないというようなニュアンスである。心理臨床の文脈での「居場所」ということばは，不思議な性質をもち，「居場所がない」という否定的な意味の方が実感的に明瞭であり，そこを出発点として「居場所」を考えていくことになる。

II 学校臨床における「居場所」

学校臨床の分野で「居場所」をキーワードとして検索すると，不登校や教室不適応の児童・生徒へのアプローチの事例研究がある。具体的には，学校の保健室や相談室を居場所として感じられるようになり，やがて教室や部活動の場を居場所として生活できるようにする試みである。「居場所がない」と感じつつ，日常生活が不自由になっているクライエントに対してどのように「居場所」を提供したかという実践である。

「居場所」の定義は臨床家によってさまざまだが，多く共通するのは，安心，安全を感じられる場所，自分が受け入れられていると感じられる場所という点である。

III 「居場所」の構成要素

「居場所」の構成要素としては，「空間」と「人」の２つが挙げられる。たとえば，他の児童を避けて保健室登校をする小学生にとっては，保健室は教室とは隔絶され，閉じられた「空間」であり，そして自分を理解し，守ってくれる養護教諭という「人」がいる場所なのである。無人の保健室は居場所として機能しない。また，教室に養護教諭が来ただけでは，教室は居場所とはならない。

保健室登校を始めた頃の児童は，保健室

の片隅に囲いを作り，そこに入り込んでいることがよくある。まるで秘密基地のようだ。不安が高いほど，安全感が保障される「空間」的要素が重要になる。その子は堅固な「空間」を必要とし，自分で作ったのだ。そのうち，養護教諭が在室していればそこから出てくるようになり，優しく親しい友人の来訪を受け入れられるようになる。「空間」に「人」の要素が加わってくると進歩である。やがて，その友人にエスコートされ，教室で給食をとれるようになる。「人」の要素が大きくなったと考える。

このように「居場所作り」を模索するとき，「空間」と「人」という要素，そして「空間」から「人」というプロセスを意識すると，見通しや働きかけのヒントになる。

Ⅳ　小・中学生にとっての「居場所」

筆者が指導する修士論文で，一般の大学生と中学生に質問紙調査をしたことがある。「あなたにとって『居場所』とはどんなところですか？」という趣旨のものである。大学生の回答では，サークルや友人との会話など，大学生活に関わるものが大半だった。中学生では，自宅のリビングルームや自室など，家庭に関するものが圧倒的に多かった。生活圏や自立の程度を考えると，小学生では家庭の「居場所」機能がもっと大きいと推測できる。しかし小・中学生にとって，家という「空間」はあっても，家族という「人」がいても，そこに安全感や安心感がなければ「居場所」とはなりえない。「居場所」をもてない子どもが多数いる。

安全や安心は，ただ自由を保障されるだけでは感じることはできない。自分より強いものに「守られている」という現実から実感できるものである。大人としての親が子どもを守り，あくまでその中で子どもの自主性を尊重する状況で子どもは「居場所」を実感できると考える。

あまりいいことばとは思わないが，いわゆる「母子家庭」では，母親が多忙であり，また寂しくもあり，子どもと友人のような関係を結び，かえって子どもに気を遣わせていることがある。このような場合，逆に子どもが親を守らざるをえず，本当の安心感，安全感をもつことができない。残念だが，家庭が「居場所」になっていない。たとえ父親がいても，同じメカニズムが働いていることもある。一方，母親だけできちんと子どもを守っている「母子家庭」もある。それぞれの家庭によるが，親が子どもを守るという構造が重要だと考えている。

小・中学生にとって，「居場所」は家庭なのであり，それを援助することが学校臨床のひとつの本質的な視点である。場合によっては児童相談所と連携して，家庭に代わる「居場所」を模索することもある。

Ⅴ　「居場所」のタイプ

相談室登校をする教室不適応生徒に面接調査をした。「あなたにとって『居場所』は？」という問いに「学校では相談室」という答え。「相談室とはどんなところ？」

と尋ねると「ここだけは安全で平和」との回答だった。一方，あるスポーツ種目で県下のトップを争うヒーロー中学生にも面接調査をした。彼にとって居場所は部活の場であり，「仲間といると，力が蓄えられ，試合で頑張ることができる」という回答だった。どちらも「居場所」であるが，前者は安全確保の場という意味で「シェルター的居場所」，後者は力を蓄え勝負に挑むという意味で「ベースキャンプ的居場所」と区別して命名してみた。この両者は機能がまったく異なるが，背反的なものではなく，連続線上にあるものと考えると，「居場所」の質を変えていくことも「場所作り」に含まれるアプローチである。

Ⅵ　「居場所作り」とは

子どもにとって，「居場所」機能は本来，家庭がもつものなのだろうが，一時的にうまくいっていないときに，学校臨床の場で，教師やスクールカウンセラー，児童福祉司がグループ・アプローチとして，ともかく，子どもを守り，学校や社会の中で「居場所」を提供し，子どもの発達・成長を見守り，保障する役割を担っていくことになるのだろう。

学校臨床にとって「居場所作り」とは，子どもの安全・安心を保障し，力を蓄え，自立を促す環境を整備することだと，当面のところ，考えている。そのためには，①「空間」と「人」，②「家庭と学校と社会」，③「シェルター的居場所」と「ベースキャンプ的居場所」という3つの視点は非常に有益である。

謝辞

本稿は，大塚千恵氏の「青年期における『居場所』に関する研究（平成16（2004）年度秋田大学大学院修士論文）」からデータと論考を引用し，筆者の知見を加えて再構成したものである。このような形での紹介を快諾していただいた大塚氏に深く感謝申し上げます。

集団フォーカシング

村山 正治

キーワード：クリアリング・ア・スペース，外に出す，問題との距離をとる

I　沿革と意義

筆者は1980年代から学校でフォーカシングやグループをどのように実践するか関心を示してきている。体育の授業があるように，こころの健康を促進する授業があっていいと考えていた。そのための工夫をして新しいやりかたを発表してきている。1990年代から現在まで「ピアカウンセリング」や「エンカウンター・グループ」など，生徒の成長能力と相互援助力を生かすことに着目したプログラムが盛んになっていることは嬉しいことである。オランダ，ハンガリーなどヨーロッパ諸国で，小中学校でフォーカシングが実践され，効果を挙げつつあるし，日本でも盛んになりつつある。集団フォーカシングとは，学級全体や，フォーカシング訓練の一環として，研修会などで集団で実施することを指している。

II　具体的な実施形態

Gendlin, Y.の6ステップモデルで実施するもの，クリアリング・ア・スペースだけ有効に使う方法などさまざまに工夫されている。ここで紹介するのは，筆者がクリアリング・ア・スペースからヒントを得て，「問題との距離をとる」技法の一つとして工夫してできてきたものである。目的は，気がかりなことと距離をとり，心に余裕を生み出すことにある。

他の方法と異なるポイントは七つある。

・からだの感じを利用して自分だけの空間をつくること
・からだの感じに重点を置くこと
・からだの感じを自分の外に出すこと
・一人ひとりが自分だけの空間をつくるように促すこと
・心理的に安全な雰囲気をつくること
・自分にやさしく問いかけるように促すこと
・急がないでゆっくりやること

III　具体的な実施方法

1．ウォーミングアップ

1）「自分が一番落ち着く場所に移動してください」

大切な部分であり，丁寧に，十分な時間をとって実施する。内面に注意を向けるプ

ロセスである。これはまず，一人ひとりがからだの感じを傾聴して，自分が落ち着く場所に移動してもらう。簡単で，フェルトセンスを使いながら，フォーカシングのプロセスに意識せずに入ってゆくことができる。小学生から成人まで有効である。

2）からだの感じに注意を向けるプロセス

①軽く目をつぶってください，②肩のあたりはどんな感じですか，③胸のあたりはどんな感じですか，④胃のあたりはどんな感じですか，⑤お腹のあたりはどんな感じですか，⑥お尻が椅子に触れているのを感じますか，⑦ひざのあたりはどんな感じですか，⑧爪先はどんな感じですか，⑨深呼吸を3回してみましょう。

これで準備完了となる。このボディーワークは内面に注意を向けるのに有効で，落ち着いた雰囲気が出てくる。

2．こころの整理

1）「近頃気になっていることがあるだろうかと，やさしく自分に問いかけてください。浮かんできたら，一つずつこれもあると確認してください」

これは，気がかりなことを一つずつ確認するプロセスである。ポイントは，たくさん数え上げるのではなく，浮かんでくるままにしておくこと。さらに，浮かんできたことを「治したり，反省したり，その中に入り込んでしまわない」で，「これもある」と確認することがコツである。三つぐらいでやめてもらうことがよい。

2）「その中から一つ選んで『これを整理する』と自分に言ってください」

職場の上司とか，家族のこと，試験のこと，新しいクラス換えのことなどが浮かんでくるかもしれない。そこでたとえば，「この上司のこと」と一つ選択して確認する。

3）「一つ選んだことを考えたり味わってください」

ここは，選んだことを味わってもらうプロセスであり，気がかりなことを味わっていると，どんな感じがするか，感じてもらうようにする。「できるだけお腹の真ん中に集めるような気持ちで味わう」のがコツで，イメージが浮かんだり，お腹のあたりにイメージとして黒い塊ができたりする。からだの感じにイメージ化が起こることが多い。選んだ気がかりなことによって，さまざまな展開が起こる。吐き気がしてくるときもあり，からだの部分が痛くなったりすることもあり，悲しい気持ちが出てくることもある。一対一でそばで寄り添って聞いていると，内面であるプロセスが起こっていることが感じられ伝わってくる。

4）「『気になっている事柄』『そのからだの感じ』を外に出してください」

気になっている事柄とその感じを外に出すプロセスで，本法の特徴である。まず，どこに出そうかと自分自身に聞いてもらうことがポイントである。①容器をイメージしてもらってもよい。②どこに出すかイメージしてもらうことも助けになる。実際には，「谷底に埋めたり」，「宇宙に飛ばしたり」，「戸棚に入れたり」，「鳥にくわえさせて飛んで行かせたり」，さまざまである。

外に出してみて自分に落ち着いた気持ちかどうか聞いてみることが大切である。これができたときは，「すっきり感」が強く，表情が変わったりするので効果がよくわかる。さらに，「出しても，すぐ戻ってくることがよくある」ので，もう一度，「どこがいいかな」と聞いてみてもらうことがポイントである。「問題さん，問題さん，あなたはどこに行きたいのですか」と聞くやり方もある（増井，1999）。

小学校の場合は，心理的安全もかねて，セッション用記録シートを配布しておき，そこにこのプロセスを図示したり書いてもらうようにしている（山中・村山，1999）。

5）「『また戻ってくるからね』と言って，ゆっくり眼をあけてください」

外に出した後のすっきりした感じに十分浸ってもらう。ちょっと休憩時間をとる。

Ⅳ　実際の適用上の留意点

1）年齢：これまで小学校２年生から70歳代まで，健常群に実施してきている。

2）実施回数：小学校では，最初，１週間に毎日試みたが，やり方を学習したあとは，月１～２回程度で有効である（村山，1994）。

3）実施方法：グループ，ペア・フォーカシングのどちらでも実施可能である。ペア・フォーカシングの実際例は，村山（1994）を参照されたい。フォーカシングセミナーでは５，６人の集団で実施してきている。

4）所要時間：セミナーでは120分ぐらいがよいが，学校では１クラス30分ぐらいだろう。なるべくシェアリングの時間をゆっくりとり，どんな体験だったかを一人ひとり話してもらうのが効果的である。

5）効果：集団法ではクラスが落ち着いてくる，成績が向上するなどが報告されている。ペア・フォーカシングでは，気になることと距離をとれて，その効果が３カ月後も持続している事例や，すっきりして職場でよく仕事をしているなどの報告がある。

文　献

増井武士（1999）迷う心の整理学．講談社現代新書．

村山正治（1992）カウンセリングと教育．ナカニシヤ出版．

村山正治編（1992）小学校におけるフォーカシングの実際（ビデオ教材）．私家版．

村山正治（1994）教育的メンタルヘルスアプローチとして用いた四事例．別冊発達，17；180-189.

村山正治編（1999）フォーカシング．現代のエスプリ，382.

村山正治監，福盛英明，森川友子著（2005）マンガで学ぶフォーカシング入門―からだをとおして自分の気持ちに気づく方法．誠信書房．

山中京子，村山正治（1999）小学校におけるこころの整理を用いた学級つくり，現代のエスプリ，382；139-148.

エンカウンター・グループ

野島 一彦

キーワード：ベーシック・エンカウンター・グループ，構成的グループ・エンカウンター，ファシリテーター

Ⅰ　はじめに

近年の子ども達が示す問題行動の背景には，「人間関係能力の低下」があるように思われる。不登校の子どもは，人に合わせすぎたり，合わせなさすぎたり，いじめでは対人場面における押したり引いたりの経験不足，他者の気持ちに対する共感的理解の弱さがある。また校内暴力では対人場面における欲求不満耐性の低さがあるし，学級崩壊では集団になることの難しさがある。

スクールカウンセリングでは，問題が起こってから対応することも大事であるが，問題の予防，さらには積極的に成長促進的な活動をすることも必要である。エンカウンター・グループは，人間関係能力を体験学習的に学ぶことができる一つの方法であり，スクールカウンセラーが予防，成長促進的な意図で用いることができるものである。

ちなみにエンカウンター・グループ以外の人間関係能力を高める方法としては，ピア・サポート研修プログラム，人間関係トレーニング，グループ・ワーク・トレーニング（GWT），ストレス・マネージメント教育，心理劇等がある。

Ⅱ　エンカウンター・グループとは

1．用　　語

わが国では，エンカウンター・グループという用語とともにグループ・エンカウンターという用語もあるが，それはどのように違うのであろうか。最も正確には group encounter group と記述するのが正しいと思うが，筆者は後の２つのワードを使ってエンカウンター・グループと呼ぶし，人によっては前の２つのワードを使ってグループ・エンカウンターと呼んでいると理解している。

2．目　　的

エンカウンター・グループの目的については，人それぞれによって多少表現は異なるが，内容的には同じようなことを述べて

いる。筆者は，自己理解，他者理解，自己と他者との深くて親密な関係の形成という3つで表現している。

3．エンカウンター・グループの場

エンカウンター・グループの場をごく単純化してとらえれば，相互に「自己開示」（自分の心のうちを表現する），「フィードバック」（相手に対して思ったこと・感じたことを伝える），「触発」（人の話を聞いて自分の心にいろいろな波紋が広がる）をし合いながら，〈自己との出会い〉〈他者との出会い〉が生じる場であると言えよう。

4．2つのタイプ

エンカウンター・グループには大きく2つのタイプがある。

1）構成的グループ（structured group, high structured group）：構成的エンカウンター・グループ，構成的グループ・エンカウンター（國分, 1981）と呼ばれるもので，ファシリテーターが指示するエクササイズ，ゲームを参加者が体験する形で進められる。喩えれば，楽譜に合わせて皆で演奏をするイメージであり，初心者向けとされている。わが国では1980年前後から実践と研究が行われている。

グループは，数人のファシリテーター（リーダー）と数十人～数百人のメンバーで，数時間～数日間で可能である。ファシリテーターの役割・機能は，プログラム（エクササイズの組み合わせ）作成，エクササイズの指示，メンバーの参加態度（正直，率直，素直）の見守り，フィードバックである。効果を比喩的に言えば，ほぼ全員がヒットが打てる（ローリスク・ローリターン）。

2）非構成的グループ（unstructured group, low structured group）：ベーシック・エンカウンター・グループと呼ばれるもので，ファシリテーターと参加者が今・ここでやりたいこと，やれることを自発的にしていく形で進んでいく。喩えれば即興曲を皆で演奏していくイメージで，上級者向けとされている。わが国では1970年に京都で最初の実践が行われて以来，今日に至っている。

グループは数人のファシリテーターと10名前後のメンバーで，できれば数日間が望ましいが，週に数時間でも可能である。ファシリテーターの役割・機能は，グループの安全・信頼の雰囲気形成，相互作用の活性化，ファシリテーションシップの共有化，個人の自己理解の援助，グループからの脱落・心理的損傷の防止である（野島, 2000）。効果を比喩的に言えば，死球，三振，ヒット，ホームランなど個人差が大きい（ハイリスク・ハイリターン）。

5．時間の取り方

時間の取り方は，合宿型（3泊4日等），通い型（3日間連続等），継続型（毎週3時間等），単発型（1時間等）などいろいろなバリエーションがある。

Ⅲ　エンカウンター・グループの適用

エンカウンター・グループは，子どもに適用できるだけでなく，教師，保護者に対しても適用できる。

1．子どもへの適用

クラスで子ども自身の自己理解，仲間づくり，学級集団の凝集性を高めるために，随時単発型でやったり，週に1時間を8週間続けたり，1泊2日の合宿をやったり等が可能である。

2．教師への適用

教師の自己理解，子どもや保護者との人間関係能力を高めること，教師集団のまとまりをつくるために，教師研修会などの折に単発型，継続型，合宿型で行うことが可能である。

3．保護者への適用

保護者の自己理解，子どもや教師との人間関係能力を高めること，保護者集団の連帯感を高めるために，保護者会などの機会に行うことが可能である。

Ⅳ　おわりに

エンカウンター・グループはかなりパワフルな「知・情・意」全体にかかわるグループ体験（野島, 1995）なので，スクールカウンセラーがこれを学校で適用しようとする場合には，必ず自分自身が体験して，その効用や危険性を分かった上でやることが必要である。

文　　献

國分康孝（1981）エンカウンター．誠信書房．
野島一彦（1995）エンカウンター・グループの活用指針．In：岡堂哲雄，平尾美生子編：現代のエスプリ別冊「スクール・カウンセリング・技法と実際」；53-61.
野島一彦（2000）エンカウンター・グループのファシリテーション．ナカニシヤ出版．

個人カウンセリング

木南 千枝

キーワード：日常，非日常，育師

Ⅰ はじめに

スクールカウンセリングにおける個人カウンセリングの最大の特徴は，カウンセリングという非日常の人間関係が学校という日常の場で行われることである。東山（2002）は，「学校場面は日常性が支配している，まさに現実の世界である」と述べ，「クライエントはカウンセリングルームに入るときと出るときに，非現実と現実の関門をくぐる」と指摘している。したがって，スクールカウンセラー（以下 SC）は日常であるその学校の枠組み（校則）や常識・文化（世間の常識はもちろんであるが，学校の置かれている地域性，校風や生徒指導の方針，各学年の雰囲気といった，その学校・学年に特有なもの）などをよく知っていることが求められる。知っていることは，その枠組みや常識・文化にクライエントをはめ込むためではない。カウンセラーがそれらをしっかりと認識しているそのことが，クライエントが非日常から日常へ心を切り替えることを容易にすることに繋がるからである。

また，忘れてはならないのは，学校の秩序を乱さないということであろう。“始業のチャイムが鳴ったら，授業を受ける”のが学校の秩序である。「話があるから」と相談室に飛び込んできた生徒をそのまま受け入れるのではなくて，〈授業中に相談を受けたいなら，担任の許可を取って来て欲しい〉と，学校の秩序に沿った対応が SC には求められる。学校という日常の場で行なわれるカウンセリングが有効に機能するためには，心の専門家としての見立てやカウンセリングの技量は当然のこととして，SC に「学校関係者とうまく人間関係を結ぶ能力があり，学校のことを学校関係者から学ぶ力に優れている」（東山，2002）ことが必要となる。

Ⅱ メリット

個人カウンセリングが日常の場で行なわれることのメリットを考えてみよう。

・クライエントが生活している場である学校やクラスの雰囲気を直接体験でき，担任や関わりのある生徒をつぶさに観察したり，話を聞くことができる。それはクライエントの内的現実と外的現実を知って，クライエント理解をより一層深めることに役立てられる。

- 相談室ではにこやかに話していたクライエントが，一旦部屋を出た途端にこわばった表情になってしまうなどの，日常場面での適応の状況を知る機会を得られやすい。
- 事例によっては，担任をはじめとする教員・養護教諭・管理職などと連携する必要が生じる。そうした場合，必要に応じてきめ細かいコンサルテーションの機会を持つことが可能である。
- クライエントが希望する場合，担任あるいは関わりのある教員の同席面接が可能となる。そのことで，クライエントが抱える困難を教員が目の当たりに知る機会になったり，クライエントと教員のコミュニケーションを深める機会となる。
- 学校外部の相談機関にクライエントが来室する場合，不登校，いじめ，虐待，強迫性障害やリストカット，摂食障害等の症状などの不適応の状況が長期に渡ってからのことがほとんどである。またクライエントが自発的に相談機関を訪れることも非常に少ない。スクールカウンセリングでは，上に挙げたような不適応状態の比較的早い段階からクライエントと関わりを持つことが可能である。また，友人間のトラブル，人間関係が上手く作れない，家庭内の葛藤などのような，外部の相談機関を訪れるまでには至らないが成長期にあるクライエントにとっては苦悩が大きい課題をサポートすることができる。加えてスクールカウンセリングが認知されるにつれて求められてきているのが，問題行動・非行といった反社会的な行動化をする生徒達への関わりである。
- 上に挙げたように，個人カウンセリングのニーズはさまざまである。課題を抱えた生徒達が自発的に訪れる相談室にするには，業間休み，昼休み，放課後などに生徒が自由に出入りして，お喋りをしたり遊んだりできるオープンルームを運営するのも方法である。相談室が“悩みを抱えた，あるいは問題を持った特別な生徒が利用する部屋”ではなく，“学校にいる誰でもが気楽に立ち寄れる部屋”となるからである。また，廊下での偶然の出会いや，生徒達が群れている校舎の片隅に出掛けて行って話の輪に入ったことが相談のきっかけになる場合もあるので，SC には“学校中が相談室”であるといった発想の柔らかさも必要である。

Ⅲ　デメリット

一方，個人カウンセリングが日常の場で行なわれることでのデメリットの一番は，

- 非日常と日常の壁がドア一枚である点である。クライエントは相談室を出て行くときに，非日常の世界から日常の現実の世界へ心を切り替えなくてはならない。

外部の相談機関であれば，相談室を出たあと家路に着くまでの時間と空間を持つことができるが，スクールカウンセリングでは待ったなしである。またカウンセラーにとっても，思いのたけ担任への不満を聞かされた直後に，職員室でその担任と顔を合わせることもある。クライエントの話に深く共感していた分だけ逆転移を起こし，担任を否定的に捉える危険性が潜んでいる。

・スクールカウンセリングの相談室は，相談室専用ではなく他の活動と共用されていることもある。そのため相談中に不用意にドアが開けられる危険もある。万が一にそういうことがあっても被害を最小限に止めるために，入り口にパーテーションを置いたり，入り口に背を向ける椅子にクライエントに座ってもらうなどのきめ細かい配慮が必要である。

Ⅳ 最後に

スクールカウンセリングの個人カウンセリングは“治療”というよりはむしろ“成長期にあるクライエントの心の成熟をサポートする”という意味合いが強いといえる。不登校・いじめをはじめ学校で出会う事例の多くに，“人と繋がるスキルが身についていない”“人との距離が上手く取れない”“実年齢に比して，情緒的に非常に幼い言動が見られる”といった課題がみとめられる。「心の成熟基盤が弱くなっている現代の子どもたちにとって…（略）…心を育てる，心の育つ場所があることが，これからの学校には必要」（東山, 2002）なのである。すなわち河合（2000）の言う，“育師”としてのSCの役割が必要とされている。

文　献

河合隼雄（2000）日本文化とスクールカウンセラー制度. In：村山正治編：現代のエスプリ別冊「臨床心理士によるスクールカウンセラー」; 43-59.

東山紘久（2002）スクールカウンセリング. 創元社.

箱庭療法の利用

岡田 康伸

キーワード：箱庭療法，遊び，守り

I はじめに

箱庭療法が学校で利用されていることが増えているということで，このようなテーマが設定されたように思う。筆者は箱庭療法に関心をもって以来，学校の先生方の研修会に箱庭療法を使ってきていることもあり，また，最近，京都のスクールカウンセラー（以下 SC）の箱庭療法研究会が発足し，そのコメンターとしての役をし続けてきている経験もあり，本書の分担執筆を引き受けた。ただ，全国でどの程度箱庭療法が学校で使用されているのかは知らない。箱庭療法に初心者の人もおられるであろうから，箱庭療法の基本的なことと学校における箱庭療法の利用の2つについてここでは述べておきたい。

II 箱庭療法とは

1．箱庭療法の用具

箱庭療法は次で述べるようにもともとは遊びである。遊びの自由さとのびやかさと創造性などを持っていると考えられてい

図1 箱庭セッテングのひとつの例（カメルーンのマロアにて）

る。箱庭療法の用具は縦 57 cm，横 72 cm，高さ 7 cm の箱と砂とミニチュアの3つである。箱は枠として働き，制作者を保護する。また，砂は母性と関係があるとされ，後に記述するように母子一体性の母なるものの体験を容易にさせる。ミニチュアの玩具は子どものみならず大人にも魅力的なものであり，気が引かれるものである。このような用具をもとに，教示としては「ここにある玩具を使って，ここに何か作ってください」と言う。

このようにして作られた作品は系列的に見ていくことが大切である。作品の過程は

変化していき，こころの成長を投影していると考えられる。

2．箱庭療法の歴史

箱庭療法は日本ではその歴史が3つの側面から考えられており，西洋ではクリスマス・クリッペの視点から考えられている。今回は日本を中心に述べる。ひとつは盆石，盆景と言われるものがある。盆石は中国から伝わったものであるが，お盆の中に，石をひとつ置いてその美しさやそこに現れている世界を作ることを味わったと思われる。石以外も置かれるようになり，盆景となった。明治時代には盆石は盛んで，多くの流派があったという。いまでは三流派があると言われている。2つ目は州濱である。こらは平安時代の花揃えから始まり，ゲーム感覚的に戦いをも含みながら，州濱となり，さらに飾りとなっていったもので，今日，島台として，結納などの飾りへと受け継がれていった。3つ目は江戸時代になって起こったとされる箱庭遊びである。これは昭和30年頃まで，その用具が駄菓子屋で売られていたほどに一般的な遊びで，日本の伝統的な遊びとして知られていた。湯川秀樹が自伝『旅人』の中で，この箱庭遊びが好きな遊びであったと述べている。また，小泉八雲の息子一雄が箱庭の玩具について言及している。湯川は『旅人』の中で，作られた箱庭を「世界」と呼んでいる。この「世界」は次に述べるローエンフェルトの世界技法と呼応していて興味深いところである。ここで強調しておきたいことは箱庭療法はもともと「遊び」であったことであり，日本の文化と深いところで合致していそうだということである。

西洋では斉藤真がキリスト誕生の場面をミニチュアで示すクリスマス・クリッペをあげているようにこれが箱庭療法のひとつの始まりであろう。また，箱庭療法はH・G・ウェルズの小説「床遊び」にヒントを得たローエンフェルトの世界技法を基に，カルフがユング分析心理学を背景に，サンドプレイとした。

このように日本では箱庭療法と似たものがあったこともあり，1965年に河合隼雄によって，日本に箱庭療法が導入されて，全国にまたたくまに普及していった。

カルフは箱庭療法を実施する際に，①クライエントとの関係を母子一体性と言って，母性の大切さを強調している。また，②箱庭が実施されている時には，自由で保護された空間が大切であるといい，制作者が守られることを強調している。この2点を念頭に箱庭療法は実施されなければならない。

Ⅲ　学校における箱庭療法

箱庭療法が学校でどのように使われているかを筆者の知るところをあげたい。箱庭療法の用具は学校では集めやすい。箱は工作として手作りで作れる。玩具は子どもたちに使わなくなった玩具をもってきてもらい，使わせてもらうのである。玩具は子どもにとって大切なものである。もういらなくなった玩具を捨てるわけにもいかず，困っていることもある。そこへ学校の先生が必要としており，自分のものをあげることができるのは子どもにはうれしいことではないだろうか。自動車や怪獣などの玩具は多彩に集められるであろう。砂は砂場の砂を通しで通して細かくし，それを使うのである。あまりお金を使うことなく，意外と箱庭セットは整うであろう。

1．教室に箱庭セットを置く

教室の後ろに，箱庭セットを置く。すると，休憩時間などに子どもたちがそれで遊ぶ。1人が作品を作るというよりも関心のある子が多数で，自動車を動かしたり，山を作ったりとか砂場のように遊ぶ。作品にならないが，これも箱庭のひとつの使い方ではないかと思う。もともと日本には，箱庭遊びがあったことがこのような利用法を可能にしていると思う。

2．図書館（室）に箱庭セットを置く

図書館など多数の人が来る場所に，衝立などで囲んで箱庭セットを置いておく。すると，作りたい人がいつの間にか，制作している。これを先生が帰宅する前に，セットが置かれている場所を覗きにいき，何か作られているときには，それを写真にとっておく。誰が作ったかもわからず，いわゆる箱庭療法とは違う使い方である。まして，箱庭療法で一番大切であると考えられている見守り手がいないのである。これは箱庭療法というよりも前述と同じ箱庭遊びと考えることであまり目くじらをたてないようにしたいものである。また，少し言い訳をすると，図書館なりの部屋の守りと衝立や先生が放課後に写真をとることで，一定の枠をはめていることになるのではないだろうか。箱庭療法が日本の箱庭遊びに近いことがこのような利用法を可能にしている。昭和8年の国語読本の教科書で，箱庭遊びをした後で，「おじいさんに見てもらいました。ほうほうよくできたねとほめてもらいました」とあるのと似ている。しかし，見守り手として十分訓練と知識をもつように先生も努力すべきであり，できるだけ守りをきちんとする努力をすべきであるのはいうまでもない。

3．SCの箱庭療法

京都府の学校には結構箱庭療法セットがあるという。箱庭療法に関心のある養護教員などが在職したときなどにセットを用意し，使用されていたらしい。ところが，転勤となり，その教員がいなくなると，あまり使われなくなり，ほこりをかぶり，放って置かれることが多いという。そこへ，SCが配置されて働きだすと，その箱庭セットを使用することができ，そういうケースが多くなってきた。そこで，すでに述べたがそのような人たちがもっと箱庭療法を勉強したいということで，SCの箱庭療法研究会を発足させた。そこでの箱庭の過程はクリニックや研究所や病院などで実施されているのと変わりはない。面接室があるときもあれば，校長室や医務室などを使ったりしており，しかも，学校の中であり，

すでに述べた①や②の場合のように，枠があいまいなところもある。しかし，枠が重要な問題であることを意識していることが大切である。臨床心理士として，訓練を受けているSCはこれらの状況を踏まえながら，1対1の面接の枠をきっちり守ろうと努力している。実際の作品を提示できないが，学校の中でも，クリニックと同じであることを再度強調しておきたい。

文　献

小泉一雄（1967）父「八雲」を憶う．In：小泉八雲作品集　第12巻．恒文社．

文部省（1933）小学国語読本尋常科用巻1．

岡田康伸（1984）箱庭療法の基礎．誠信書房．

岡田康伸（1993）箱庭療法の展開．誠信書房．

斉藤　真（2006）箱庭療法における関係性についての臨床心理学的研究．京都大学博士論文．

湯川秀樹（1960）旅人―湯川秀樹自伝．角川文庫．

ブリーフセラピー

宮田 敬一

キーワード：MRI，ストラティージック，解決志向，相互作用論

ブリーフセラピー・モデルは問題の解決に焦点をあてた，日常的，現実的アプローチであり，セラピーは短期間で効果をもたらす。その基本的な考えは相互作用論に基づき，個人だけでなく，家族や学校・地域社会をも含めた，多水準の相互作用を考慮することにある。特に学校における現実的な問題を効果的に解決に導くモデルであることは臨床実践で明らかである（宮田，1998）。

Ⅰ　主要なアプローチの特徴

ブリーフセラピーのモデルは，問題の起きているコンテクスト内のくり返しの相互作用に変化をもたらす２つのモデルと，はじめから解決の構築をめざし，問題解決後のコンテクストを描いてもらうモデルに大別される（宮田，1994）。前者には，問題とその解決努力に焦点をあてる，ウィークランド Weakland, J.H.らの MRI（Mental Research Institute）モデルと，問題をめぐる組織内の行動連鎖と階層に焦点をあてる，ヘイリー Haley, J.らのストラティージック・モデルがある。後者には，ディ・シェイザー de Shazer, S.らの解決志向モデルがある。この解決志向モデルは，人の内の肯定的なリソースを引き出すので，子どもの能力，長所を重視する教育現場には導入しやすい。これらのモデルは目標に至るアプローチは違っていても，クライエントとセラピストが問題のコンテクストとは異なる，新しい問題のないコンテクストを共に創出する点では軌を一にしている。

Ⅱ　ブリーフセラピーにおけるアセスメント

オハンロンら（Bertolino & O'Hanlon, 2002）は，オンゴーイング・アセスメントという，セラピーのあらゆる過程で絶えず進行・継続しているアセスメントを重視している。何をアセスメントするかについては，次の４つをあげている：①どんな関係が望まれるか。②どんな悩みや不満があるのか。③目標は何で，どんな結果を望んでいるのか。④その目標や望まれる結果の進展をどのようにして知るか。つまり，セラ

ピー過程においては，アセスメントそのものがovertな介入となり，セラピストへの望みや期待，問題と目標の明確化，そして目標進展の具体的指標の確認が協働的に行なわれていることになる。

このセラピー過程を深め，促進するために，筆者は，クライエントの語りから次の4つをcovertなアセスメントとして加えている。a）クライエントが問題や解決の起きている状況を具体的に生き生きと描写できるか，つまり，コンテクスト化ができているかどうかを知る。b）クライエントの行動・情動の下に横たわる基本的な人生への考え方，生き方，価値観を知る。c）クライエントが生きている時間軸，つまり，過去，現在，未来の3軸を持って生きているかどうかを知る。d）問題言語からなるクライエントの語りの中に肯定的な語り，解決言語があるかどうかに注目する。

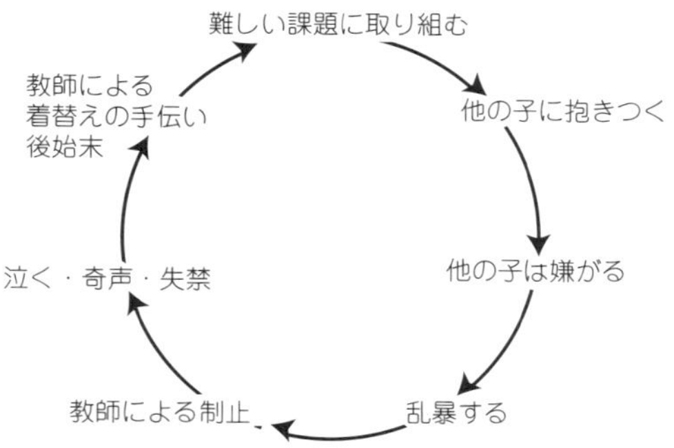

図1　学級内における行動連鎖

Ⅲ　ストラティージックモデルによる事例

母親が子どもの担任への不満と対応に困り，面接に来た（宮田，1992）。子どもには学習障害が推定されるが，母親には子どもは普通の子どもと同じようにできる力があると信じているように思われた。母親のセラピストへの希望をくんで，担任へ個別面接も併用された。担任は子どもの学校での暴力，奇声，失禁を問題にしていた。一方，母親は家庭では子どもに特に問題を感じていなかった。しかし，子どもの失禁に備えて，ずっと着替えを学校に持参させていることに母親は問題を感じていたので，その改善が母親面接の目標となった。セラピストには，この母親には「すべて自分がやらなくてはならない」という信念があり，完璧な「良母」，「良妻」を目指しているように思われた。そして，子どもの知的成長のために必死に今を生きている母親の生き方に未来とエネルギーを感じていた。

1．問題のコンテクスト化

担任との面接を通して，彼女が問題とする，小学校3年男児の学級における乱暴，奇声，失禁をめぐる行動連鎖は次のように描写される（図1）。

授業中，算数や国語のワークができないと，彼は近くにいる子どもたちのじゃまをする。彼らが嫌がると，殴る，蹴るなどの暴力を振るう。担任が見かねてその行動を制止すると，彼は泣いたり奇声をあげたりする。そして，彼は自分の大量の尿失禁に気づく。担任は彼の着替えと汚れた床の後始末を手伝う。この彼の行動の学級における機能として，彼が学級で誰よりもワン・アップになれることが考えられた。担任はコンサルテーションを通して彼を他の子と対等に扱うことで，彼の行動に肯定的な変化が出てきた。

2．学校組織と家族組織の相互作用

母親は夜いつも，担任から子どもの学校での否定的な行動を電話で訴えられていた。また，家庭と学校をつなぐ連絡帳には，いつも子どもの否定的な行動ばかりが記載されていた。その結果，教師の母親を責める行動と母親の学校不信の悪循環はエスカレートしていた。ただ，彼の問題が家庭に持ち込まれ，それに父親が関与し始めたことで，家族の結びつきは強くなった。このような家庭と学校の否定的な悪循環を崩すには，担任は子どもの良い面を保護者に連絡帳を通して知らせることが効果的であった。母親は子どもの同意のもとで，着替えの持参を止めたが，失禁は起きなかった。この事例でも，担任をサポートする適切な学校体制があれば，教師と保護者との協働的な相互作用をより早期に創り出すことができたと考えられる。その意味で，特にスクールカウンセラーには学校内における教師のサポート体制作りや家庭と学校とのシステミックな協働を促進する役割が期待される。

文　献

Bertolino B & O'Hanlon B (2002) Collaborative, Competency-Based Counseling and Therapy. Boston. Allyn & Bacon.

宮田敬一（1992）ストラティージック心理療法―ストラテジィの共創出と治療的儀式. In：日本ブリーフサイコセラピー研究会編：ブリーフサイコセラピー研究Ⅰ．亀田ブックサービス, pp.138-148.

宮田敬一編（1994）ブリーフセラピー入門. 金剛出版.

宮田敬一編（1998）学校におけるブリーフセラピー．金剛出版.

描画テスト

森谷 寛之

キーワード：描画テスト，家族画，九分割統合絵画法

I 描画テストの特徴と種類

数ある心理テストの中で描画テストは，形式にあまりこだわらず自由に実践に活用することができる利点がある。いわゆるテストとしてよりも，自由な表現活動を促し，その結果意外な発見をすることができる。それゆえに，非言語的表現活動を促す心理療法の一技法として活用することもできる。スクールカウンセラーの勤務する学校では，プレイルームのような設備は期待できない。また，箱庭療法の設備も十分ではないことが多い。このような中で描画テストは，心理テストとしても使用可能であるし，また，芸術療法の手段としても使用できるので，ぜひ学びとっておくべき方法であると言える。

学校場面で実施できる描画テストとしては，バウムテスト（Koch），HTP（Buck），風景構成法（中井久夫），なぐり描き法（Naumburg，Winnicott），九分割統合絵画法（森谷寛之），コラージュ（森谷寛之），家族画，動的家族画（Burns & Kaufman），その他これらの変法など，いろいろ工夫されたものの蓄積がある。

バウムテスト，HTP，風景構成法などは知らない人はないほど有名な描画テストで解説書も多く出されており，そちらを参照してほしい。

なぐり描き法は，自由な表現を引き出すすぐれた方法で，方法も簡単であるので，ぜひ，身につけておきたい。教示は，クライエントに鉛筆またはフェルトペンなどを渡し「何かを描こうとは思わず，手を自由に動かして線を描いて下さい」と教示する。そして，できた描線に対して「この線から何か絵が見えてきませんか」というような教示をして，描線から内面を投影させ，絵として仕上げる。クレヨンなどで彩色をする。

コラージュは1987年5月に森谷によって箱庭療法からヒントを得て発案された方法で，非言語的心理療法としてスクールカウンセラーはさかんに使用している。雑誌やパンフレットなどの切り抜きを台紙の上で構成し貼り付ける方法である。

今回枚数の関係上，家族画を中心に紹介したいと思う。

Ⅱ　家族画

家族画の一番基本的な方法は，一枚の用紙に家族全員の姿を描く方法（家族描画法＝Drawing A Family；D-A-F）である。「家族全員を描いて下さい」という教示をするとよいだろう。これに工夫を加えた方法は，動的家族描画法（Kinetic Family Drawings；K-F-D）として知られている方法で，Burns & Kaufman（1970, 1972）によって提案された。

教示は，「自分も含めて，あなたの家族の人たちが何かしているところの絵を描いて下さい。マンガとか棒状のスティック画の人物ではなく，人物全体を描くようにして下さい」という内容である。この方法は，人物に動きの要素を入れることによって，家族力動がより明確に現れるという長所がある。

動的家族画を学校に応用することもできる（Knoff & Prout, 1988）。「学校で友人と何かしているところ」という教示ができるだろう。

動的家族描画法を開発したBurnsによって1990年に開発されたのが「円枠家族描画法」（Burns, 1990）と呼ばれる方法である。この方法はA4判サイズの画用紙の中心に，直径約20cm程度の円が描かれた用紙を準備し，「円の中心にあなたのお母さんを描いて下さい。そして，お母さんから連想したものをその円の周囲に描いて下さい」と教示する。

これはマンダラからヒントを得て開発され，シンボル・システムを通して「内なる父母」との接触をはかる方法とバーンズは述べている。動的家族画は，外面に現れた家族像であるが，円枠家族描画法は，心の中にある「家族イメージ」を問題にしている。

Ⅲ　九分割統合絵画法

九分割統合絵画法（Nine-in-One Drawing Method；NOD法）は，密教の金剛界マンダラと中井の枠づけ法からヒントを得て筆者が，1983年に開発したものである。A4判サイズの画用紙に黒色フェルトペンで枠づけした後，3×3に分割する。この小さな9区画の中に自由に思いついたものを描き込むという方法である。描画順が少し変則的で，中心から“の”の字形に右下隅に向かう方法と，その逆の順の二通りであるが，それほど順序にこだわる必要もないであろう。この方法は基本的にはフロイトのいう自由連想法を9つの制限付きで，画用紙の上で実現する手段ということができる。「絵を描く」というよりも「連想」の方に少しアクセントがある。描画空間が従来の9分の1に縮小されるので，絵が得意でない人でも描き込むことができる。

この方法は基本的には，課題なしの自由連想法であるが，テーマを与える方法として利用することができる。「私」をテーマにすると自画像，自己イメージとなる。「“私”から思い浮かぶことを何でも自由に絵にして下さい。絵にできなければ，文字でも記号でも何でも自由に枠の中に描いて下さい。“私”を自己紹介するようなつもりで」と教示する。その他，テーマにできるのは「学校から思い浮かぶこと」「私の将来」「気になること」「夏休みの思い出」など，状況に応じて自由に選択することができる。いじめなどで相談に来る生徒には，「いままでの悔しい思いをしたこと」などもテーマとして出すこともできるだろう。これらはタイミングが重要である。

また，これは家族画としても使用することができる。「お父さん（お母さん）から思い浮かぶことを何でも自由に描いて下さい」と教示をする。思春期にある生徒は，お父さん（お母さん）に対する気持ちは複雑で，親しみや甘えの気持ちと同時に，反発心や嫌悪感を同時に持っている。このような甘えと反抗，依存と自立の矛盾する気持ちを同時に表現可能とすることが重要である。9つの枠はいろいろな側面を表現可能とすることができる。

この他にも，「マルと家族」（岩井ほか，1978）がある。「画用紙に好きなようにマルを描いて，家族を表現して下さい。マルを利用してあなた自身と家族と，他の人あるいは他の事象との関係を自由に描いてみて下さい」という教示を与える方法である。これは絵も苦手な人にも家族関係を表現できるので，便利である。

文　献

Burns RC (1990) A Guide to Family-Centered Circle Drawings (F-C-C-D) with Symbol Probes and Visual Free Association. Brunner / Mazel.（加藤孝正・江口昇勇訳（1991）円枠家族描画法入門．金剛出版.）

Burns RC & Kaufman SH (1970) Kinetic Family Drawing (K-F-D). Brunner / Mazel.

Burns RC & Kaufman SH (1972) Actions, Styles and Symboles in Kinetic Family Drawing (K-F-D). Brunner / Mazel.

日比裕泰（1986）動的家族描画法—家族画による人格理解．ナカニシヤ出版.

岩井寛・田久保栄治・金盛浦子ほか（1978）マルと家族（1）—全体精神療法の1技法．芸術療法 9, 7-15.

Knoff HM & Prout HT（加藤孝正訳）(1988) 動的家族・学校描画システム法．臨床描画研究, 3；140-150.

三上直子（1995）S-HTP法—統合型HTP法による臨床的・発達的アプローチ．誠信書房.

森谷寛之（1995）子どものアートセラピー．金剛出版.

森谷寛之（2003）芸術療法．In：田嶌誠一編：臨床心理学全書9．臨床心理面接技法2．誠信書房, pp.97-153.

森谷寛之，杉浦京子，入江茂，山中康裕編著（1993）コラージュ療法入門．創元社.

Naumburg M (1966) Dynamically Oriented Art Therapy: Its Principles and Practice. Grune & Stratton.（中井久夫監訳，内藤あかね訳（1995）力動指向的芸術療法．金剛出版.）

高橋雅春（1974）描画テスト入門—HTPテスト．文教書院.

高橋雅春，高橋依子（1986）樹木画テスト．文教書院.

Winnicott DW (1971) Therapeutic Consultations in Child Psychiatry. The Hogarth Press.（橋本雅雄監訳（1987）子どもの治療相談1，2．岩崎学術出版社.）

知能検査

小山 充道

キーワード：学習障害，注意欠陥／多動性障害，高機能自閉症，K-ABC 心理・教育アセスメントバッテリー

I　教育現場における知能検査適用

これまで知的障害をもつ子どもに対する知的評価として，鈴木ビネー式知能検査，WISC-Ⅲ，自閉症児・発達障害児のための教育診断検査 PEP-R（現在 PEP-Ⅲとして改訂中），自閉症診断検査（CLAC-Ⅲ型），まれにコース立方体組み合わせテストなどが用いられてきた。今日，学習障害（LD），注意欠陥／多動性障害（ADHD），高機能自閉症やアスペルガー症候群（注：高機能自閉症とアスペルガー症候群をひっくるめて自閉症スペクトラムの高機能タイプと言うことが多い）など，知的障害を示さない軽度発達障害をもつ子どもたちへの支援に目が向けられ，障害児教育は特別支援教育へと大きく変わろうとしている。

教育現場では今後は「支援を必要としているひとりの個性をもった子（children with special needs）が何を求めているのかを明らかにし，子どもの人間性・主体性を尊重しつつ，できる援助のかたちとは何かを考えていこう」とする取り組みが重視され，心理検査は「できる援助のかたち」を見分けるために，その力を発揮するものが求められるだろう。

K-ABC 心理・教育アセスメントバッテリー（Kaufman Assessment Battery for Children）は子どもの知的な能力を「認知処理能力」「習得度」に分けて測定し，さらに認知処理能力を「継次処理能力」「同時処理能力」に分けて測定した後に総合的に評価し，その結果を教育・指導に直結させる。K-ABC は知的評価を出すだけではなく，その結果を臨床的に活用できるという視点が新しい。これに関連して，他人の意図・思考など，心の動きをどのくらい理解できているかを知るために開発された心理検査である「心の理論課題発達検査（TOM；The Theory of Mind Development Screening Test）」なども現代にマッチした心理検査と言えるかもしれない。

II　知能検査が子どもに与える影響

ところで ADHD の認知的評価に，WAIS-

ⅢとK-ABCが用いられることが多い。児童相談所での勤務実績が長い心理判定員は次のように言う。「子どもは心理検査時に注意欠陥や多動性という症状を見せたり見せなかったりする。同席している学校の先生は言う。『心理検査場面ではこの子の行動はクラスにいるときとは全然違います』と。心理検査図版はカラフルで子どもが興味を引くように作られている。母親は『こんなにおもしろいものを子どもに見せたら，子どもは引き付けられますね』と言う。ほどよく課題が難しくなったらまた次に優しい課題が出される。しかもひとつの課題が終わったかと思うと，次にまた違うタイプの課題が出される。そして結果的に“症状は現れない”。最初はしっかり取り組むが，徐々にあくびが出たり身体を揺らしたりして崩れたり，部屋から出たりする子どももいる。そういう子どもはADHDの特徴を示すので，検査者にとってはすごくわかりやすい」と。

田中ビネー知能検査Ⅴは学習課題の無秩序な寄せ集めのように一見みえるが，これがADHDの子どもの興味や集中を途切れさせないで持続させていく要因になっているのかもしれない。一方，WISC-ⅢやK-ABCは難易度が徐々に高まるような構成となっていて，一回つまずくとそのあとは答えるのが困難となる。偶然ではあるがつまずいた時点で，子どもがもっている症状が現れることがある。これは知能検査の副産物と見られがちだが，臨床現場で実施する知能検査については知的評価内容に意義があることのほかに，検査場面が被検査者の心に与える影響について評価することも重要である。意外と副産物から子ども理解につながる臨床的な発見があるかもしれない。

一方，対象が中学生から高校生あたりでは，「ある生徒の性格や行動が気になる。性格や行動はその生徒の知能とどのように関わっているのか」という教師側からの問いかけから，生徒理解を深めるために知能検査が実施されることがあるかもしれない。高校3年生Aについて担任のB先生は次のように言う。「Aの行動が変。注意が瞬時に移り変わる。宿題をしたと言うがしていない。でも嘘ではない様子。しようとしたことがしたと記憶されるのだろうか？」と。「集中力がない。忘れ物も多い。それに気づいていないようだ。母親が勝手にAの部屋の片づけをした。Aは置いてあった物がその場所になかったので困惑した」と言う。そのときAは「物がなくなったよ。お母さん，僕の部屋いじらないで」と言った。Aは成績評価で1が6つある生徒である。しかし成績が悪いのに驚きがない。スクールカウンセラー（以下SC）はAに会った。Aは「実は1年生終わり頃から集中力が落ちてきていて，成績が下降気味。心配なんですよ」と自分から話し始めた。Aは「水泳・スキーの上達，学校の成績，皆中途半端！」と悔しそうな表情を見せた。Aは「持続できない！」ので困っていると言い，「何か集中しようとすると他のことに気持ちが行ってしまう。考えられなくなるのを自分ではわかっている。ほんと俺，何やっているんだろう……」と呟いた。Aは身体を動かす遊びが大好きで，昨日も中学校時代の友だちに誘われて，大勢で遊んだという。友達は多い。今受験を控え，勉強がはかどらないという焦りが伝わるが，Aは自分のことを「自分は甘い性格だ」と躊躇せずに言う。しかし知能検査を受けることは拒否した。SCは直感的に，面談でAの支援をしていくことを決めた。

幼い子どもであれば興味をもち，遊び半分で受けてくれる知能検査でも，高校生ともなると自分という存在に対する関心の深まりや自尊心が育つこと等から，知能検査を受けることに悩んでしまう。知能検査結果が数字で示される怖さは，可能性がいっぱいある思春期・青年期にある子どもにとっては計り知れないものがある。目の前の子どもは知能や認知，感情などが複雑に絡み合ってSCの前に今いる，という視点をどんな場合も忘れてはならない。

Ⅲ　臨床場面における知能検査実施の意義

SCは担任の求めに応じて個別に知能検査を実施し，その結果を子どもの発達促進に活かそうとする。担任や関係する教科の先生と知能検査結果が示唆することについて意見交換することもあるだろう。教育現場で実施される知能検査は子どもの発達および成長促進に役立たなければ何の意味もない。実施後，SCの子ども理解がより深まること，また子ども自身も知能検査を受けたという体験から，発達の道筋に関する自己理解が深まっていくことが望まれる。

学校の先生はSCに，「子どもの問題の核心が何であるのかを教えて欲しい，そしてどのように対処したらその子どもの問題はよりよい方向に向かうのか教えて欲しい」と訴えているように思える。SCがもつ教育臨床に関する知識と心理療法に関する技量は，直接子どもの成長発達に影響を及ぼすことを肝に銘じておきたい。

性格テスト

小山 充道

キーワード：性格検査，対話力

Ⅰ　学校がスクールカウンセラーに求めるもの

学校は本来，教職員が勉強をとおして子どもと日々関わる場であり，また子どもの身体の成長および知能および性格の総体であるパーソナリティ，広くは“心”を育む場でもあるのは周知のとおりである。学校は医療現場とは違って，病者が治療に訪れる場ではない。しかし現実には学校に行きたいけれど行くことができないつらさを感じている子どもが多数いることや，友人関係に軋轢をもつ子ども，家庭環境に問題があり，やむなく普通の学校生活を送ることができない子ども，何らかの要因で登校意欲を失った子どもの存在など，不登校を押し上げる要因は多々ある。これは学校現場が専門性やすぐれた社会性をもったスクールカウンセラー（以下SC）を求める事由のひとつにもなっている。

このような学校現場の事情を充分に考慮したうえで，学校内にある相談室で実施される性格検査はどのような検査がどのように利用され，面談に活用されているのかを知ることは，教育現場における性格検査の活用という視点から意味がある。

Ⅱ　各臨床現場における子どもを対象とした性格検査

子どもは学校の中だけにいるわけではない。体調を崩し病院を受診したり，児童相談所に関わるようになったり，非行で司法機関の対象となったりすることもある。性格検査はそれぞれの臨床現場で，当該機関が果たすべき役割に沿って選択され，実施されている。

筆者が見たり聞き及んだりするところでは，児童相談所ではかってはYG，PFが多用され，現在はバウムテスト，P-Fスタディ，SCT，ロールシャッハテスト（片口式かエクスナー方式），HTP，動的家族描画法（KFD）などが用いられている。その対象は虞犯（非行），抜毛や摂食障害など心理的な問題，不登校，発達障害と幅広い。

小児科や保健所での発達相談では対象は小学生までとなるが，子ども全般には直接法では遠城寺式乳幼児分析的発達検査，親に尋ねるといった間接法で実施する場合は津守式乳幼児精神発達検査を実施。このほか日本版ミラー幼児発達スクリーニングやKID乳幼児発達スケールなども用いられている。二次的な情緒的問題を併せ持つ場合にのみ，性格面の査定という観点から箱庭，バウム・テスト，P-Fスタディ，SCT，HTP，YG，TEGなどを施行する。その対象は選択性緘黙，虐待児，自閉症（多い），ADHD（多い）となっている。

また司法領域ではKFD，ロールシャッハ（片口式），TEG（短時間で可能），家系図などを用いるが発達検査はあまり利用しない。担当者は最近の子どもの非行は「理解に苦しむ性格非行」が多いという。

法務技官はバウム・テスト，KFD，ロールレタリング，TAT，ロールシャッハ等を用い，精神科ではYG，ロールシャッハ，バウム・テスト，SCT，HTP，MMPI，POMSなどが用いられ，その対象としては人格障害，発達障害，不登校が多い。主に障害児臨床の場で用いられる検査として「新版S-M社会生活能力検査」は知的障害児の診断に不可欠な要素とされる身辺自立，移動，作業，意志交換，集団参加，自己統制で構成される社会生活能力（Social Maturity Scale）を捉えるテストであり，社会生活年齢（SA）と社会生活指数（SQ）が算出される。

Ⅲ　SCが学校で利用できそうな性格テスト

SCが実際にスクールカウンセリングの場で性格検査を用いる機会はそれほど多くはない。あってもバウムテストやTEG，箱庭などで自分というものを振り返り，面接のひとつの素材とする場合が多いように思える。「学校は病院ではない」と言われるように，心理査定のために性格検査をする機会は少ない。教師は「子どもが何を考えているのか，なぜあのような行動をとるのかがわからない。子どもの心を見立てて欲しい」とSCに相談する。査定のために性格検査を実施しようとするとき，きまって子どもはSCにこう尋ねる。「何のためにするの？」と。SCは答えに困ってしまう。相談室で性格検査をする主たる目的は，「子ども自身の自己理解」にある。検査結果は原則として，性格検査を受けた子どもの成長・発達につながらなければならない。SCがもつ心理検査に関する知識と対話力は，面接の場で揉まれて始めて意味をもつ。最後にSCが学校内で子どもに利用できそうな性格テストを表1に示した。参照されたい。

表1　スクールカウンセリングで利用できそうな性格テスト一覧

学校種別	適用年齢	性格テストの名称	有効性
幼児から適用可能	幼児～成人	バウムテスト	「1本の実のなる木」を自由に描かせた後に全体的印象，樹木の形態，鉛筆の動き，樹木の位置の4側面から全体的所見，鉛筆の動き，風景および付属物，地平，根元，根，幹，枝，冠，果実・花・葉などについて診断的解釈を行い，個人の人格特徴を分析・把握する。
	幼児～成人	家屋・樹木・人物画法テスト(HTPテスト)	家（house），樹木（tree），人物（person：男女）の4枚の描画と描画後の質問（post drawing inquiry；PDI）から適応水準やパーソナリティの成熟度を大まかに知る。
小学生から適用可能	小学生～成人	矢田部・ギルフォード（Y-G）性格検査	情緒的安定性，社会的適応，活動性，衝動性，内省，主導性等の側面を評定し，性格類型を求める。行動特性や情緒安定度，人間関係のあり方などの情報が得られる。
	小学生～成人	文章完成法テスト	精研式文章完成法テスト（SCT）は未完成の刺激文，たとえば“子どもの頃，私は＿＿＿＿”“私はよく人から＿＿＿＿＿”等を与えて，その文章を完成させ，その内容から個人のパーソナリティ傾向を把握する。（精研式）パーソナリティ・インベントリィ改訂版（INV）では質問文は明確で（例：あなたは考えや性格の違う人とでも，気軽につき合う方ですか），4件法で回答する。結果は評価用紙で融和性，世話好きなどの性格特性を露わにし，ヒストグラムで明示する。構成的文章完成法（K-SCT）は“父についての最初の想い出は＿＿＿＿＿”という刺激文の後に作文するのは精研式文章完成法テストと同じだが，スコアリングは客観的にできるよう配慮がなされている。対人態度，反応様式，問題の原因，願望について客観的な性格評価が可能。
	小学生～成人	絵画欲求不満テスト（P-Fスタディ）	欲求不満場面に遭遇する顔の表情が描かれていない人物画を見て，その人物になって自分ならどう応えるか，言葉で台詞を書き込む。言語応答内容から，障害優位，自我防衛，要求固執の3類型からなる反応様式と，他責的，自責的，無責的の3類型からなる攻撃方向性について，いずれに該当するかを見定め，パーソナリティ把握につとめる。
中学生から適用可能	16歳～成人	モーズレイ性格検査（MPI）	外向性－内向性尺度と，神経症的傾向尺度から，性格を把握する。
	中学生～成人	STAI状態・特性不安検査	比較的安定した不安傾向（特性不安）と緊張と懸念という主観的で意識的に認知できる感情および自律神経系の活動の高まりにより特徴づけられる生体の一過性の状態（状態不安）を測定する。

表1　つづき

学校種別	適用年齢	性格テストの名称	有効性
高校生から適用可能	高校生～成人	新版 TEG Ⅱ東大式エゴグラム	交流分析理論に基づき，批判的な親（父親），養育的な親（母親），理性をもった成人，自由な子どもと順応的な子どもと言った5つのエゴ（自我状態）を数値に置き換え，自我エネルギーの強弱から自分自身や他者あるいは生き方に対する基本姿勢と行動傾向がプロフィールで示される。
	18歳～成人	WHO/QOL-26	世界保健機関・精神保健と薬物乱用予防部編による身体的，心理的，社会的関係，環境からなる26問の質問項目に応えていく。結果は4項目の結果を線でつなぎ，できた図形の面積の大きさから個人の生活の質（Quality of Life）を測定する。

ロールシャッハテスト

氏原　寛

キーワード：作話結合反応，自我境界，変わり身，心理テスト

スクールカウンセラーの方たちが，現場でどのようにロールシャッハテストを活用されているのか，迂闊なことに著者は十分な情報をもちあわせていない。だからこれから書くことが，多少とも見当違いにならないかと危惧している。しかし私なりに理解しているロールシャッハ“界”の流れからみて，学校臨床でのロールシャッハの適用には従来より一層の慎重さが要るように思うので，主にそれに絞って書いてみたい。

以前から，ロールシャッハテストは被験者の病理を重く見すぎる，裏からいえば，病的な面に焦点を当てすぎて健康な部分を見なさすぎる，という批判があった。それが近頃，とくにアメリカで蒸し返されているようである。1960年頃，ベックやクロッパーに代表されるアメリカのロールシャッハが，実証主義的な心理学者の集中砲火を浴びて命脈を断たれたかに見えたことは，ご存知の方が多いと思う。それを救ったのがエクスナー法の出現であり，一時，以前にもましてロールシャッハが好意的に受け入れられる気配があった。批判の中心は信頼性，妥当性をめぐるものである。エクスナーは，その面で実証主義的・研究者的批判に耐えられるだけの新しいシステムを開発した，と信じられていた。しかし，1990年代頃より，以前のロールシャッハ批判と同じ文脈に属する批判があらためて湧きあがり，今のところ，エクスナー派は防戦一方のようである。しかし，両者の論争および，それぞれのよって立つ論点についてここでとり上げるつもりはない。

はじめに述べた病理の強調についての批判は，こうした再批判の流れからあらためて浮上してきたものであるが，もともとクロッパーやベックの全盛時代からあったもので，早くからわが国でも知られていた。その問題が最近とくに，スクールカウンセラーが学校現場で出会う中高生のロールシャッハにも現れているのではないかと気になっていた時に，たまたま本稿の依頼があったという経緯がある。

それは最近あいついで見ることのあった，健常な大学生のプロトコルに，以前な

らば明らかに病理的と決めつけられるような反応に相当数ぶつかったことである。ここで健常とは，学校生活，家族生活その他の日常場面で観察する限り，誰しも当人を異常だとは思えない，ということである。そういう学生にロールシャッハでは作話結合反応的なものが増えている。作話結合反応とは，よく見られるのがⅧカードの中央部分を山または木と見て，両側に動物が登っているというものである。これは，まん中を山とすれば登る動物は巨大すぎる。逆に動物を普通の大きさとすれば，山も木も土の突起か草なみの小さなものになる。しかし動物自体と山や木そのものはそれなりの形体性を有しており，マイナスレベルではない。それを一つの反応に結びつけて大きさのアンバランスを不思議がらないのがおかしいのである。ただしⅧカードのこの反応はノーマルの成人にもかなり見られるもので，これだけで“異常”とは決めつけられない。

もともとロールシャッハ・カードは，ブロットが何に見えるかを問われるのであるが，その際似たところと似ていない部分が必ずある。被験者は，大体は似ているけれどもここの部分が似ていない，しかし大したことでないから無視してそのまま反応とするか，さすがにこれだけ似ていなければ反応としては無理だからとり消すか，などと迷わされる。多かれ少なかれそうした葛藤場面にさらされて，その葛藤をどう処理するかによって，自我機能のレベルを読みとれる，というのがこのテストの前提にある。作話結合反応にはこの葛藤がなく，見えるものがそのまま現実として認められ，主体の中にあるはずの内的イメージ（それが外界としてのブロットの形体と照合される）が無視されている。状況依存的とされ，内的対象の恒常性に欠けることからくる外的恒常性のなさが推測される。しかしそれならば先のⅧカードの山に登る動物はどうか，と問われようが，それは普通の人でもそんな見方をする時がある，またはしやすい状況がある，などと説明される。

私が最近見た健常大学生の反応には，しかしもう少し深刻なものが多い。たとえば，Ⅰカードの逆方向で門番という反応がある。踏ん張った足が見られ，足の間にアーチ型に見えるのが門である。詳しい説明がないが全身像と，門もWで見ているらしい。質疑の問題をさておくと，これは混交反応になる。かつ足の部分だけでWの全身像ということになれば，DWの傾向もある。門についてもアーチ部分の説明しかない。外的な事物（この場合はブロット）は主として輪郭によってその物が他ならぬその物であると認識される。混交反応はそうした境界が混交し，一つの輪郭の中に二つの事物が見られている。自我境界が外界との境界としての意味を失った，自他未分化の状態の反映とされる。したがって現実吟味能力は大幅に損なわれている（ことになる）。

しかし角度を変えると，これは踏ん張った男らしい足が見え，その足の描く弧がアーチ型の門に見え，それをうまく総合して門番を見たという，“常人”には見ることのできない“天才的”閃きの現れ，と見ることができる。ただしその際は，意識的に自我機能を緩めて，いわゆる自我に支えられた退行状態でなければならない。たとえばピカソやミロの絵に見られるように。この被験者にそういう“遊び”があったのかどうかは，よく分からない。

要するに見えてきたものを無批判に全部くっつけて，それでほとんどあるいはまったく不安を感じていない。不安とは，自我が外的現実（内的状況も含むにしろ）にどう対応してよいか分からぬときに感じる動揺ないし混乱である。それは見えてきた外界を内的イメージと照合することによって処理される。別な言い方をすれば，「いま」が「いつ」か，「ここ」が「どこ」かと定位することで，主体として「いま，ここ」でいかにあるべきかが定まり，不安が解消するのである。

しかしよくいわれるように，この頃の若者たちは，変わり身の早さが身上である。ここでの私とそこでの私をいかにうまく使い分けるか，その意味で解離寸前のところで，よくいえば軽妙に身を処している。足を地につけた（その限り身動きできない）あり方より，いつでもどこでも誰とでもそこを仮の場所，束の間の相手と見る態度を身につけなければやっていけない。ひょっとしたらそれがロールシャッハ反応に出ているのではないか。

クロッパーは以前，思春期の子どものロールシャッハをおとなの基準で解釈してはならないと警告し，思春期とは一過性の統合失調症期であるとした。中高生にロールシャッハを施行する場合，そうした“病理的”反応を本当の病理と誤解すると，とんでもない混乱が生じる可能性がある。その結果，ロールシャッハテスト自体への信頼感の損なわれるのが心配である。私の見たのはすべて大学生のプロトコルであるが，中高生の場合，さらに慎重に扱う必要があると思わざるをえない。

プレイセラピー（遊戯療法）

西村 洲衞男

キーワード：子ども主導の遊び

I　はじめに

プレイセラピー（遊戯療法）は言葉の代わりに遊びを介して行う心理療法である。

相談室の代わりにプレイルームを使う。スクールカウンセラーのための相談室はひと教室分かその半分くらいの広さがあるだろう。プレイセラピーのためにはそれくらいの広さで十分である。ひと教室あれば野球ができるし，半分の広さであれば卓球やバドミントンができる。

相談室で自分の気持ちや考えを言葉に出して話すことができない子どもたちは身体を使った遊びを介すると自己表現ができて，心の問題を解決していくことができる。

まだ遊びの世界にとどまっている子どもたちはプレイルームに入ると自発的に自由に遊ぶことができるので，心理療法をほとんど知らない人でもスーパービジョンさえ受けていると子どもの心理療法ができる。現在，中学校でスクール・カウンセラーをしている人は，プレイセラピーはほとんど手がけることがないかもしれないが，小学校に関わりあうとプレイセラピーが必要な多くの子どもたちの相談を受ける。一人では手が回らないので，先生方にプレイセラピーをさせると良い。臨床心理士の仕事はスーパービジョンが主となる。先生方にプレイセラピーを教えるとすぐにできるようになり，問題の生徒への理解も深まる。子どもが遊びに集中できるようになるとクラスで落ち着き，問題行動は改善し，周りの職員や親も温かく見守るようになる。

遊ぶことは心の治療である。遊びと学習は従来の教育では対立概念であり，遊びは学習の役に立たないという先入観念があるかもしれない。確かにそうだが，遊びは心を作るのに役立つのである。

II　プレイルームとその設備

プレイルームは先に述べたようにひと教室，あるいはその半分もあれば良い。設備としては，箱庭療法のセットや卓球台などやり取りをするためのもの，各種のゲーム，レゴブロックや積み木，ドールハウスとそのセット，描画や粘土などなど，子どもが工夫して遊べるものがあると良い。低学年のためには幼い遊び道具がいるし，幼いものがあまり目立つと高学年のものが遊ばないので，その辺が難しい。中学校では卓球台はぜひとも欲しい。言語で会話ができない生徒たちも一度卓球台で打ち合うとそれだけでお互いにやりとりする雰囲気になり，無言のうちに何となく気持ちが通じることがある。ある生徒は毎日教頭先生とキャッチボールをすることによって，保健室登校をやめ教室に入ることができた。この例からもわかるようにキャッチボールができさえすれば良いとも言える。

Ⅲ　プレイセラピーのやり方

プレイセラピーは子どもと一対一で，子ども主導で45分あるいは50分遊ぶ。一対一で遊ぶことが大切である。人は誰でも自分を大切にしてもらいたいと思っている。一人の人間として守られ，自分の時間ができ，自分の好きなことに没頭できることが大切だ。遊びに没頭することは自分の心の世界に入ることであり，これによって自分の心ができるのである。学校で勉強すると言葉や計算の仕方を覚え，社会や理科の知識を豊かにすることはできるが，それらはすべて外のものであって，自分のものにしたとしても自分の心ではない。自分の心は遊びによって作られる。人は遊びの中で自由に空想を働かせ，自分の好きな世界を作って行く。ゲームをすると自分が勝つようにルールを変えて勝って喜ぶ。大人はそんなずるいことをして，その経験が社会に出て通用することはないと考える。しかし，人の心はそのような万能感の中に漂って安心し，無理が通らなくても満足していられるのだ。そして社会に出ると多少のわがままなルールを通さないと商売でうまい儲けをすることができない。人は遊びの万能感に支えられてぎすぎすした人間関係の中で生きていられるのではなかろうか。だからプレイセラピーでは子ども主導で好きなように遊ばせるのである。しかし，時間制限はある。それだけは大体しっかりと守ってもらう。時間を守らないと次から遊べないよというと大抵は守るようになる。子どもが時間制限を破るときは，大人から与えられた枠を壊し，自分のルールで生きようとするときである。子どもの主体性を立て直す大切な時期である。

Ⅳ　遊びの意義

良い子は大人の期待に添うことを大切に考えているから，自分の遊びができない。何をして良いかわからないと遊びに意欲で気でない。あるいは，遊びが長続きしない。自分の遊びに専念するとじっくりと物事に取り組むことができるようになる。教室で勉強しないで自分だけプレイルームで遊んでいることに引け目を感じている子どもに，ある先生は，「ここで自分の好きな遊びに集中すると授業でもしっかりと取り組むことができるようになるでしょう」と説明する。少しプレイセラピーを経験した子どもはすぐにそれが了解できる。遊びよりも勉強して欲しいと思っている親も，学校のプレイルームで遊んでくると子どもの目が輝き元気になるので，プレイセラピーを期待の目で見るようになる。

ある子どもは，先生は見ないでと言い，一人粘土遊びを黙々と続け，自分なりのキャラクター人形を作り続けた。その人形は最初は小さかったが，次第に大きくなり，ガンダムのようになって人が操縦するようになった。初めは友達とほとんど関係なく行動していたのに，次第に友達と共に行動するようになっていた。書字や計算が苦手な学習障害の男の子は先生にアニメのビデオを見せ，自分はソファーに寝転んで本を読んでいた。たまに箱庭に関心を示しても玩具を埋めたりし砂を触るばかりで作品らしいものはできなかった。なぜか，いつも頭と胴体が離れた人形を使った。あるときその頭と胴をくっつけると言ってボンドでくっつけた。その後しばらくして，常習的だった遅刻が直り8時15分に登校できるようになった。心の頭と胴体がくっついたのだと思われる。小学6年生で心と体が分離しているとは驚きである。彼は始業時間に間に合わなければという考えはあるが，体がついていかず，ずっと遅刻していたのであろう。それが，自由に遊んでいるうちに体も活性化し，主体的に生き始めたのではないかと思われる。

主体性が未熟な段階では，子どもはゴジラやウルトラマンに熱中する。ゴジラの破壊的で圧倒的な悪の力によって自我は大きく成長し，一方で，正義の味方，ウルトラマンになって悪の力に対抗しながら社会性のある自分を培っていくのである。このプロセスは親の圧倒的な圧力をはねのけて，自分の心を守り育てていくものでもある。子どもは自由な時間の遊びの中で世界を支配し，統治することによって，自分の心を持つのである。女の子は家庭の遊びをしたり，玩具で遊ぶのではなくマンガや物語を作って遊ぶこともある。知的な子どもにとっては，図鑑を見て，知識を集め，豊かにして,関心を広げていくことも遊びであり，自分の世界を作っていくことにつながる。知的な世界にも遊びの心が開ける。その延長線上に学問の遊びの世界がある。遊びによって人の心の世界ができることを学習指導に熱心な先生たちに認識してもらいたいと思う。

Ⅴ　スクール・カウンセラーの仕事

先ず相談室をプレイルームにする。先生方にプレイセラピーの目的を説明し理解を得ることが必要である。子どもが自発的に来談したら自分で担当して，必ず先輩にスーパービジョンを受ける。問題の子どものことで相談に来た先生にはプレイセラピーのやり方を説明してやらせ，詳しい記録を基にスーパービジョンを行う。その事例について学校内で現職教育を行うことが望ましい。

文　　献

弘中正美（2002）遊戯療法と子どもの心的世界．金剛出版．

引き継ぎ：入るとき

内田 利広

キーワード：前任者，引き継ぎの内容，SCのイメージ

Ⅰ 学校アセスメントと引き継ぎ

平成7（1995）年度からスタートしたスクールカウンセラー（以下SC）配置事業は，平成17（2005）年度の全中学校配置の方針の下，現在ほぼ8割以上の学校に配置が行われている。その結果，今後SCとして学校に入っていく際には，前任者の後を引き継いで行うという場合が増えてくると考えられる。

SCとして学校に入っていく場合，まず大切なのは，その学校をどのように見立てるかという学校アセスメント（別項参照）の問題であるが，引き継ぎの場合は，前任者がいるということで，そこからあらかじめ多くの情報を得ることができるというメリットがある。しかし，他方で前任のSCと学校との関係があり，SCに対してすでにある一定のイメージや期待，活用のスタイルができあがっているということが考えられる。したがって，引き継ぎとして学校に入る場合は，この前任者と学校との関係性や活動のスタイルなどを十分に考慮したうえで入っていく必要がある。

Ⅱ 前任者との引き継ぎの方法

新たに学校にSCとして配置が決まったとき，まずそこに前任者がいるのかを確認し，できればその前任者と直接連絡を取って引き継ぎを行うようにする。しかし，現在多くの都道府県でSCの配置が正式に決まるのは，3月上旬から中旬，遅いところは3月下旬であり，すでに前任者がSCとしての活動を終えている場合もある。しかし，学校の教員移動の通達が3月中旬以降であることを考えると，学校もそれまではあまり次年度の話は出しにくいという実情もある。このように3月中旬から4月中旬（できれば最初の出勤日の前）までの限られた時間に引き継ぎを行わないといけないことになる。

そのような中で，まず前任者は誰であるかを知る必要がある。これは，教育委員会や学校を通して知る方法と，都道府県の臨床心理士会を通して知る方法がある。SCの配置の辞令等をもらった際に，その学校

の前任者を教えてもらったり，配置が決まった学校に挨拶の電話をして，その際に前任のSCについて聞いたりすることができる。また，多くの都道府県臨床心理士会では，SCの部会などを持っており，研修会を行っている。そこでSC配置の一覧があるので，それで前任者の名前を知ることもできる。年度末，年度初めという学校が非常に慌しい時期を考えると，むしろ臨床心理士会を中心にして専門家同士としての引き継ぎを行うほうがスムーズではないかと思われる。筆者の所属する京都府臨床心理士会のSC部会では，毎年４月の第１週または２週目の週末に，第１回目のSC研修会が行われており，そこで多くの人が引き継ぎ等も行っている。

いずれにしても前任者が分かった時点で，できるだけ早く連絡を取り，どこでどのように引き継ぎを行うかを確認する必要がある。連絡先は，「臨床心理士」名簿を見るのが一番早く，これは職務上の活用であるので，そこで確認し，電話ないしメール等で連絡するのは許されるのではと思われる。

Ⅲ　前任者に聞いておくこと

前任者と連絡が取れたら，できれば直接会って話ができるようにお願いする。転居や時間の都合でそれが難しいようなら電話やメール，文書ということになるが，メールは情報のセキュリティの問題もあり，できれば避けたいところである。文書は，引き継ぎ用の書類としてまとめてもらい，配置校のカウンセリングルームの鍵のかかる引き出しなど，SCのみが使えるところがあれば，そこに置いておいてもらうことも可能である。

引き継ぎの内容：前任者に直接会うことができたら，まずは前任者がどのように学校を見立て，どのような活動を行ってきたか，など全体的な話を聞いていく。その上で最初に確認しておくとことは，引き継ぎのケースがあるかどうかである。SCの場合は，３～５年での移動が多く，途中で面接が終わる場合があるが，その際は「後任のカウンセラーが来られるので」と伝えている場合が多いので，そのようなケースでは，これまでの経過や学校内での連携，また今後残された課題などをしっかりと確認し，引き継いでいく必要がある。

キーパーソンについて：次に大切なのは，学校内でのキーパーソンである。窓口となる先生は誰であり，その先生とどのような情報のやり取りをしてきたのか。さらに前任者が活動をする上で役に立った教職員との関係について，たとえば養護教諭や学年主任がわりと理解があって助かったこと，あるいは用務員さんとお昼を一緒に食べたりしていろんな話が聞けたことなど，これからSCの活動を行っていく上で，参考になるが，なかなか公務分掌上など表には出てこない関係性や資源などの情報も得ておくことは大切である。また，カウンセリングルームの使い方（昼休みの開放や生徒との面接）なども確認しておく必要がある。

Ⅳ　学校側に聞いておくこと

SCとして初めて学校に入る場合，前任者からの引き継ぎということもあるが，一方で学校のSC担当者からの情報を得ることも大切である。つまり学校側から見た引き継ぎの作業である。前任者が実際にどのような活動をしており，また学校としてはどのようなことを望んでいたか，それは実際にはできていたのか，などである。したがって，新しくSCとして入っていく場合は，基本的には前任者の活動ややり方を引き継ぐことになるが，学校によっては，そのようなことは望んでいなかったり，あるいは別の活動をやってほしいと願っていたりする場合もある。前任者からの引き継ぎにおいても，それはそのまま全てやっていいことなのか，学校側のニードを見極めながら，慎重に進めていく必要がある。

Ⅴ　引き継ぎで入る際の心構え

上で述べたように，SCとして入る場合，多くは前任者がおり，その前任者と学校との関係ができあがっているので，その関係性やイメージを引きずって入っていくことになる。SCとしての経験の長いベテランの前任者の後に若いSCが入ると，どうしても比べられたり，プレッシャーを感じるものである。逆に前任者と学校側の関係がうまくいっていないと，SCそのものへのネガティブなイメージを背負って活動することになる。そういう意味では非常に難しい職場であるが，引き継ぎにおいても常にアセスメントが重要であり，これまでの経過の中でSCはどのように見られてきたのか，またどのようなイメージを持たれているのかに常に目を向けておく必要がある。その中で過度に萎縮したり，相手を否定したりすることなく，まずは臨床心理士という専門家としての活動をしっかりと行っていく中で，このような前任者のイメージは薄らいでいくのではと思われる。

引き継ぎ：出るとき

内田 利広

キーワード：後任者，移動の時期，継続性，専門家としての責務

Ⅰ　出ることをふまえての活動

SC の任期は現在のところはっきりとは決まってないが，おおよそ 3 ～ 5 年ぐらいが目途であろうか。1 年，2 年で替わるということは，やはりその SC と学校とのニーズが合わなかったということになり，また 7 年，8 年となるとその学校のことがよく分かるようになり，居心地はいいが，SC の個人的なパターンができあがってしまう場合がある。学校における SC の活動は，臨床心理士という専門家による，学校内で一定の役割を担うという活動であり，ある程度の普遍性が必要になる。

したがって，ある一定の期間活動した後は，いずれその学校を出て行くときがくることを念頭においておく必要がある。つまり自分の活動をいずれ後任の SC に引き継いでいかないといけないということを想定して活動を行う必要がある。あまりに個人的な関心による活動は，SC の専門性，継続性，そして引き継ぎということを考えると控えておいたほうがいい場合もある。例えば自分は時間の余裕があるからと，毎回 1 時間も 2 時間も時間を超過して活動を続けたり，生徒との面接に関心があるからと，保護者との面接や教職員へのコンサルテーションを一切しなかったりということになると，その後にやってくる SC にとっては，非常にやりにくいことになる。

Ⅱ　いつ出るか

SC の移動の時期については，多くの都道府県で，SC の意向と学校側の意向を調整し，最終的には教育委員会の判断で行われる。SC の思いと学校側の意向が一致して出る場合はスムーズであり，移動の内示が出て残り数回の SC 活動の中で，活動の締めくくりと引き継ぎの準備ができやすい。しかし，両者の意向がずれたり，急な移動が決まったりすると，後任者との引き継ぎも難しくなる。例えば，SC としては継続するつもりであっても，学校側や委員会の方針で移動せざるを得ないことになると，なかなか納得できかったり，出るという準備もできていなかったりすることがあ

る。そうなると継続中の面接の引き継ぎがスムーズに行かなかったり，SCと窓口担当教員との引き継ぎの打ち合わせも気まずいものになったりする。しかし，SCの任命権者は教育委員会なので，出ることが決まったら気持ちを切り替えて，次のSCへの引き継ぎをよりスムーズにできるように考えていくべきである。現在のSCの任用は，形式的には1年毎の任用であり，いつ移動があってもいいように心がけておく必要がある。

Ⅲ　出ることが決まってから

その学校の活動を終えることが決まったら（教育委員会からの内示をもらったら），まずはそのことをクライエント（生徒や保護者）に伝え，おそらく後任のSCが来るので，その方に引き継ぐことになるだろうということを確認しておく。またそれと同時に，これまでの面接の経過の概要やSCとしての活動をまとめ，文書にしておくと，後任者にとっては非常に助かる。

同時に学校の管理職やSC担当者にもいずれかの時点で終わりになることを告げ，終結と引き継ぎに向けての準備を進める必要がある。これまでの活動を整理し，まず継続している面接については，終結にするか，後任のSCに引き継ぐかを確認する。カウンセリングの継続を希望される場合は，後任者に引き継いでいただくように担当者にお願いし，そのことは生徒や保護者にも伝えていることを確認する。そうしておくことでクライエントにとっては，新年度が始まってできるだけ早い時期に面接を再開することができるし，また後任のSCにとってもある程度の情報を得て，スムーズに面接に入ることができる。さらに後任のSCにとっても，SC担当教員とその面接の引き継ぎを通して情報交換やコンサルテーションをすることができ，新しい学校でスムーズに活動をスタートすることが可能となる。したがって，できるだけ丁寧に引き継ぎのための準備をしておくことが，後任者への礼儀であり，SCとしての最後の仕事である。

Ⅳ　専門家としての引き継ぎの責務

後任者への直接の引き継ぎは，「引き継ぎ：入るとき」で述べたのと逆の立場であるが，基本は同じであり，後任者から連絡をもらったらできるだけ早い時期に，直接会って引き継ぎができる方がいいのではと考えられる。しかし，場合によっては，転勤等で近くにいない場合やSCを辞めてしまって，臨床心理士会のSC研修会等にも参加しないという場合も考えられる。その際でも，できるだけ後任のSCに情報を伝えるように，文書で資料を残しておいたり，電話等で情報を提供したりして，後任の臨床心理士ができるだけその学校での活動がスムーズに行くように尽力するのが，専門家である臨床心理士としての責務なのではと思われる。間違っても，「これまでの学校との関係や教職員との関係は，自分が苦労して作り上げたものであり，新たに入る人は，自らの力で一から作り上げるしかないのだ」というような独りよがりな考えにならないように注意しておく必要がある。これまで学校の中で培われてきたシステムは，できるだけ引き継いで継続させていく方がいいのは当然である。

V　後任者への引き継ぎでの留意点

後任者に直接会って話せる場合は，まずこれまでの活動全般の話やキーになる教職員，継続中の面接，あるいは学校全体の見立てや課題なども伝えておくといい。面接については，自分なりの見立てやこれまでの経過，今後の課題や見通しなども伝えておくとよい。また，SCの活動を進める上で，キーパーソンとなる先生や学校のSCに対する理解や期待なども伝えておくと後任者は助かる。しかし，これはあくまでもこれまでのSCと学校との関係性の中での活動や理解であり，年度変わりでの教職員の移動もあり，この情報がすべてではなく，後任のSCは，引き継いだすべてをやっていかないといけないわけではない。

したがって，引き継ぎにおいては，あくまでも前任者から見た活動の内容や学校の様子であるという謙虚な姿勢で伝えるべきである。あとは後任者がこの情報をどう使うかという問題であるが，少なくともこの引き継ぎの情報があるだけで，次に入る人はずいぶんと助かるのではと思われる。

紹介状の書き方

黒沢 幸子

キーワード：紹介状，医療機関，ネットワーク

I　学校における紹介状の位置づけ

紹介状は通常，医師間で用いられることが多いが，臨床心理士等の専門家と医師との間で用いることも稀ではない。しかしながら，スクールカウンセラー（以下SC）の立場で医療機関への紹介状を書く場合，その行為の周辺に多くの配慮が必要とされる。

SCが紹介状を書くのは児童生徒のメンタルヘルスに何らかの問題がある場合であるが，児童生徒は未成年者であるため，保護者を抜きに紹介することはできない。また，学校においては担任が児童生徒に責任を有し，心身の健康については養護教諭が重要な役割を担っており，さらにSCも学校スタッフの一員として校長の管理下にあるため，単独の判断で紹介を行うことはできない。

当該児童生徒（本人）が症状に悩み，周囲が気づいていない事例であれば，医療機関にかかる必要があることを保護者や学校関係者に理解してもらうことからSCは始めなければならない。反対に，学校関係者が本人の異変に気づいていたり，困惑したりしており，かつSCがその本人の受診の必要を感じる事例であれば，本人や保護者にその必要性を適切に伝えられるよう工夫することが求められる。SCは実際の受診を支えた上で，周囲の者（教職員・児童生徒ら・保護者）がその状況を理解し，対応の指針を得られるようにしなくてはならない。SCには予後への理解を促し，事例へのコンサルテーションを行うことが求められる。

II　紹介状作成経緯における留意点

1．異変の発見

1）SCが「気になるな……病気かな？」と気づく場合（本人からの相談を含む）。

2）教員，養護教諭，保護者から，「何かおかしい」「明らかに変だ」と相談される場合。

2．SCの内的作業（見立て作業①）

1）「具体的に気になる症状・訴え・行動

は何か？」をリストアップし，吟味する。

2）複数の仮説を検討する。Aである／Aでない／Bである可能性／疑問等を検討する。

3．周囲の関係者から見た本人の具体的な様子の確認・共有（見立て作業②）

集団／個別場面，授業／部活／休み時間場面，給食，家庭場面等，総合的に情報収集する。本人に対し，キーパーソンにあたる関係者だけでなく，異なる立場の複数の関係者から客観的な情報を得ることを心がける。

4．責任ある立場間での紹介の合意

SCは「事例性」と「疾病性」の差に留意する。病気かどうかを問題にするよりも，誰がどのように問題に感じ，どう事例化しているかを考え，その文脈を踏まえて，本人に対し責任をもっている人々との間で紹介への合意を形成する。関係者の受け止め方に十分注意し，SCが，いたずらに児童生徒の「問題探し」の専門家になることのないようにする。

5．緊急性の判断

緊急性があれば，SCの次回出校日を待たずに，紹介状の内容を管理職らに確認してもらう方法を早急に打ち合わせる。この場合「チーム内守秘」に配慮し，学校へ郵送，FAX，e-mailなどの手段によるやり取りが適切か，また署名捺印・厳封の上，保護者に手渡す手続きについても相談する。緊急でなければ，これら一連の作業をSCの来校日に合わせて行えるようにする。

6．紹介先の選定

外部機関の選定は，事前の関係機関とのネットワーク作りがものを言う。本人家族に紹介機関の当てがあればそれを尊重する。選定に迷いがあれば，養護教諭に地域の関係機関の評判を確認したり，当該地域の臨床心理士会のコーディネーター等に情報提供してもらうなりして慎重に行う。未知の医療機関であれば，SCが一度直接連絡を取り，事例紹介や連携の是非を判断することを奨励したい。

7．見通しを立てる

校内外での連携の道筋，予後や学校生活の見通し，入院・通院・服薬の影響等を見通し，コンサルテーションに活かす。この場合も，SCは関係者に対し，不要な「レッテル貼り」を行なうことにならないよう留意する。

Ⅲ　紹介状の書き方

紹介状は医師が読むものであるため，臨床心理士としての見立て・診断名の推測が仮にあったとしても，その記述は控え，①本人の言葉による主訴，②症状に関連する客観的な状態像，③正確で具体的な学校生活上の様子を簡潔にまとめ，情報提供する。知りうる治療歴，既往歴等があれば，④付

記として記す。

責任関係者間で内容について了解を得た後，SCおよび管理職の署名捺印を行い，コピーを取り（SC以外のコピー保持者を管理職に確認する），厳封する。保護者面接時にSCから紹介状を手渡す（書式例を最後に示す）。

Ⅳ 保護者への説明と紹介後の留意点

保護者は，本人が医療機関に紹介されることについて，戸惑いを覚えることが少なくない。時には，教育的努力を放棄された，見捨てられたと感じ不安定になったり，不要なレッテルを貼られ，今後本人の不利になるのではないかと恐れたりすることもある。紹介の目的が，本人に最善の支援をするためであることを十分に伝える。学校内外のチームで役割分担しながら対応することや，たとえば以前に受診によって良くなった改善事例について伝えたり，「SCが知っている良い医師である」ことを話す等，安心材料の提供を心がけることも重要である。

SCは，紹介先機関へは事前に紹介の旨を一報し，その後受診の有無を確認し，今後の連携についての相談を行うことが望ましい。SCは，事例に対して，学校が「できること」と「できないこと」を見極める必要がある。仮に児童生徒を専門機関に紹介したとしても，本人がその学校に在籍するかけがえのない一人の児童生徒であることに変わりはない。SCは，本人とその他の児童生徒らの発達成長のために，学校が具体的に何をしたらいいのかについて，関係者がともに考えていけるように，教職員らに対し適切なコンサルテーションを行ない，SCは関係者と役割を分担しつつ，協働して対応していくことがもっとも大切なことである。

いずれにせよ，紹介状の作成自体が目的ではなく，それを通して学校関係者へのコンサルテーションを充実させ，校内外のネットワーク作りを促進することが重要なのである。

紹　介　状

△年△月△日

××医療機関　△△先生　御机下

△△学校校長　署名　捺印
△△学校スクールカウンセラー　署名　捺印

下記児童／生徒を診察していただきますよう，お願い申し上げます。

氏名（ふりがな）：○○○○　性別：××
学年：△年生　　年齢：△歳

主訴：（本人の言葉で）友人が自分をおとしめようとしている。全て仕組まれている。もう解放してほしい。落ち付いて考えられない。皆が私を見て何か言っているが，誰がスパイなのか知りたい。

学校でのカウンセリング状況：
開始日（初来談日）：○年○月○日
期間：△△　　頻度・回数：△△

状態像：
・もともと細身で利発な印象の生徒であったが，最近表情が硬く，よく眉間にしわを寄せている。
・相談室の中で，急に声を潜めたり，「彼がそこにいるから」と，ニッコリ笑ったりする。
・「友人のシナリオにはめられた」と何度も激しく語る。

学校生活の様子：
・欠席はほとんどない。
・最近遅刻が増え，一度大幅な遅刻をしてきた折，本人は電車で寝過ごしたというが，どこにいたのかよく思い出せないと言う。
・もともと学業成績は上位であったが，今学期になり，成績が急に下降し，授業中は疲れやすく，ぼんやりしたり居眠りしている。
・友人には恵まれているが，最近急にイライラをぶつけたり，泣き出したり，ニヤニヤしたりするようになった。

付記：×月中旬，頭痛を訴えて，貴院内科に一度受診しています。

以上の点から，医療機関への紹介が必要であると判断いたしました。ご高診のほど，よろしくお願い申し上げます。

例

自然災害時の支援

冨永 良喜

キーワード：心のケア，ストレスマネジメント，心理教育

災害によって生活は一変する。災害を負の遺産にするのではなく，これから生きる力に変えていくために，心のケア活動は，重要である。スクールカウンセラー（以下SC）は，教職員と保護者をサポートし連携し，子どもの心のケア活動を展開しなければならない。しかし，SC自らが被災している場合もあり，近隣地域からの応援が必至である。

Ⅰ　災害直後から数週間

ライフラインが切断され復旧までに数週間かかる場合，まずは，生活回復に全力をあげる。しかし，心のケア活動のプログラムを，被災直後から当該教育委員会と検討し，実施手順を立案する。心のケアに関する電話相談は，すぐに開設する。都道府県庁所在地が被災していないとき，その都道府県の臨床心理士会が主体となって，電話相談を開設できる。しかし，被災していないために，その被害の影響の実感が乏しく，どう動いていいかわからないことが多い。被災地の臨床心理士と連絡を取り合い，既設の教育委員会開設の電話相談を強化するなどして，すぐに，24時間の電話相談体制を整備する。

Ⅱ　学校再開まで

学校再開の直前に，心のケア活動のための教師研修会を実施したい。災害が大規模なときは，心のケア活動の中心的な役割を担う教師を集めての研修会を実施する。研修会では，これから実施するプログラムを体験していただく。教師自身が疲れているため，講話のみの研修はよくない。必ず，リラクセーションなどの体験的なワークを実施する。

Ⅲ　学校再開から数カ月後

1．心のケアの心理教育

学校再開時に，子どもたちに心のケアについてプリントを配布してメッセージを送る。

2．心とからだのストレスアンケート

学校再開1～2週間の間に，災害後の心とからだのストレスアンケートを実施す

る。アンケートは，幼稚園から小学３年生は，保護者が回答するアンケートを実施し，小学校４年生以上は，子どもが自ら回答できるアンケートを実施する。

３．教師と共同で行うストレスマネジメント授業

災害によって受けたストレスについて学ぶ心理教育と，眠りのためのリラックス法や落ち着くための方法の体験を織り込む。気分のアンケートと授業の感想を書いてもらうと，個別にケアを要する児童を発見する方法にもなる。

４．SCによる個別の20分教育相談

心とからだのストレスアンケートと教師の日常的な観察にもとづいて，緊急支援に入ったSCによる，20分教育相談を実施する。20分教育相談の目的は，

①継続支援が必要か否かの心理アセスメント。
②災害ストレスへの対処法の伝達。
③傾聴と共感。

である。「カウンセリング」という言葉に抵抗がある保護者も多いので，趣旨を説明したプリントを用意し，了解を求める。

５．保護者研修会

保護者研修会は，被災から１カ月ぐらいして，保護者が参加しやすい夜の時間帯に，実施する。

Ⅳ　後方支援とチーム支援

１．メーリングリストによる情報交換

災害が広域に渡ると，活動している臨床心理士間での情報交換が容易でない。近年，電子メールを利用したメーリングリストが活用できるので，固有名詞を守秘して，連絡を取り合うとよい。活動内容の詳細は記載できないが，教師研修で配布する資料の交換や，個別の心のケアが必要な子どもの人数などは，メールでやりとりできる。詳細は，携帯電話で連絡を取り合うようにする。

２．後方支援

被災地の臨床心理士が息長く支援活動ができるように，交通費の支弁など経済的支援が欠かせない。また，アンケートや災害後の心のケアのリーフレットの作成など後方支援が重要になる。また，折々に，お互いの活動をねぎらうための食事会などの企画も大切である。

Ⅴ　災害後の心のケアの視点

災害は３つのストレスを生む。災害時の恐怖（余震による恐怖の再現），災害により大切な人を亡くす喪失，災害後の生活ストレス（避難所生活・仮設住宅での生活など）である。災害時の恐怖のみに焦点をあてたトラウマ・カウンセリングは，危険である。むしろ，災害から半年間は，生活ストレスへの対処や，災害によるトラウマの仕組みを学ぶ心理教育に重点を置いた心のケア活動が求められる。心理教育とは，

「異常事態への正常な反応」,「回避は，一時的にはよい対処でも，長期的には生活を阻害する」といった情報提供であり，望ましいストレスの対処法の実践である。また，災害によって命を奪われた友だちがいる学校では，亡くなった友を悼む喪の作業を行いたい。クラスや学年で，文集を作ったり，アルバムを作って，遺族に贈る。それは，その後，遺族の心の支えにもなる。トラウマと喪失の対応を誤らずに，心のケア活動を展開していかなければならない。

Ⅵ 臨床心理士による心のケア・教師による心のケア・医療従事者による心のケア

教師は，学校再開までに，安否確認のために家庭訪問を実施するであろう。被災で転居した子どもにも，学級通信を送ったりする。そのような活動は，重要な心のケア活動である。また，医療的な対処が必要なケースを，医療機関につなぐこともSCの役割である。さまざまな職種の人が力を合わせて，災害という大変な出来事に立ち向かい，どんなにつらいことがあっても，命を大切に，自分の力を社会に発揮することができるという建設的肯定的なメッセージを送り，そういった体験ができるようにサポートすることこそ，災害後の心のケアのポイントであろう。

第4部　学校教員への援助

教員との連携

鵜養 啓子

キーワード：学校の見立て（学校アセスメント），役割分担，連携，橋渡し

Ⅰ　学校という場を知ること

臨床心理士がスクールカウンセラー（以下 SC）であり，その学校の一員としての関わりを期待されている場合はもちろん，外部の専門家としてコンサルテーション的な関わりをする場合にも，また学校外の専門機関で関わっている子どもについて，学校との連携が必要となる場合にも，「学校理解」という視点がまず必要となる。そのためには，学校教育を支えている制度・学校の仕組みなどの大枠の理解とともに，現代の学校教育についての関連法律・文部科学行政の方針・その地域の教育委員会の方針・学校目標，私学であればその学校の歴史を反映した教育理念などについて，事前の知識が必要である。社会状況を背景にして，学校および教職員の立場についての理解も必要となる。関連新聞記事などに留意するとともに，学校要覧から事前把握することが望ましい。

Ⅱ　学校の見立て

自分が関わろうとする学校をクライエントとして見立ててみることが必要となる。その際に必要な視点をあげてみよう。

1．学校状況の見立て

地域状況，学校の歴史，教育委員会との関係などを事前情報から知るとともに，学校の雰囲気を自らの感性で感じ取る。

2．取り組むべき課題の見立て

学校目標，研究課題などは，学校が抱えている課題を直接に表現している。また，臨床心理士への直接の依頼内容も吟味する。この際，不登校・いじめ・非行など，児童生徒（IP）が表現しているものの背景にある，地域性や教員集団の特性に注目する必要がある。

3．教員集団の見立て

SC は学校の一員であり，日ごろの活動の中から教員間のコミュニケーションのあり方，組織の有効性，年齢構成，管理職と

一般教員の関係などを見ることができる。外部から関わる場合には，依頼のされ方，電話での応対，連絡の円滑さ，学校に出向いたときの事前打ち合わせの状況，誰が表に出てくるか，研修会・会議の雰囲気などからある程度教員集団の特徴について把握することができる。

4．臨床心理士への期待の確認

SC に対して，あるいは外部の専門家としての臨床心理士に対して，誰が，どのような期待をもち，それは学校内で共通に理解されているかについて確認する必要がある。期待が幻想に基づくものであったり，特定の人の期待のみが先行していたりすることを理解せずに関わると，教員との連携は円滑にいかない。また，外部機関の専門家として教員との連携を求める時には，学校の警戒心，誤解，実現不可能な期待などに注意する。

5．教員・臨床心理士の役割の確認

学校の中で，教員ができること，SC ができることについて共通理解をもつ。外部の専門家として要請されて関わる場合には，具体的に方針を立てて実行するのは，教員であることを配慮して，学校でできること，その方法，教員集団における役割分担と校内連携について，その時間内でしっかり確認することが大切である。外部機関から連携を求めた場合には，学校内で教員が指導に困ることを中心に，具体的な事実に即して学校と外部機関の役割を確認する。

Ⅲ　具体的な連携

1．教員とよい関係を作ること

SC の場合には，日ごろからの会話，会議出席，学校行事への参加などを通じて，教員にとって「安心でき，信頼でき，必要なときにすぐ相談できる」人になることが大切である。過度な警戒，敵対心があると関係を築くことが難しくなる。反対に迎合や巻き込まれも禁物である。一人職場で孤独なカウンセラーは，近づいてくる人に頼りたくなる傾向があるが，教員集団をよく見て，中立性を保ちつつ自分の位置づけを決める。外から関わる場合には，きちんと連絡をとり，出向いたときには適度な自己紹介を行うとともに，学校を理解しようとする姿勢を示し，本題に入る前のウォーミングアップを行う。いずれの場合も，担任・教科担当・校務分掌・管理職などの役割を理解して関わる。

2．子どもについてのイメージあわせ

教員との連携の本質は，児童生徒理解に基づく指導援助のあり方についての検討である。そこでまず必要となるのは，当該の子どもについてのイメージあわせである。臨床心理士は自分の中で，その子どもの発達，対人関係，パーソナリティ，家族状況，病理など，査定すべき項目を整理しながら，教員が観察し体験している子ども像を聴き取り，自分なりに明確になったことを，教員にわかりやすい日常語で伝え返していく

必要がある。このイメージあわせに十分時間をかけることで，教員はおのずから学校内での対応の具体的なイメージを思い描くことができる。

3．学校としての守秘義務の確認

学校は組織として，教員は公務員として，子どもやその家族について知りえた秘密を他に漏らしてはならない守秘義務を負っている。会議や研修会の中でこのことを確認し，臨床心理士も含めて，検討したことに関して外に漏らさないことを明確にしておく。

4．情報共有ということについて

上記と関連して，特に，SC は，同じ組織にいるスタッフ同士として，担任，養護教諭，管理職，生徒指導担当などと情報を共有する必要がある。その際に，教員が知りたいこと，知る必要があることは何かを，十分事前に確認しておく。基本的に，子どもの生命安全に関すること，学校外に影響を及ぼすことについては，特に管理職との情報共有が大切である。反対に，その子どもにとっては重要であるが，学校教育には影響がなく，教師としては知らなくてもいいこと，その家族の秘密に関することは，カウンセラーのもとに止めるべきであろう。微妙なことに関しては子どもおよび保護者と，どこまで話していいか確認しておく必要がある。

5．子どもと教員・保護者と教員の橋渡し

子どもや保護者に関わっている臨床心理士が，子どもの気持ちや保護者の考えを教員に伝え，教員の指導の意味を保護者に理解してもらうことも大切である。まず，目の前にいる人の気持ちを十分に理解し，共感した上で相手の様子を見ながら行う。むしろ，当事者同士の関わりに立ち会いながら，必要に応じて翻訳者の役割をとることのほうがよい場合もある。

以上，教員との連携について大雑把に述べてきた。詳しくは以下の参考文献を参照されたい。

文　献

福田憲明（2002）学校アセスメント．In：村山正治，鵜養美昭編：実践！　スクールカウンセリング．金剛出版, pp.49-62.
村山正治編（2001）特集 スクールカウンセリング．臨床心理学, 1-2.
鵜養美昭，鵜養啓子（1997）学校と臨床心理士．ミネルヴァ書房.

教師カウンセラー

氏原　寛

キーワード：日本学校教育相談学会，学校カウンセリング体制，人材活用

スクールカウンセラー（以下SC）制度がようやく固まりつつある。学校カウンセリングがこの制度を中心に展開するであろうことは，ほぼ確実である。ただしSCだけの力でこの仕事がスムーズに行われるとは考えにくい。学校との協力が不可欠だからである。従来，それは校長，教頭，養護教諭，担任の先生たちとの協力とされ，それについてはかなりの配慮がなされてきた。しかし意外なことに，いわゆる教師カウンセラーとの連繋については，あまり考えられることがなかったように思われる。

学校カウンセリングには，昭和40年（1960年半ば）頃かなりの盛り上がりがあった。当時の文部省が相当後押ししていた節がある。学校現場には，だからそれ以来の伝統のごときものがある。当然，見よう見まねのものであったにしろ，カウンセリング経験のある先生がかなりおられた。そのほか各地の教育センターないし研究所に教育相談担当の部門が置かれ，何年か現場を離れてもっぱらカウンセリングに従事する先生たちがいた。現在もそうである。それと，内地留学によって各地の主として教育大学の臨床心理系の修士課程を卒えた人も少なくない。こうした人たちが案外活用されていない。そのためかなりの欲求不満を感じておられる。教員であるがゆえに心理の専門家と見なされないことが少なくないからである。そのため，時にSCの足をひっぱることがある。

こういう人たちは，教員として学校および児童，生徒については長年の経験と知識を蓄積されている。カウンセラーとしても，少なくともかけ出しのSCよりも豊かな実績をもっておられる場合が多い。現に臨床心理士の資格をもつ人がかなりいる。こういう人たちをスクールカウンセリング制度に生かさない手はないと思う。ましてやこれらの人がSCと反対の側に回ると，もっとも手強い抵抗勢力になりかねない。現にそういう動きがないとはいえない。こういう人たちの多くは，現在，日本学校教育相談学会と結びついている。そして自分たちなりの実践を行っておられる。都道府県にはその支部も置かれ，年大会，研究発表会

なども定期的に行われている。賛否はあるにしろ，学会の認定する資格制度まである。

ところで，SCたちは，週１回８時間勤務が普通であった。現在ではとくに大都市圏でかなり減らされている。またいわゆる拠点校の場合には，１つの学校では月１回くらいしか働けない。だからそこでできることは，かりに月４回であってさえかなり限られる。その上任期は原則として２年である。文部科学省は公立中学校のすべてにSCを配置するといっているが，常駐というわけではない。だから多くの学校は，SCなしで学校カウンセリングの実を上げねばならない。そこで期待されるのが，カウンセラー経験のある先生たちである。

もちろん，こういう先生たちが専門のカウンセラーになる可能性はほとんどない。彼らは教師としてのかなりはっきりしたアイデンティティの持ち主である。しかしカウンセラーとしての訓練を受けある程度の経験をつみ，それらを学校カウンセリングにどう生かすかについては普通の先生以上の見識をおもちである。しかし教師を辞めてまでの気持ちはめったにもっておられない。カウンセラーになるためには，長期にわたる専門家としての厳しい修業の必要なことを承知されているからである。しかし，学校現場の事情に精通し，カウンセリングの効用と限界についてもかなり分かっていることが，これからの学校カウンセリングのスムーズな展開に大きい役割を果たすであろうことはまず間違いない。とくにSCに対して学校が何を期待しているのか，その際，学校としてどのような協力が可能であるのかなどについて，何らかの提案があれば，若いSCにとってはずい分力強いのではないか，と思う。

さらに，一人のSCでは手に負えない状況に対しては，教師カウンセラーがカウンセラーとして対応することも可能と思う。カウンセラーの配置されていない学校や，配置されていてもカウンセラーがいない曜日など，教師カウンセラーがSCと共にカウンセリング業務につくことが可能になれば，かなり柔軟な学校カウンセリング体制ができあがると思われる。現に，SCとは別なところでカウンセリングに従事している教師カウンセラーが，少なからずいる。両者がスクールカウンセリング制度のもとで一本化されれば，スクールカウンセリング制度そのものがいっそう充実し発展することは疑いない。しかし残念なことに，そうした提案が教師カウンセラーの側から臨床心理士会ないし文部科学省になされたということはたえて聞かない。むしろ心理士会の側から呼びかける方がよいのかもしれない。今まで何度か同じような趣旨のことを発言してきたのだが，残念なことに反響はいま一つである。

問題は，かりにそれらのことがうまくいったとしても，教師カウンセラーの数そのものがそれ程多くないことである。それとすでに述べた学校教育相談学会も，メンバーの間にかなりの実力差がある。臨床心理士の資格のある方もおれば，カウンセリングにちょっと興味があるといった程度の人も混じっている。何よりも，学校現場に必ずしもしっかり根を下ろしていない。好きでやっているなどといわれて，他の先生方に好意的にうけとめられていない方もあるらしい。いずれにしろ，本稿で述べていることが具体化するためには，乗りこえねばならない問題が山積している。中でも，教師カウンセラーがカウンセリング業務につく時，授業負担を軽減する措置が不可欠と思われるが，それがどの程度可能であるかは，スクールカウンセリング制度の中に教師カウンセラーがどのように位置づけられるかによって決まってくるように思う。

そのスクールカウンセリング制度にしてからが，どうやら軌道に乗ったようにみえて，まだまだ不確定要因が多すぎる。いまのように非常勤のままなのか，常勤になるとすれば，地位的ないし経済的な待遇はどうなるのか，専門職として自尊心を保ちうる程度のものになるのかどうかなど。そして教師カウンセラーが何らかの形で生きのびることがあるとすれば，こうしたスクールカウンセリング制度に組みこまれることによってしかないと思う。そして組みこまれ方次第によっては，それに寄与するだけの力がこれらの人たちには備わっているのである。しかし今までのところ，その力が十分に活用されてきたとはとてもいえない。あえて一文を草した次第である。

教師へのコンサルテーション

芳川 玲子

キーワード：コンサルテーション，心理教育的なアセスメント

コンサルテーションについて，キャプラン Caplan G は，「二人の専門家（一方をコンサルタント，他方をコンサルティと呼ぶ）の間の相互作用のひとつの過程であり，コンサルティが抱えているクライエントの精神衛生に関する特定の問題をコンサルティの仕事の中でより効果的に解決できるように援助することである」と定義している。以来，コミュニティ心理学においてのみならず，現在では「臨床心理地域援助業務」として，スクールカウンセラーが果たす役割のひとつになっている。筆者も日ごろ，各教育委員会や教育センター等とのつながり上，小中学校に出かけコンサルテーションを行うことが多いが，厳密に言えば，そこでのコンサルテーションは決してカウンセリングではなく，カウンセリングの延長上の援助手法でもない。部分的にカウンセリングと重なり合いながらも，カウンセリングと異なった援助サービスであると筆者は考えている。

教師へのコンサルテーションはどのような特徴があって，カウンセリングとどう異なるのか，例をあげて考えてみよう。ある日，ある学校から，他の子どもといつも喧嘩になってしまう，いわばクラスに適応できない子どもがいるので，その対応について相談したいとの連絡があった。学校の要請をうけたコンサルタントは時間を調整し，学校に出向く時点で，コンサルテーションが始まるのである。コンサルタントが学校で会うのは担任のみの場合もあるが，担任を含めた数人もしくは関係教職員全員が集まることもある。会合は，ケース会議もしくは児童指導部会・生徒指導部会，教育相談部会などの名前がついていることが多く，形式としては，関係している教師が子どもの様子について報告し，あとはコンサルタントに任せることになる。以上のようなケースのコンサルテーションを行う時，筆者は目標（Ⅰ）を次のように設定したうえで，４つのことに注意（Ⅱ）を配るようにしている。

Ⅰ　コンサルテーション目標

教師もしくは学校全体の，話題になって

いる子どもへの対処に対する援助。

Ⅱ 注意点

1. 学校や教師が具体的に困っている問題を的確に把握する

よくあることだが，教師が困っていることは必ずしも子どもが困っていることとは一致しない。「学級不適応」という訴えは教師から見た問題であり，コンサルテーションはそう感じている教師もしくは学校に対する援助を行うことである。事例の子どもの場合，教師の訴えの裏に想定される別の訴えは，①クラス内でいつも他の子どもと喧嘩になって，その度授業が中断されるので困る，②喧嘩がおきて，保護者から指導するようにと言われているが，うまくいかないので困る，③他の教師から子どものことを指摘されて困っている，などである。訴えの中身は，子ども自身のこと以外に，学級経営，保護者対応，同学年の同僚との関係などさまざまな問題が含まれる。それを解決するためにはまず子どもの行動に対する理解が必要なので，コンサルタントが呼ばれたのである。明確に言うと，学校で行うコンサルテーションは子どもを理解するためだけにあるのではなく，対応のためにあるのである。この点は，クライエントの自己理解を目的とするカウンセリングとは異なる。

2. 不用意に診断名を口にしない

上記の状況のもとでコンサルテーションが始まるので，学校や教師は臨床心理士の子どもに対する所見（アセスメント）に注目が集まりやすい。実際，学校がコンサルテーションを求める時は，すでに担任もしくは学校全体がかなり困っている状況に陥っている場合が多く，この困った状況に早く白黒をつけて，自分を落ち着かせたい気持ちも強い。当然のことだが，このような焦りの中で，一見わかりやすい病名は児童・生徒を理解するうえでのただひとつの大切なキーワードとして，勘違いされる可能性も高い。具体的な病名は教師を挫折感から解放することもあるが，同時に，その病名のみで子どもを見ようとする危険性も生じる。したがって，筆者は原則として，児童・生徒の特徴を教師と共有することがあっても，診断名を言わないようにしている。どうしても可能性の範囲内で使わなければならない時は，診断名がもつ意味を教師と十分に共通理解を図ったうえですること，この病名が持っているイメージが教師に与える影響を前もって考慮すること，さらに，この病名はそのまま保護者に伝わる可能性が高いことを考慮して伝え方を考える。コンサルテーションの目標は，教師と学校が子どもに対して適切な対応ができるように援助することであるので，子どもの成長や発達の促進に繋がるようなアセスメントとイメージを提供することはコンサルタントにとって大事な役割である。

3. 心理教育的なアセスメント法を使っての視点の転換

教師が感じる指導の挫折は，児童・生徒

を理解する視点が固まった中で起きていることが多い。したがって，コンサルテーションの目標のひとつは，教師に対して異なった視点を提供することによって，より円滑な援助が図れることにある。その「異なった視点」とはどんな「視点」であろうか？　先行研究を見ると，その視点は今まで「心理的な視点」という意味合いでよく使われてきたようだが，果たして「心理的な」視点は本当に教師に子どもの理解を促進させ，子どもとかかわる気持ちを起こさせているのだろうか？　筆者が行ったコンサルテーションの中で気がついたことは，純粋に心理的な見地から出た発想はかならずしも教師の児童・生徒対応に役立つとは限らないということである。特に家族や生育歴にまつわる話は教師に無力感をもたらすことが多く，性格やパーソナリティについても同じである。逆に，教師が児童生徒とかかわりを持てると感じやすい話題は，教科や授業，部活動など，学校場面に関係する話題の時である。このことから考えると，教師の見方に変化を持たせるためには，授業や教科学習の中での児童・生徒の行動の「意味」を一緒に探り，その「意味」をより深く，より幅広く吟味する中で達成されるのである。

4．対応は具体的で，コンサルティの特徴にあわせて

コンサルテーションの目標はさきに述べたように，教師および学校が問題とされる子どもに対して具体的な対応ができることにある。そのためには，コンサルタントは教師が学校でできることを教師とともに考えなければならない。児童・生徒の特徴を踏まえての授業での工夫，注意の仕方，保護者へのかかわり方などが具体的な内容であるが，この段階で筆者が最も気をつけるところは，コンサルティの性格特性と学校の指導的雰囲気である。担任教師はどのような教育観を持ち，どのような指導を得意としているか，同じように，学校の中で担任教師と異なった教育観や指導体制がとれる教師がいるのか，全体的にみてどのような風土を持った学校なのか，についても把握しておく必要がある。この全般的な見通しの中で，担任教師ができること，学校全体ができること，といった具体的な対応が提案され，実行に移されるのである。

このように，教師へのコンサルテーションは問題を持った児童・生徒への対応という課題を通して，コンサルティのパーソナリティを揺さぶることなく，結果的に，児童・生徒への対応方法のみならず，コンサルティ自身の視点の変容や広がりをもたらす方法であり，今後の学校臨床心理学において重視されるべき援助サービスである。

発達障害と特別支援教育
心理臨床家に期待されること

篁 倫子

キーワード：発達障害，特別支援教育，心理臨床家

Ⅰ 特殊教育から特別支援教育へ

2007年4月1日より，学校教育法等の一部を改正した法律が施行され，盲・聾・養護学校は特別支援学校となり，これまでも進められてきた特別支援教育の推進が法制化されることになった。その特別支援教育とは，すなわち，従来の特殊教育の対象の障害に加えて，知的な遅れのない発達障害も含め，また，それらの幼児児童生徒が在籍するすべての学校において実施されるものである。

特殊教育が特別支援教育へと転換してきた経緯は，2001年，文部科学省初等中等教育局特殊教育課が特別支援教育課とその名を改めて提出した「21世紀の特殊教育の在り方について（最終報告）」，2003年3月の「今後の特別支援教育の在り方について（最終報告）」にまとめられている。この転換の背景には，わが国の特殊教育の情勢の変化や世界的潮流であるノーマライゼーション注1）などの重要な時代の要請があった。同時に，通常の教室で学んでいる学習障害（以下LD），注意欠陥／多動性障害等（以下ADHD），高機能自閉症等の子どもたちについての社会的認知も改革を牽引した動因であった。

そして，従来の障害の程度に応じて特別の場で指導を行う「特殊教育」は，障害のある児童生徒一人ひとりの教育的ニーズに応じた「特別支援教育」へと転換を図るという基本的な考えが確立してきたわけである。

また，特別支援教育の推進は，障害者基本計画や重点施策実施5年間計画といったより大きな枠組みの中で図られていることも理解しておきたい。例えば，2005年4月に施行された「発達障害者支援法」は，これまで法的な支援や福祉の対象となっていなかった自閉症，アスペルガー症候群その他の広汎性発達障害，LD，ADHD等の障害を有する児童に対する早期発見・発達支援，適切な教育的支援，就労支援等を

注1）障害のある者もない者も社会の一員として，社会活動に参加し，自立して生活することができる社会を目指す理念。

国・地方公共団体が行う責務としている。

Ⅱ　発達障害と特別支援教育

1．発達障害とは

発達障害は，医学的用語と福祉的用語とでは多少意味合いが異なり，その定義は必ずしも統一されてはいない。教育においてはより医学的な枠組みにおける意味合いで使われてきており，発達期に現れる非進行的な経過の，脳機能障害から生じる主に精神発達の遅れ，異常を示す障害の総称と理解される（有馬，2001）。具体的には精神遅滞，広汎性発達障害，LD（あるいは特異的発達障害），運動能力障害，コミュニケーション障害，ADHD 等を指すことになる。なお，ADHD は破壊的行為障害のカテゴリーに含まれるが，一般的に発達障害に含めて理解されている。

2．LD，ADHD，高機能自閉症と特別支援教育

LD は 1999 年の「学習障害児に対する指導について（報告）」の中で定義・判断基準等が示され，教育的概念として位置づけがなされた。一方，ADHD や高機能自閉症は医学的概念に準じた教育的な定義がなされている。これらの子どもたちが特別な教育的ニーズを持ちながら，小・中学校で通常に学んでいるということを明らかにしたのは，2002 年に行われた全国調査である。調査結果は学習面や行動面の問題を示す児童生徒が約 6 %いることを明らかにしたのである。

これを受けて，2003 年から全国の都道府県で特別支援教育の体制を整備して推進する事業が進められてきた。この事業は校内委員会の設置，特別支援教育コーディネーターの指名，巡回相談事業の拡充，個別の教育支援計画の作成等を内容としており，平成 19（2007）年度までにすべての小・中学校における支援体制の構築を目指している。また，2004 年 1 月には「小・中学校における LD，ADHD，高機能自閉症の児童生徒への教育支援体制の整備のためのガイドライン（試案）」が出され，全国の小・中学校，教育機関に配布されている。

Ⅲ　心理臨床家が果たす役割

特別支援教育の推進において心理臨床家に期待される役割を，役職・立場と役割・専門性の視点から整理してみる。

1．特別支援教育に関わる心理臨床家

特別支援教育の推進の中で，心理臨床家が担う可能性が高い役職は，①巡回相談員，②専門家チームの一員，あるいは③スクールカウンセラー（以下 SC）であろう。

①巡回相談員は教育委員会か学校に派遣する，LD，ADHD，高機能自閉症等に関する専門的知識と技能を有する人である。その役割は子どもの実態把握（アセスメント），指導に関する助言，教師へのコンサルテーションと支援，校内支援体制づくりの支援，専門家チームとの連絡等多面的である。巡回相談の機能の重要性はモデル事

業からも報告されている。

②専門家チームは教育委員会が設置し，教育，心理学，医療等の関係者で構成される組織であり，学校からの申請に応じてLD，ADHD，高機能自閉症が疑われる児童生徒についての教育的判断と望ましい教育的対応についての専門的意見を提供する。その中で「心理学の専門家」は大学関係者や教育センターの心理職等に委嘱されていることが多く，発達障害の評価や見立て，適切な教育的対応についての助言を行うことが求められる。

③SCは，特別支援教育推進における役割は明示されていないが，学校現場ではその働きに大きな期待が寄せられている。そもそもSCの事業は不登校・いじめ対策として始まったが，いわゆる不適応や適応障害の背景に発達障害が存在することが少なからずあることも認識されてきており，発達障害のある子どもへの適切な対応は重要な仕事となる。

2．心理臨床家に期待される専門性と役割

心理臨床家の役割として，①心理教育的アセスメント（知能・認知機能の評価，情緒・行動面の評価），②教師・学校へのコンサルテーション，③保護者への面談・支援，④専門機関との連携（紹介，連絡など），および二次的障害[注2)]への対応などがあげられる。

それぞれの子どものニーズと子どもを取り巻く環境と状況とによって実際の役割は異なり，また臨床家の経験によっても働きが異なってくるだろう。いずれの場合も，子どもの発達を多面的・立体的に把握する知識と経験，教育・指導とは一味違った心理教育的支援の技量，チームの一員として協働するスキルと柔軟性などは，心理臨床家に求められる専門性ではないだろうか。

文　献

アメリカ精神医学会（高橋三郎，大野裕，染矢敏幸訳）（2002）DSM-Ⅳ-TR―精神疾患の分類と診断の手引き．医学書院．

有馬正高監修（1999）発達障害の基礎．日本文化科学社．

学習障害及びこれに類似する学習上の困難を有する児童生徒の指導方法に関する調査研究協力者会議（1999）学習障害児に対する指導について（報告）．

文部科学省（2004）小・中学校におけるLD，ADHD，高機能自閉症の児童生徒への教育支援体制の整備のためのガイドライン（試案）．

特別支援教育の在り方に関する調査研究協力者会議（2003）今後の特別支援教育の在り方について（最終報告）．

注2）障害の基本的特性を一次的障害とするとき，二次的障害とは，本人と環境との相互作用の結果として現れる問題や適応障害などを意味する。

養護教諭との連携

鵜養 啓子

キーワード：教育相談，中立性，情報共有，身体症状

Ⅰ スクールカウンセラーの立場と養護教諭の立場

養護教諭は，学校教育法の第28条に，「小学校には，校長，教頭，教諭，養護教諭及び事務職員を置かなければならない」と規定されている職種である。この条文は中学校にもそのまま当てはめられる。各都道府県は，「養護教諭」の採用試験を教員とは別に行っている。一般教員とは異なる役割であり，生徒数の非常に多い学校以外では，各学校１名のポストである。「保健室の先生」として学校全体に関わる立場であり，学校全体の保健活動に携わる立場である。近年，養護教諭が授業を持つことが可能になり，そのために免許法も変わり，教職に関する科目が充実した。さらに，平成６（1994）年７月に召集されたいじめに関する文部省協力者会議の答申にも，「養護教諭が，保健室での児童生徒の様子からいじめの兆候に気づく例は少なくない。養護教諭はその職責上児童生徒の心身の健康に関する指導に当たる立場にあることなどから，悩みを持っている児童生徒の『心の居場所』としての役割を果たしているという例も多い。養護教諭を生徒指導に関する校内組織に加えるなど校務分掌上より適切に位置付けるとともに，保健主事にふさわしい資質・能力を有している場合には保健主事に充てるなど，積極的な活用を図ることは極めて重要である」と述べられ，養護教諭の役割を重視している。

一方，スクールカウンセラー（以下 SC）配置は，現在文部科学省の補助事業として位置づけられ，「児童生徒の不登校や問題行動等の対応に当たっては，学校におけるカウンセリング等の機能の充実を図ることが重要な課題となっている。このため，各都道府県・指定都市において，児童生徒の臨床心理に関して高度に専門的な知識・経験を有する『スクールカウンセラー』を中学校を中心に配置し，それらを活用する際の諸課題についての調査研究を行うために必要な経費の補助を行う」とされている。仕事の性質上，「外部性の維持」が強調され，週６時間から８時間の非常勤専門職の

配置の形をとっている。一人ポストであり，子どもたちへのカウンセリング等の関わりと同時に，学校教育相談活動の充実のため，校務分掌の中に適切に位置づけられることも求められる。

このように，常勤・非常勤の違いはあるが，養護教諭とSCは，学校内の役割についても，一人職種である点についても，また担っている仕事についても隣接し，重複する状況がある。子どもたちの成長発達を，学習面における評価ではない視点から見ることができる立場であり，子どもたちも担任や教科担当教師に対するのとは異なる接し方をしてくる。弱音を吐けたり，文句を言ったりという，前向きに頑張っているところ以外の面を見せてくる。子どもたちからもその共通点は見えやすい。実際，SCが配置される以前には，養護教諭がその役目を果たしていた学校も多い。学校内の校務分掌である「教育相談担当」が，養護教諭である学校も多い。それゆえに，SCの配置に一番関心を持ちつつ，一番その在り方についてしっかり見極めようとしてきたのも養護教諭であるかもしれない。現実に，学校内でSCのもっともよき理解者として存在していたのは養護教諭であるし，学校という場の理解が不十分なSCに一番厳しい目を向けていたのも養護教諭であった。

Ⅱ　連携活動のあり方

それでは，養護教諭とSCは，現実にはどのような関わりを持ち，連携活動をしていくことができるのであろうか。それは，養護教諭がその学校でどのような役割を果たしているのかに大きく左右される。養護教諭がその学校で管理職や一般教員から信頼され，子どもたちに対する相談援助機能を担うポストであると理解されている場合には，SCを活用するための委員会の要に，養護教諭がすえられることが多い。実際，SCの居場所が保健室内や，その近くだったり，非常勤のSCと，相談希望の子どもや保護者をつなぐ役割を，養護教諭が担ったりする場合もある。そういう学校では，養護教諭とSCは，よき協力者となれる可能性が高い。

その逆に，学校がいわゆる「荒れた」状態で教員にゆとりがなく，おとなしく傷つきやすい子どもたちに配慮することができず保健室が逃げ場になっている場合，学校の持つ文化や価値観が子どもたちの現実と合わず，彼らが保健室をたまり場として，養護教諭と学級担任の間に意見の相違やギクシャクした関係が生じていたりするような場合もある。そういう学校に配置されたSCは，養護教諭の理解者となるためにも，学校状況をよく確かめ双方と適切な距離をとり，中立性を保つことが重要である。

Ⅲ　連携の実際

具体的に，行われる連携活動は，まず，保健室利用生徒とカウンセリングルーム利用生徒についての情報共有である。おなじ子どもでも，保健室を訪れる時と，カウンセラーのもとに来る時では，異なるその子像を示していることもある。またそれは，授業中やその他の学校生活で，担任や授業担当者，部活顧問などに見せる姿とも大きく違う。違いにこそ意味があり，それを総合することで，立体的な子どもの姿が見えてくることを教員全体で共有できるように働きかけるのが，SCの仕事でもある。

また，精神的な負荷を身体症状でしか表現できない子どもも多い。保健室での「おなかが痛い」「気持ちが悪い」という訴えの中に，自分自身の成長過程での悩みや，家族の問題，学校生活への不適応などが隠されていることは，養護教諭にもよく気付かれている。SC配置校では，養護教諭からSCを紹介し，時間をかけてその子どもの気持ちに付き合っていくことができる。「虐待」も，何らかの「手当て」のできる養護教諭が確認することも多い。思春期の子どもたちに，妊娠等を含む性の問題や，喫煙・薬物などへの依存の問題を問いかけたり，リストカットや摂食障害などの行為に気付いたりするのも養護教諭である。

子どもの状態によっては，外部の援助機関や医療機関への紹介が必要なこともある。地域のこうした機関は，養護教諭がその状況を知っている場合も多い。SCが知っているリソースとも併せ，紹介できる機関を双方でリストアップし，その使い勝手を共有できるとよい。また，医療機関を紹介するのは，保護者にとって養護教諭からのほうが受け入れやすい場合もある。

いずれにしても，SCは，その学校での養護教諭の位置づけをよく確かめ，常勤である養護教諭が行ってきたメンタルヘルス面での仕事を尊重し，それをサポートするスタンスで関わることが必要である。

文　献

学校教育法.
文部省協力者会議（平成6年）答申.

研修・講演の留意点

徳田 仁子

キーワード：教師の資質向上，研修ニーズの把握，インシデントプロセス法

スクールカウンセラー（以下SC）が研修・講演の講師を依頼されたら，研修の目的が「教師の資質や指導力の向上」であることを踏まえて，教育実践に役立つ内容と適切な形式を吟味したい。研修依頼別の留意点については鵜養（2002）に詳しく，校内研修会については伊藤（2003）の解説が参考になる。また構成的エンカウンターグループやグループワークなどの体験学習については各技法の成書を参考にされたい。ここではまず研修の基本的な心構えについて触れ，SCと教師および教師同士の相互交流を促進する工夫の盛り込まれた事例研究法を紹介したい。

Ⅰ 事前の準備

研修・講演はSCにとって臨床心理学の知識や知恵を伝える場であるとともに教師との相互交流の場でもある。日頃から教師の優れた教育実践（たとえば大瀬（2004）や金森（2003））から学ぶ姿勢を持ちたい。依頼の多い講演テーマとしては「子どもの精神発達」「心の危機と病理」「思春期の心」「不登校の子どもと親への支援」など一般的テーマの他，「軽度発達障害」「ADHD」「アスペルガー」など特別支援教育に関するものがある。専門用語の内包的意味に習熟して身近な言葉で説明できるよう努力するとともに子どもや保護者との関わり方の具体的なヒントや文献リストなどを準備する。また，実際に学校が連携しやすい機関――近隣の病院，教育センターおよび児童相談所など――についての具体的情報を集めておくことも大切である。各都道府県臨床心理士会のSC研修会は，どんな専門家がどのようなアプローチをしているかなど地域資源の情報を交換・共有する場として機能していることが多い。積極的に参加して情報を交換したい。

Ⅱ 研修ニーズの把握

勤務校以外の学校の外部講師として依頼された時には特に研修担当者との打ち合わせをていねいに行い，学校状況や地域風土の特徴を把握することに努める。学校の規模，歴史，教育方針，児童生徒の生活環境

の特徴，家庭の協力の実態など細かな情報が掴めると，学校と地域の抱えている課題や教師にとって必要な研修のニーズが浮かび上がってくる。たとえば「思春期の心」という一般的なテーマを依頼された場合でも，今この学校ではどんな特徴を持つ児童生徒の理解が必要なのかを見立てるなど，依頼における表出的部分と潜在的部分の二重構造を上手に生かしながら研修の実を挙げたい。

Ⅲ　勤務校からの依頼の際に配慮すべき点

勤務校から講師を依頼されたら，これを相互理解のチャンスと捉えて今後の学校との関係に生かしたい。学校の中にはSC導入に対して積極的な教員と消極的な教員とが混在している。SCが好意的で積極的な教員とのみ交流していては消極的な教員はますます遠ざかってしまう。研修という限られた時間の中でも参加者が安心して表現できるような場を設定して交流の機会としたい。たとえば，事前に「最近気がかりと感じるのはどんな生徒や保護者のどんな言動ですか？」といった簡単なアンケートを実施し，その回答を元に具体的な場面を設定して生徒・教師・保護者などの役割でロールプレイを行うとか，テーマを設定してバズセッション（基本的には6人で6分間）やフリートークによって教員同士の交流を促しSCが臨床心理学的立場からコメントしながらまとめるなどさまざまな工夫が考えられる。なお，多忙な教師の研修であることを考慮して1～1時間半で構成する。

Ⅳ　事例研究について

学校現場に即した事例研究として教員研修に活用されている方法の1つにインシデントプロセス法がある。最小限の情報を元にして，対策のために必要な情報は何かを考え，短時間で問題解決の方策と具体的なプランを立てるための手順をチームで検討することに特徴がある。①事例提供，②情報収集のための質疑応答，③要因把握のグループ討論，④全体発表，⑤解決案・援助プラン作りのグループ討論，⑥全体発表，⑦まとめ，の流れで各項目5～10分で実施する。問題要因および解決案の記入用紙（色違いの付箋）と援助プランシート（いつどこで誰がどうするなど具体案を書き込む）を用いる。

このインシデントプロセス法に臨床心理学的観点を入れ込み，洗練させたものに鵜養（2000b）のSCP（学校臨床心理士）方式と定森（2005）のHS（ホロニカル・スタディ）法がある。SCP方式は，事例のイメージ合わせによって教師とSCがイメージや見方を確認して観点と見通しを共有し，手だてのシミュレーション（どんなタイプの人がどんな立場でどのように関わると適切か具体的に考える）を行い，さらに生徒の反応によって修正するなど校内作戦会議としての意義が大きい（鵜養（2000a）参照）。他方，HS法では，事例発表者が児童生徒について困った瞬間や場面を再現し，情報収集のために質問して参加者が事例を共有した後，具体的対応策を話し合いロールプレイで実演する。教師が自分の関わり方に気づくと共に，多様な対応策を出し合うことによって教師同士がお互いの技術を高めることができるように配慮されている。

文　献

伊藤美奈子（2003）校内研修会・講演会のもち方．In：伊藤美奈子，平野直己編：学校臨床心理学・入門．有斐閣, pp.127-145.

金森俊朗（2003）いのちの教科書―学校と家庭で育てたい生きる基礎力．角川書店．

大瀬敏昭（2004）輝け！　いのちの授業. 小学館

定森露子（2005）学校心理臨床の研修のあり方．In：定森恭司編：教師とカウンセラーのための学校心理臨床講座．昭和堂, pp.153-167.

鵜養啓子（2002）校内教員研修会．In：村山正治，鵜養美昭編：実践！　スクールカウンセリング．金剛出版, pp.121-133.

鵜養美昭（2000a）学校内での支援体制．In：近藤邦夫，三浦香苗，村瀬嘉代子，西林克彦編：青年期の課題と支援．新曜社, pp.100-107.

鵜養美昭（2000b）教師とスクールカウンセラーとの役割分担．In：安香宏ほか編：臨床心理学大系 20．金子書房, pp.71-83.

保護者会

杉村 省吾

キーワード：保護者会，カウンセリング・マインド，コンサルテーション，共感的理解，対決

I　教員の保護者会との連携への支援

スクールカウンセラー（以下 SC）として出向していると，現場の教員の保護者に対する嘆息を耳にすることが最近，多くなったように筆者には感じられる。すなわち，クラスのことですぐに興奮して逆ギレする親，子どもをめぐる親同士のトラブルを教師のせいにする親，授業参観中に教室内で平気で携帯電話を使用する親，校長を通り越してすぐに教育委員会に異議申し立てをする親などである。現場教員にとって，児童生徒への教材研究や生活指導，進路指導や部活指導以上に神経を使う業務の一つが，保護者との関係であろう。したがって，学校臨床心理士の教員への支援のうち，教員の保護者との連携のあり方へのコンサルテーションも，SC による臨床心理的業務の重要なポイントといえるだろう。

II　教員と保護者の衝突要因

SC が行う保護者へのカウンセリングの中で，クライエントが語る教員への不平不満を概観すると，まず第 1 に教員の保護者への誠意が欠けている場合が挙げられる。具体的には，①保護者に教員への不信感があり，②教員が話をよく聞いてくれなかったり，③教員が忙しいといって約束を守らなかったり，④教員が自分の都合を押しつけるという不満などである。第 2 は教員による保護者への説明がまずい場合である。すなわち，①教員が保護者や児童生徒をバカにしたような言動をとる，②説明が難しくわかりにくい，③保護者が納得できる内容ではない，といった教員の態度が，保護者の陰性感情を惹起しやすいようである。第 3 は教員と保護者との間に感情的な対立がある場合で，①教員が言い訳ばかりで信用できない，②教員に何を言っても通用しない，③教員が表面的なことしか言わない，というようなことが挙げられる。

このように教員と保護者間に，感情的な衝突が生ずる原因の一つとして挙げられる

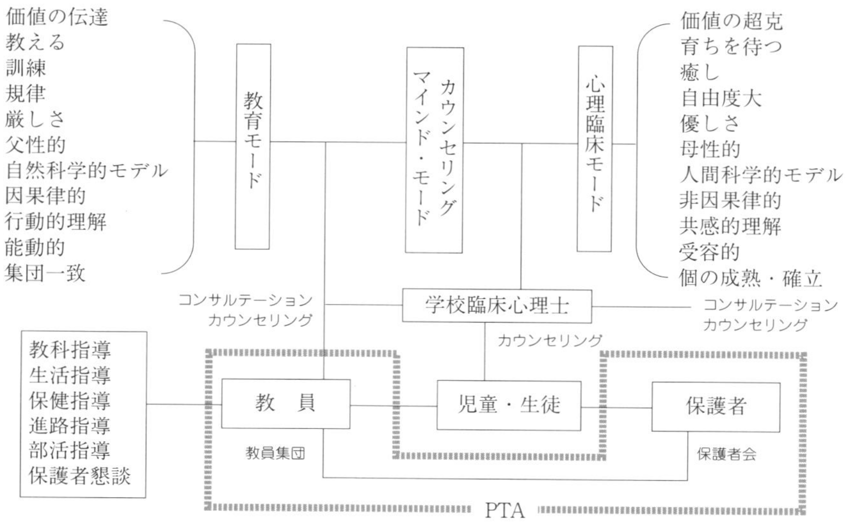

図1　学校教育と心理臨床（杉村, 2004）

のは，教員の教育モードに基づいたスタンスである。図1に示すように教育モードによる教育的関わりは，価値の伝達，教える，訓練，規律，厳しさ，父性的，自然科学的モデル，因果律的，行動的理解，能動的，集団一致といった姿勢が中心となる。一方，SCによる心理臨床的モードは，価値の超克，育ちを待つ，癒し，自由度大，優しさ，母性的，人間科学的モデル，非因果律的，共感的理解，受容的，個の成熟・確立などが主流を占める営みである。ここで筆者のいうカウンセリング・マインドとは，SCや教員が児童生徒・保護者一人一人を理解し，その発達課題や特性に応じ，彼らの自発性を尊重した心理臨床・教育的関わりのことを意味している（杉村, 2004）。したがって，教員と保護者間の軋轢を避けるためには，SCの教員へのコンサルテーションを通じて，現場教員がカウンセリング・マインド・モードで保護者に対応することが望まれる。

Ⅲ　教員と保護者のコミュニケーションの促進

教員が保護者とのコミュニケーションを促進させる方法としては，次のようなものが挙げられる。すなわち，①教員が保護者の立場を内面的に理解する，②率直で開放的な雰囲気をつくる，③保護者に理解されやすい言動をとる，④嘘とごまかし，脅しや誇張は禁物である，⑤保護者の責任追及だけをしない，⑥児童生徒と保護者の問題解決への協力姿勢を示す，⑦すすんでコミュニケーションをとる，などである。

Ⅳ　コンサルタントに求められる資質

次に教員をコンサルテーションするコンサルタントとしてのSCに求められる資質を列挙すると，次のようになる。すなわち，①児童生徒と保護者および教員間に問題が生じたとき，直ちに現場におもむく行動力が必要である，②複数の人と同時にコンタクトを持ち，問題を最小限に絞って，迅速に対処できるリアリティテスティングが求められる，③児童生徒・保護者・教員などの学校を構成するメンバーを，全体として心理構造的・力動的に理解できる把握能力を備えていること，④学校の構成員間に起こっている葛藤を解決する基礎として，共感，心理的距離，心理療法関係といった内的世界を理解する感受性を養っておくこと，⑤心理臨床家としての適度な内面的指向性と，平素からさわやかなコミュニケーションが交わせるソーシャルスキルが必要である，⑥心の専門家として節度のある内的規範を備えた倫理性を失わないこと，などである。

Ⅴ　内的葛藤の共感と対決

われわれSCの行う心理臨床的業務は，好むと好まざるに拘わらず，クライエントの「生きるべきか死ぬべきか」といったアンビバレント（二律背反的）な葛藤状況に曝されることが多いものである。考えてみればクライエントの問題は黒か白かに二極分化したアンビバレンスのなかで懊悩しており，治癒に向かうに従って，中間的なグレイゾーンが理解されてくることがわかる。このときわれわれSCは，クライエントの抱えるアンビバレントな問題のどちらにも荷担することなく，その緊張感に耐えながら傾聴していると，同じような緊張と葛藤がクライエントのなかにも生じ，彼らがその葛藤から逃避したり，SCに依存することなく，自己の責任において対決していく力が生じてくるものである。ここでいう「対決（confrontation）」とは，SCとクライエントとの対決する力が相半ばし，それは同じ土俵の中で行われ，そこにお互いの主体的な責任性がある場合を意味している。SCの行うカウンセリングやコンサルテーションは，生半可なことではなく，クライエントをして自らの葛藤に対決させることである。クライエントはSCの受容によって，いままで潜在していた心の葛藤を顕在化させられ，その葛藤との対決を避けることなく，真向こうから自己の責任をもって受け止めなければならなくなる。そこでクライエントが努力して，自分の問題を解決していくことが強いられることになるのであるが，クライエントがその苦しみと痛みを乗り越えていく上で，SCの共感的理解が大きな支えになる。そしてクライエントが内面で葛藤と対決しているときに，SCもまた傍観者的態度ではなく，自らの内面で同種の葛藤への対決を経験していくことこそが，究極の共感的理解であるといえるだろう（河合, 1992）。この教員や児童生徒および保護者の内的葛藤の共感と対決のテーマは，SC にとって困難な内的作業ではあるが，極めて重要な要素であると思われる。

文　献

河合隼雄（1986）心理療法論考．新曜社，pp.112-121.

河合隼雄（1992）心理療法序説．岩波書店，pp.232-240.

杉村省吾（2004）学校教育とカウンセリングマインド―不登校対策を中心として．In：子どものこころに添った不登校を目指して．文部科学省認可（財）こども教育支援財団刊，pp.65-69.

高階玲治編著（2001）見て分かる学校の危機管理マニュアル．東洋館出版，pp.14-22.

教師へのカウンセリング

小坂 浩嗣

キーワード：専門家ぶらない専門家，時熟を待つ，傾聴，謙虚な姿勢

I はじめに

スクールカウンセリングでは，不登校やいじめ，非行などの問題行動について児童生徒や保護者，あるいは教師にカウンセリングやコンサルテーションを実施して問題解決に向けた相談援助活動が実践される。そのうち教師との相談では，教師が児童生徒の状態についてどう理解したらいいのか，そのような時どのように指導したらいいのか，これまでの指導は適切だったのだろうか，これから指導したいと考えている方法がいいのだろうか，など，スクールカウンセラー（以下SC）と教師は児童生徒の理解や指導について話し合う。この対話を通して教師として，その人個人として考えを深められる教師が少なくない。ここでは私見を混ぜながら教師がスクールカウンセリングを受けることの意味について論じるが，教師へのカウンセリングを実施する際の参考になれば幸いである。

II 専門家ぶらない専門家 ——親し過ぎず無愛想過ぎず

SCが教師に「何か悩んだり困ったりしているようなことはありませんか？」と訪ねて回ったとしても，相談を依頼されることは少ない。特にSCが赴任した1年目にはよく出くわす事態である。実はこうしたSCの態度は教師から“慇懃無礼”に受け取られていることがある。使命感の強い教師ほど自分の困ったことや悩み事を自己開示することに抵抗が強かったり，カウンセラーやカウンセリングの場に気構えてしまったりするのである。このような場合，SCではあるが，まずは挨拶したり雑談したりすることを通して，○○個人やSC○○を教師に知ってもらうことが大切であると考える。すなわち，教師の心にカウンセリングやSCに対する親近感が醸成されるまで“時熟を待つ”ことである。

一方，SCを待ち構えていたかのごとく来談される教師もいる。このような教師は相談室への来談に限らず，職員室や廊下などで，しかも些細なことまでをも相談して

くる場合がある。ここでは，相談の枠組みをどう設定するかが課題となる。その教師と他の教師との関係のバランスに気をつける必要があろう。すなわち，その教師との関係では再三の来談を無下にできないし，かといってすべてに応じることは他の教師から疎ましく思われたりしてSCとの関係を遠ざけてしまうこともある。したがって，秘密保持や関係維持を念頭におき，相談時間を30分や15分と細かく設定するなどの工夫をして相談室内外で柔軟に応じることが専門家としての心構えであろう。その姿勢や態度が教師の心にスクールカウンセリングへの信頼を涵養することに繋がろう。

Ⅲ　児童生徒の問題が，実は教師自身の問題──教師の語りに傾聴する

スクールカウンセリングは，学校生活という極めて日常性の高い空間で実践されている。その認識に立ってSCは，教師や児童生徒に関わることが大切であると考える。人間関係などの個人的問題，家族の問題，精神症状などを訴えてSCを求めてくる教師は少なくないだろう。それよりも生徒指導に関わって生徒理解や指導法，保護者との関係，職場の人間関係などの仕事上における問題を抱えて来談する教師の方が圧倒的に多いだろう。これはスクールカウンセリングが教師の日常と連結・連動していることを意味している。それゆえに，教師との面接では児童生徒への教育指導に関する相談から始まり，後に教師自身の相談へと自然に展開されていく場合が少なくない。

例えば，A教師は担任した子どもの不登校への対応を迷っていた時，SCから後押しされたことで，A教師が実の両親から承認を求め続けてきたことに気づかれた。A教師は不登校への対応について相談したことを契機に，SCとの関係から教師個人の親子関係にまで内省が深まっていき自己を再認識することになった。また，B教師は生徒指導主事として非行生徒への関わりに悩まれていた時，自身の役職への適性に疑問を持ちながら責任感や義務感との葛藤に直面していたこと，役職上の関わりから同僚への不信が芽生え人間関係でギクシャクしていたことを話された。B教師は生徒指導主事の責務を担ったことで，これまでに感じていながらも明確にできなかった教育観や自己概念について再検討し，あらためて教師としての自己を再構築された。

このように教師は日々の教育指導を通して，また問題行動への指導に直面した時，無意識に抑圧されていた個人的問題が賦活したり教師としての生徒観，指導観などや人間としての信念や人生観などにも揺らぎが生じたりする場合がある。だからといって，職務上の相談で来室した教師に対して，SCが教師自身の問題に方向付けることは厳に慎まなければならない。A教師やB教師のいずれもが，スクールカウンセリングにおいて自ら自然な流れとして自己自身について考えを深めていかれたのである。大切なことは，屋上屋を架することになるが，SCとして来談した教師の語りに，しっか

りと傾聴することである。

Ⅳ　おわりに

スクールカウンセリングの場である学校は，教師にとって日常の職場である。その日常の中で教師がカウンセリングという非日常に足を踏み入れ教師自身の個人的問題などについて考えるには，相当な勇気と決断がいるだろう。職員室や廊下などのカウンセリングルームの外で，また学校に関わるさまざまな相談事についてSCが謙虚に耳を傾けるならば，教師はカウンセリングルームの玄関からではなく勝手口から相談に行くような感覚で，日常から非日常の敷居を跨ぐことができるだろう。

カウンセリングルームで教師自身が語る教育活動は，その教師の人生を通した歴史に埋め込まれてこそ，教師として，また個人としての自己実現が可能になる。教師へのカウンセリングでSCに求められることは，教師への肩肘張らない謙虚な姿勢とそのためのちょっとした創意工夫なのである。

教育相談担当教諭への支援

田畑　治

キーワード：教務分掌・校務分掌，教育相談，教育相談担当教諭

Ⅰ　学校運営機構・組織における教育相談担当教諭の位置

学校運営機構・組織においては，そこで教育活動を円滑に営み，かつ推進するために，校長・教頭を組織の頂点として，通常，大きく２つ――「教務」と「校務」――があり，その他は「事務」「業務」そして「渉外」がある。「教務」には教務部，学習指導部，特別活動指導部，生徒指導部，健康指導部があり，「校務」には庶務部，管財部，経理部がある。

教育相談は「教務」のなかに位置し，生徒指導部の４係（教育相談，生活指導，環境指導，および安全指導）の１つである。ここにいう〈教育相談担当教諭〉は「教育相談」を分掌する係の教諭であり，その主要な業務は，教育相談推進計画の立案・相談室管理・運営・各種心理検査・事例研究の実施があり，また家庭訪問計画の立案がある。

また学校には，「各種委員会」があり，学年主任連絡会，運営委員会，予算委員会，進路指導委員会，努力点推進委員会，評価等検討委員会，文化祭企画委員会，就学指導委員会，教材採択委員会，学校保健委員会，いじめ等対策委員会などがある。「教育相談係」は，いじめ等対策委員会の構成員でもある。このいじめ等対策委員会は，校長・教頭・校務・○教務・生徒指導主事・学年主任・教育相談係・養護・担任からなる（○は司会，生徒指導主事は提案者になる）。

Ⅱ　教育相談担当教諭とスクールカウンセラーとの協働作業

ここでは教育相談担当教諭とスクールカウンセラー（以下 SC）の両者の取り組みの役割・業務内容や流れを円滑にするために，大きく２つの方向を示すこととする。

１．教育相談係から SC に向けての伝達やコミュニケーション

学校の情報提供をすること：現代社会やその地域における学校の現状についての情報提供をすること。例えば，学校の地域・

校区や児童・生徒の家庭状況や特徴などの説明をすること，児童・生徒の概要や特徴の説明をすること，教職員構成・学校組織の解説をすること，キーパーソン（教頭，教務主任，生徒指導主事など）をよく知り，把握すること，また事務部の職員とのコンタクトを図り，教育相談関係の物品の購入に関する意見を述べること，業務士に教育相談に関する部屋や備品等の点検・修理等を行うために知っておくこと，などがある。

相談者の仲介をすること：相談ノート（相談予定表）を作り，SC が不在の時に，教育相談係が受け入れる窓口になることを行う。

広報活動をすること：学校側では，SC 配置の初期には，「SC って一体何をしているのだろう？」とか，「外部から来て，週 1 回半日で何ができるというのだろうか？」など最初の 1 ～ 2 年間は期待が大きい分だけ，疑問，無理解や不信感のようなものが生じるかもしれない。そこで，SC の存在を PR することで，SC が孤立化をすることを防ぐ意味でも，次のような活動をするよう伝える。①生徒・保護者に SC の活動を知らせるために『こころの教室だより』を月 1 回程度発行すること，②保護者に向けて学年初めの 5 月頃に『スクールカウンセリングのご案内』を発行すること，などがある。

年間計画の作成をすること：学期初めの 4 月の職員会に，教育相談担当教諭は，教育相談の年間計画を示し，教育相談週間，SC を講師に迎えての現職教育など，予定を立てて実施することである。

2．SC から教育相談担当教諭や一般教諭に向けての依頼やコミュニケーション

教育相談室の整備，購入物品などの選定をすること：相談室が生徒や保護者，さらには教員にも利用しやすいところであり，「心の居場所」「心の教室」などといえるに相応しい物理的なしつらえが必要である。それには，SC は臨床心理査定（アセスメント）や臨床心理面接等の知識の伝達やあまりお金の掛からない，アイデアを生かした相談室の整理，物品購入を計画し，教育相談担当教諭に提供することである。具体的には，図書や遊具などであるが，その際に高価な遊具や備品など，心理臨床の専門機関で購入するような品物は避け，手軽に入手でき，生徒や保護者に警戒されない物品にすることが必要である。

教師へのコンサルテーション：校内の各教師からクラスの生徒の問題行動等への見立てとその対応の仕方のコンサルテーションである。SC は，見立てや対応について心理臨床の専門家としての見立てや対応をできるという期待が持たれている。問題の表面的な現象にとらわれるのではなく，その生徒（あるいは生徒集団）の背景になること，例えば葛藤，混乱，孤独，怒り，不安などのサイコダイナミックな視点も持ち，教師を支援して行くことである。

教育相談担当教諭へのコンサルテーション：教育相談係として困っていることや悩

みのコンサルテーションを行うことである。学校の窓口になる教育相談係が十分に機能するには，この役割の担当教諭との二人三脚体制は不可欠である。さらに教育相談担当教諭は校内と外部のパイプ役でもあり，（調整役）でもあるから，この教育相談係の教諭と連携・協力関係が円滑に行くかどうかは，その学校の円滑な運営全体に深く関わるといえる。

生徒や校内の問題点をつかみ，タイムリーな情報提供を行うこと：これは教育相談担当教諭から依頼があった点――「こころの教室だより」「SCから保護者の方へ」「SCから先生方へ」などニュースレターを発行するための原稿作成の仕事である。これはすでに前小節「広報活動をすること」でも述べたが，一方向的な作業ではなく，双方向的な作業であり，SCと教育相談係とが相互協力して編み上げて行くべきものである。それがなされて以降，さらに「教務主任」→「教頭」→「校長」に上がるのである。

養護教諭，生徒指導主事との連携の推進：学校でSCがコンタクトする必要があるのは，教育相談係と同様にこれらの教諭である。特に養護教諭は，例えば「不定愁訴」を訴える生徒については詳しいが，心理的な要素もある場合にSCも有用である。また生徒指導主事は，例えば校内・校外での非行問題で教育相談とともに連携して取り組むことが重要であるから，これらの教諭と普段からの良好なパイプ作りは意識しておいて良い。

Ⅲ まとめ：教育相談担当教諭への支援

最後に，SCが学校という大きな組織体に外部から参加し，援助する際に留意することを箇条書きにしてみる。

1）学校は大きな生き物であり，それに呑み込まれないようにSCとして自己を絶えず点検・評価し，独善に陥ったり，孤立化しないように，勤務時間外に臨床心理士会等で定期的に行われる研修やスーパービジョンを受けること。

2）SCは職員室に居場所を確保される際には，教育相談担当教諭と隣り合わせの席を設けてもらえると良い。隣席で教育相談担当教諭を支援したり，逆に教育相談担当教諭から支援をもらったりすることができるからである。

3）教育相談室は，「こころの教室」「こころの相談室」等に相応しい雰囲気の時間・空間になるように，その都度，創意工夫をしながら作って行くこと。

注：本稿作成に当って，筆者の国立大学附属中・高等学校校長経験（田畑, 1999）を土台にしつつ，公立Ｎ中学校でのSC Ｔ氏ならびにＡ氏とそのＮ中学校元教育相談担当教諭Ｂ氏（現在愛知学院大学大学院心身科学研究科博士・前期課程在学中）の実践報告書を基にしていることを記して三氏に感謝するものである。

文　献

メディア教育開発センター研究開発部，福井康雄，山田恒夫，宮本友弘（1999）学校教育とカウンセリング―スクールカウンセラーによる実践事例．文部省大学共同利用機関メディア教育開発センター・研究開発部・学習リソース系事務室（ビデオ教材）.
名古屋市立森孝中学校（2006）こころの教室―森孝中学校のスクールカウンセリング：平成11年度（1999年）～平成17年度（2005年）・7年間の「あゆみ」.
中島義実（2006）スクールカウンセラーとしての導入期実践―基盤となる発想を求めて．風間書房.
田畑　治（1999）学校教育と人間性をめぐって―学校臨床の立場から．人間性心理学研究,14；205-212.

教師集団への支援

定森 恭司

キーワード：俯瞰，適切な容器づくり，異文化交流

I　SC を含んで教師集団の特徴を見立てる

教師集団への援助を考える時，まずはSC の所属する学校の教師集団の年齢構成，校務分掌，表向きと実際の意思決定プロセスなどの特徴について理解しておくことが大切となる。また，こうしたアセスメントの際には，SC 自身と教師集団との関係を含んだ見立てが必要となる。SC の活動の場が，学校という生活の場に取り込まれている以上，日頃のSC と教師集団の関係性が，教師集団の援助の効果に深く影響してしまうことを排除できないからである。この場合，自分自身からみた教師集団の特徴を分析するばかりではなく，自分と教師集団の関係を上方のカメラから俯瞰的に観ているような視点で見立てる習慣を持ちたいものである。

教師集団の特徴を見立てる時，教師集団が地域社会の文化や風土との関係で，どのような「全体的な顔」を持っているか，またその顔がひとりひとりの教師にいかに影響しているか，逆に，ひとりひとりの教師という「部分の顔」が，全体としての教師集団や地域社会にどのように影響しているかなど，立体的総合的な理解が望まれる。また，SC 自身がどの教師に親和性や陽性感情を抱き，どの教師に陰性感情を抱いてしまっているかについては，常日頃から研修やスーパービジョンの機会を通じて意識化を怠らないことが肝要であろう。「学校という場で生起する転移・逆転移的現象」の意識化が，適切な教師集団への効果的な援助の手がかりをもたらすことが多いからである。恐らくは，SC が抱く教師集団への印象が，学校心理臨床の開始当初と比較して，より畏敬の念を抱くようなものに変容しているならば，SC もまた教師集団の潜在的力をより適切に引き出す援助をしてきたと理解して差し支えないであろう。

II　事例の中に見えてくる援助ポイント

教師への適切な援助ポイントは，現場から離れた別世界にあるのでなく，日々の実践対象である事例の中にこそ隠されてい

る。というのは，児童生徒（保護者）の心の中に顕在化してくる個々の教師や教師集団の影響を丁寧に見立てていけば，適切な教師集団への援助ポイントが自ずと明らかになるからである。事例は，良きにつけ，悪しきにつけ，児童生徒と教師の間で何度も繰り返している同型反復パターンを持っていることが多い。そこでこの同型反復パターンを教師集団に照らし返していくのである。フィードバックの際には，教師を批判したり，評価するためでなく，児童生徒（保護者）にとって，より適切な援助となっている時はいかなるパターンの時かを教師とともに明らかにし，臨床の知を共有財産化していくためと理解すると良いだろう。教師は，たとえ辛口でも学校の実情を理解した上ならば，教師とは別角度の視点で教師たちだけでは気づかないような気づきを促進してくれるようなSCを求めているものである。

Ⅲ　同型反復パターンを明らかにする

同型反復パターンの発見と臨床の知の共有財産化は若いSCや赴任したばかりのSCにとっては困難かもしれない。しかし，個々の事例を地道かつ丁寧に扱っていけばいくほど，この子，このクラス，この学年，そしてついにはこの学校の児童生徒集団の中に深く影響を与えている教師集団のパターンが自ずと浮かびあがってくるものである。好き嫌いの感情がはっきりしているスプリッティングの激しいある児童生徒との面接を根気よく続けていると，教師集団もその児童生徒の好悪感情の渦に巻き込まれて，ある教師とある教師が対立や分裂・断片化現象を起こすことが案外多いが，実は，その分裂・対立構造が，その児童生徒の両親の対立構造と同型パターンであることが顕在化してくることなどはその好例であろう。こうした事例に遭遇した時は，どのようなタイプの教師がどのような感じで巻き込まれているかを俯瞰し，それを個別の話し合いや委員会や研修などの機会を通じて，やんわりと教師に照らし返すことができると，教師は教師で新しい指導援助の手がかりを見つけることが可能となるのである。問題行動や症状行動の再演に巻き込まれている当事者では，自分たちの言動の適切な対象化が難しいものなのである。

危機介入的な場合を除き，協働作業の単位は，より小さな個人的規模の教師との協力関係から始まり，次第に学年単位，教職員全員という具合に拡大する方がスムーズな展開となるであろう。

援助方法としては，SCの外部性を重視し，教師の主体的な自己決定を尊重するようなコンサルテーション的活動から，SC自ら教職員集団の一員としてどのように振る舞うべきかを，教師たちと一緒になって協働的に模索する場合まで，状況に応じて使いわけていくことも大切である。学校とSCとの関係性の違いに応じて，教師集団への援助方法も臨機応変に変化させる柔軟性が望まれるのである。

Ⅳ 適切な容器づくりに参加する

マニュアルに手がかりを求めるのではなく，自分の所属する学校での実際のひとつひとつの事例の中に立ち現れる教師像を扱う中で，より適切な教師のあり方を教師とともに探求・発見していくことが大切と先述した。しかし，実際には臨床心理文化と学校文化との間には，目標とするところは共通でも，異文化ともいえる大きな差違がある。「母性原理優位 vs 父性原理優位」「内界の現実 vs 外界の現実」「個 vs 集団」「プロセス vs 課題解決」「今・ここの重視 vs 過去・未来志向」「非日常性 vs 日常性」などの違いである。しかしながら，臨床心理文化と学校文化の間に差違があるからこそ，お互いが理念としてではなく，実践を通してのせめぎあいの中で，より総合的な理解と適切な支援の発見がもたらされているのでないだろうか。協働するといっても，いい意味でせめぎあってこそ，新しい学校教育文化が創造されるというのが現場感覚の実態に近いといえる。

異文化交流の中で教師集団が適切にコーディネートされると，分裂化・断片化し，混乱していた多くの児童生徒たちの内的世界に，信頼感や安心感に基づく，秩序化と安定化をもたらすことも可能となってくる。こうしたダイナミックな変容に参画できたSCや教職員は，学校心理臨床へのやりがいを実感することになるのである。

文　献

定森恭司編（2005）教師とカウンセラーのための学校心理臨床講座．昭和堂．

就学支援

福田 憲明

キーワード：障害のある子ども，個別支援計画，就学支援計画，支援の継続・連携，特別支援教育

I 就学支援に関する教育行政の動向

就学の手続きに関しては，法令（学校教育法，同施行令，同施行規則，等）で定められており，区市町村の教育委員会によって実施される。学校臨床心理士・スクールカウンセラー（以下SC）は，学校に在籍する子どもたちを理解するためにも，就学に関する一般的な事項を含めて，教育行政に関する知識も必要となる。殊に近年，社会のノーマライゼーションの進展，障害の重度重複化，などのなか，障害のある子どもの就学および支援のあり方も大きく変わってきている。主なものを示す。

2002（平成14）年に学校教育法施行令が一部改正され，障害の種類と程度によって特別な教育の場を検討する“就学指導”から，障害のある児童生徒一人ひとりの特別な教育的ニーズに応じた“就学支援”への転換が示された。2005（平成17）年には発達障害者支援法が施行され，障害のある人の乳幼児期から青年期までの一貫した支援体制の整備が規定された。2006（平成18）年には，学校教育法施行規則が一部改正され，LD・ADHD等の支援の方針が示された。これらを受けて，教育委員会では相談支援体制に関しては，乳幼児期から学校卒業後まで一貫して，障害のある幼児児童生徒および保護者に対して相談や支援を行う体制の整備が進んできた。

II 「特別支援教育」の開始

このような経緯を経て，2007年度から特別な教育的支援が必要な児童生徒のための「特別支援教育」が開始された。この新しい支援のコンセプトは，“支援の個別性と継続性”といえる。障害のある子どもの個々のニーズを把握して適切に，継続的に成長段階に応じた支援を行うことが重要とされ，これを実現させるための生涯を見通しての「個別の支援計画」が策定される。この支援のプロセスにおいて，就学前の支援を就学後に有効に継続させる役割が「就学支援計画」であり，乳幼児期の段階での個別支援計画の一部をなす。

Ⅲ 就学支援の具体策：就学支援計画とは

乳幼児期には，保育園や幼稚園での支援，療育施設や発達支援センター等での支援，病院やクリニックでの診療など，さまざまな医療保健，福祉，教育関連の支援を受けてきていることが多い。これらの就学前のさまざまな支援機会の情報が有効に活用されておらず，支援が連続していないことへの指摘は従来からなされており，就学支援では，特に乳幼児期から学齢期への支援の円滑な移行が期待されている。

この就学支援計画を具体化するものとして，東京都の実際を示す。東京都では，就学支援計画は「就学支援ファイル」と「就学支援シート」の2つから構成される。

Ⅳ 「就学支援ファイル」と「就学支援シート」

「就学支援ファイル」は，就学相談に関する情報が集約されるものである。保護者が作成する就学相談票には，就学支援ファイルを学校に送付することに関しての保護者の意思が明記される。ファイルは，この就学相談票および，就学前に関わった支援機関の関係者が作成する実態把握票，主治医等が作成する医師診察記録，そして教育委員会作成の面接票によって構成される。

「就学支援シート」は，就学前の支援機関と保護者が連携して作成する。内容は，「成長・発達の状況」，「指導で大切にしてきたこと（指導内容・方法の工夫や配慮）」，および「就学後も引き続き教育支援が必要と思われる内容や配慮事項」などが含まれる。

また，このシートは，就学相談の対象にならない子どもに関しても，保護者が就学前の支援を就学先の学校に継続を希望する場合，作成できることになっている。

就学支援計画では，就学前機関での支援の内容や方法の情報，および保護者の希望やニーズ配慮事項は，就学支援シートに整理され，支援ファイルとともに就学相談に活用され，それが就学先の学校に引き継がれることになり，支援の継続性が保たれる。

学校は，保護者と面談を行い，また就学前支援機関との引き継ぎを行い，就学支援計画の情報に基づき特別支援教育コーディネーターを中心に，「校内委員会」で支援方法を検討することになる。このように，関係者の情報の共有と継続性が保証されることで，学校での就学後の支援体制が充実したものとなる。

Ⅴ 地域の支援ネットワークの活用

就学前の支援としては，教育委員会は幼稚園や保育園，療育機関等への訪問や巡回相談を実施することが重要になる。それにより子どもの状態を把握し保護者との信頼関係を早期に形成することができ，適切な就学相談が可能になる。

また，地域の支援ネットワークを十分に活用することが重要となるので，教育，医療・保健，福祉等のさまざまな領域への理解と協力を得ることが重要になる。連絡協議会のような情報交換の場を設定するなど，連携を構造化することが必要となる。

Ⅵ　就学支援とスクールカウンセリング，学校臨床心理学

子育て支援は，医療・保健，福祉，保育など多様な領域でさまざまな職種が協力して行われる。この支援の広がりが就学後にも途切れず，さらに充実したものになるように，教育の枠組みの中で就学前後の心理支援をつなぐ役割が小学校のSCには求められていよう。中学校のSCも，小学校就学前からの子どもの発達成長の支援の流れと繋がりを理解し，支援の継続と一貫性を大切にしていくことが求められよう。また就学前の幼児への支援は，学校臨床心理士から発展した保育臨床（保育カウンセラー，キンダーカウンセラー）の活動が期待されている。

「特別支援教育」の展開によって，今後，障害のある子どもの相談・支援体制，指導体制といった教育システムも変更されていくだろう。「特別支援教育」がどのように展開しようとも，学校臨床心理士の使命は，学校にいるすべての子どもたちの「心の支援」を行うことである。どのような教育の場にあっても，障害の有無を問わず，目前の子どもの気持ちに添った援助や心の傷つきの手当てを第一とする支援が大切である。そして“障害のある”とされる“その子ども”をいかに理解し関わっていくかが学校臨床心理学の課題であろう。

文　　献

東京都教育委員会（2007）東京の特別支援教育・特別支援教育推進のためのガイドライン．

第 5 部　保護者への援助

保護者のカウンセリング

本間 友巳

キーワード：保護者カウンセリング，事談目的・ニーズ，関係性

学校臨床では，児童相談所や教育センター，クリニックなどの学校外部の専門機関で行われている保護者カウンセリングとは異なるいくつかの特徴が存在している。

以下に，学校内で活動するスクールカウンセラー（以下 SC）による保護者カウンセリングの大きな特徴を２つ述べてみたい。

Ⅰ　保護者の来談の目的

第１の特徴は，保護者の来談の目的やニーズが外部での相談に比べ不明確な点である。

外部の専門機関を訪れる保護者は，通常，藁にもすがる思いで専門機関にやってくる。保護者は，子どもの問題やその背後にある保護者自身の悩みの解決のために来談したのであり，保護者の来談目的は比較的はっきりしている。しかし，学校内で行う学校臨床では，この来談の目的やニーズそのものが不明確であり，SC はこの点に十分な配慮をしてカウンセリングに臨まなければならない。具体例を２つほど挙げておきたい。

第１の例は，教師の指導に従って，保護者が SC のもとへと来室したようなケースである。もちろん，この保護者自身がカウンセリングへの強い意欲を持って来室したのであれば，面接はおそらく問題なく進んでいくであろう。しかし，あまり相談の意欲が感じられないまま，当たり障りのない会話が続き面接が中断してしまうような場合，保護者がなぜ相談に訪れたのか，SC は途方に暮れてしまうことになる。

そんな場合，教師の指示で来室した保護者の隠れた目的は，この教師との関係を維持することに向けられていることがある。すなわち，保護者は SC のもとへ訪れることで，来室を望んだ教師の「顔を立てる」ことが可能となる。そして，そのことでこの教師との無用のトラブルを回避することが，保護者の漠然とした来談の目的だったのである。

このようなケースでは，単なる「来訪者」から「来談者」へと保護者の相談意欲が高まるような関わりをすることが，SC には

求められる。すなわち，保護者の来談目的を自明と考えず，カウンセリングを通して構築していくとの認識を持つことが肝要なのである。

第2の例は，保護者が自発的にSCのもとへ相談に訪れるのであるが，子どもの問題や自らの悩みの解決とは異なる，比較的明確な隠れた目的を持って来室する場合である。

よくあるケースは，意見や見方が対立している教師や他の保護者に対して，自らの正当性を示すために，保護者がSCのもとを訪れる場合である。SCの力を借りて，言い換えれば，専門家の「お墨つき」をもらうことで，教師や他の保護者への影響力を行使する目的で来室するのである。

そんな場合，カウンセリングが終わると，保護者は対立している教師や他の保護者のもとへ赴き，次のように言うかもしれない。「カウンセラーの先生も，私と同じ考えでした。○○先生（さん）も専門家の言う通りにすべきではないですか！」

知らず知らずのうちに，SCは保護者と保護者を取り巻く人々との亀裂を深めてしまう役割を担わされてしまうのである。

Ⅱ　保護者を取り巻く関係者への対応

学校臨床の第2の特徴は，上の例からもわかるように，カウンセリングの当事者である保護者を取り巻く人々への対応を十分に考慮しながら，保護者カウンセリングを進めていくべき点にある。

外部での相談の場合，クライエントと治療者の二者関係を醸成するために，閉じた場でカウンセリングが展開していく。その場にクライエントの関係者が加わることは，一般にはあまりないと言える。

しかし，学校臨床では，保護者がSCのもとへ面接に来た直後に，担任教師や管理職がSCを訪ねてくるような事態がしばしば生じる。特に教師の勧めで保護者が相談に来たような場合は，教師はSCのもとを訪れ，保護者の様子や今後の対応についてアドバイスを求めにくるケースが多い。いわば，保護者へのカウンセリングと教師へのコンサルテーションを同時に行わなければならない状況に，SCはしばしば陥るのである。

したがって，保護者との援助的な関係を深めながら，同時に当該の教師とどのような関係を築くかは，SCに課せられたきわめて重要な課題となってくる。対応を誤ると，教師からは「守秘義務を盾に，まったく教師の力になってくれないカウンセラー」，また逆に保護者からは「何でも教師に話す信用できないカウンセラー」とのレッテルを，SCは貼られてしまうことにもなりかねない。

守秘義務を盾に教師との関係を拒むのでもなく，逆に教師との同盟を重視し保護者との関係を軽視することもなく，まさに綱渡りのような状況を生き抜くなかで，保護者と教師両者との信頼関係を築くことが，SCには要求されるのである。

Ⅲ　多様な関係性を生きる

以上の例からもわかるように，学校での保護者カウンセリングの特徴を一言で言えば，関係性をめぐる特徴と言うことができよう。そして，このことは保護者カウンセリングのみならず，学校臨床の大きな特徴でもある。

日常に近い場で行われる学校臨床では，クライエントと治療者という二者関係の中に，さまざまな他の関係が直接的な形で持ち込まれやすい。もちろん，外部で行われる通常の心理臨床でも，治療的な二者関係の底流にあるさまざまな対象との関係性は，言葉やイメージを通して間接的に治療場面に影響を及ぼしてくる。

しかし学校臨床では，日々の対人関係は，より直接的な影響を援助的な二者関係に与える。したがって，そのような現実的な対人関係をも射程に入れながら，SC は面接を進めていかねばならないのである。

水面に投げた小石が作り出す波紋のように，学校臨床では，波紋が二者関係に留まることなく，外へ外へと拡がっていく。そして多くの場合，その波紋は新たな波紋となって，再びクライエントと SC の二者関係に跳ね返ってくる。さまざまな波紋によって関係が複雑に展開していく構造を，学校臨床は常に内包しているのである。

心理臨床家の本質である援助的な二者関係の構築を基盤としながら，今述べてきたような多様な関係性への気づきと対処を行っていく力量が，SC には要求される。そして，そのような多様で複雑な関係性を生き抜く中で，より豊かな関係を築き上げていくところに，学校臨床の専門性と醍醐味があると言えよう。

SCの広報活動として

徳田 仁子

キーワード：親密な手紙，予防

I はじめに

中学校のスクールカウンセラーとして活動を始めた当初，始業式で挨拶をしたものの来談者が乏しく，学校の廊下にある掲示板の各種広報を眺めながら過ごした日がありました。せめて〈相談室だより〉を発行してもっとアピールしようと思いましたが，専門用語を使わずにカウンセリングとはこんなものと伝えるのは難しく，自分の思考が堅くて言葉が貧困だということに改めて気づきました。さらに，中学校の先生より「〈学校便り〉を読んでいる家庭は，小学校７割中学校５割高校３割，シチゴーサンですよ」と聞きました。

当時，どのような広報にしたら本当に困っている子どもや保護者の心に届くのだろうかと心細い思いをしていた私にとって，先輩に送っていただいた広報は力強い味方となりました。それぞれの人柄がさりげなく伝わる詩や絵などの構成を見て，私も自分らしさが伝わればと少し肩の力が抜けました。「百文は一見にしかず」だということで本当はお手本をいくつか掲載したいところですが，紙幅の都合で別の機会に譲ることにして，ここでは主に中高生を対象とした広報作りの留意点をまとめてみたいと思います。

II 親密な手紙として

大江健三郎（2004）は，子どもの頃からの読書体験の中で，自分に向けて書かれていると深く感じた文章を「親密な手紙」と受けとめたことを紹介し，「自分も想像力を頼りに見知らぬ人たちへ親密な手紙を書こう，それが今に続く思いです」と綴っています。私たちも広報を「親密な手紙」として受け取る人が一人でも多くいて，来談には至らなくても「少し気が楽になった」「ヒントをもらった」と感じてもらえればよいという気持ちで書きたいものです[注1]。

III 転ばぬ先の杖として

杉村省吾（2001）は，「震災後１週間後

注１）この原稿を通して親密な手紙としての広報の雰囲気を伝えたいと思い，あえていつも広報で用いている「ですます調」で書きました。

頃，阪神間の鉄道の駅頭で配布された広報（PTSDは非常事態に起こる正常反応で，必ず人の心は癒されるものである）は余震の不安におののく被災者に多大の安心感を与えた」と紹介しています。広報にはこのように正しい知識を伝えて希望や安心感を贈る効果があります。子どもだけでなく，保護者や教師を対象として，心の病や精神医学のごく一般的で共有しやすい知識——たとえば不眠，ストレス，リラックス法，チック，リストカット，拒食過食，万引きなど——を豆知識や一口メモの形で提供し，少しでも予防に役立てられたらと思います。

Ⅳ　思春期の特徴をふまえて

大学の講義で不登校の話をすると「不登校予備軍だと口に出す勇気がなかった」とか「圧迫感を感じても休めなかった」などの感想が寄せられます。自分を創る途上の子どもにとって，現在は常に未来に備えるためのものであり，知識・技能の習得は将来何者かになるために必要と教えられます。しかし，その一方で多くの子は備蓄したものがどのような形として結実するかといった確固とした未来像を持てないままで過ごしています。その上，友人との微妙な対人関係のやりとりの中では自分が際立たないように振る舞いつつ，かつ密かに（自分でも気づかないまま）「これこそ自分」という実感を求めてもがいています。こうした不確実感や閉塞感は，まるで踊り場のない階段から転落してしまうかのような焦燥感や，もし踏み抜いたとしたら底なし沼が待ちかまえているような薄氷感と隣り合わせにあるようです。加齢とともに高まる競争意識のもと，弱者性や敗北意識を否定するための強迫性や，「自分は特別」といった傷つきやすい自尊心などが，いわゆる普通の（特に問題が顕在化していない）子にも透けて見えるのが現代の思春期の特徴といえるでしょう。

Ⅴ　「ビミョーにフツーの子」にあてたメッセージとして

中高校生にとって，自分自身のままならぬ心や身体，成績や進路，先生や友だちとの関係，親との気持ちの行き違いなど，生きる上での課題はたくさんあります。しかし，似たような悩みを持つ人がいることを知るだけでも孤立感が少しは和らぎ，根本的な解決に至らなくても余裕が持てるようになることも事実です。

私の勤務校で，〈相談室だより〉に「悩みを持つことは強いこと」というタイトルで「人が誠実に生きようとすればするほど葛藤は大きくまた深くなるのが当然。ごまかさずに悩めるのはむしろ強いことと思う」と書いたら，ある先生より「悩んでもいいんだと思うとほっとしますね」と言われたこともありました。今は表現の期が熟していなくても，この先，これまでよりも少し生きやすくなるための一つの手段として「カウンセリング」があることを伝えたいものです。

Ⅵ 親しみやすく，少し心が動くように

広報作りの具体的なポイントを挙げてみます。

①絵やひらがなが多い親しみやすい紙面にする，②読み手の心が少し動くことを目標とする，③ぱっと見て伝わるような（ミラーの法則[注2]を参考に）短くてインパクトの強い見出しの言葉を吟味する。

これまでの経験では『一年一組せんせいあのね』（1981）や『たいようのおなら』（1980）などの子どもの詩や，『こころの処方箋』（河合, 1992）の含蓄のある言葉はとても好評でした。また，日頃から「身近にあったちょっと良い話」や「ほっとする話」などを集めておくような姿勢もとても大切だと思います。

現代学生百人一首（朝日新聞, 2005）にこんな歌がありました。

「全身がふるえるんだココロって液体なんだな
あふれそうだもの」（高2・T子）

広報づくりをする私たち自身の心も，いつも生き生きと動いて柔軟でありたいと思います。

文　献

朝日新聞（2005）天声人語（現代学生百人一首について）．平成17年1月15日朝刊．
灰谷健次郎編（1980）たいようのおなら―児童詩集．サンリード．
鹿島和夫，灰谷健次郎（1981）一年一組せんせいあのね．理論社．
河合隼雄（1992）こころの処方箋．新潮社．
大江健三郎（2004）伝える言葉．朝日新聞 平成16年10月19日朝刊．
杉村省吾（2000）災害時ケア―阪神大震災をめぐって．In：氏原寛・成田善弘編：臨床心理学③ コミュニティ心理学とコンサルテーション・リエゾン．培風館．

注2）ミラーの法則：直接記憶の範囲は注意や知覚的処理の範囲と同様に7±2であり，しかもその単位は情報量ではなくまとまりを持った要素（チャンク）である。

親への援助のポイント

生田 倫子

キーワード：短期療法，コンプリメント，解決志向

近年，学校などの療育機関をはじめとする多くの機関で，保護者を対象とした援助をする必要性が増している。そして親への援助の困難さが多く聞かれるようになった。

家族療法の知見から得られる「親への援助のポイント」は，第一に親を尊重し，子どもや家庭について教員よりも多くを知る「専門家」として対等な態度で丁寧に対応するということである。ところがここが非常に難しい。

というのも，「このような問題を相談したいのですが」というように援助を求めてくる場合には，援助者も丁寧に対応できるのであるが，往々にして機関や担当者をはじめとする他者の不満を述べることが多い。また，援助者が子どものことで問題意識を持ち，それを親と共有しようとしても他人事のような対応をする場合もある。

このような場合には援助者といえども，防衛的な対応をしたり，親の間違いを指導したいという欲求を持ったり，腫れ物に触るように扱ってしまったり，ということもあるようだ。そして，「おかしな親」に原因があるとして，問題の解決は困難であるという印象を持ってしまう。

短期療法ソリューション・フォーカスト・アプローチ（解決志向アプローチ）の創始者の一人であり，困難事例の家族面接における第一人者であるバーグ Berg, I.K. は，親への援助に関する多くの経験から，クライアントと援助者の間で３つのタイプの関係が考えられるとし，それぞれのタイプに対する効果的な対応について紹介している。同じ分類に対して長谷川（1998）は，「YMO の３類型」と名付け，それぞれを（「やる気型（＝カスタマー）」「文句ばっか型（＝コンプレイナント）」「お客さん型（＝ビジター）」）と命名している。

Ⅰ　カスタマー・タイプ（やる気型）

購買する意志が決まっているお客という意味。問題や解決が自分との関わっていることをはっきりと意識しており，解決に向けて自分が何ら課の努力をすることが必要であるという認識をすでに持っている。こ

の関係においては親と援助者は共同で問題を明確にする。

効果的な対応：すでに解決に向けてよい考えを持っていることも多いので，それが実行できるように援助していく。

Ⅱ　コンプレイナント・タイプ（文句ばっか型）

不満を訴える人という意味。問題について具体的な不満を訴え，解決についての期待もある。しかしながら，問題は自分以外のところにあり，自分以外の人や事柄が変化することが必要であると考えている。自分が問題の一部とは思っておらず，他を操作することを望む。また，本当は事態を改善することを望んでいないように見えることがある。

効果的な対応：急速に，直接的に「問題や解決に,実はあなた自身が関わっている」ということを直面化させることはさける。自分が問題の一部であることを気づかせることに躍起になるよりは，クライアントが変化が必要と思っている人や状況に合わせて，援助を始めることを一旦受け入れ，そして「そのような変化が○○さんに起こるためにはあなたはどのように行動する必要がありますか？」と質問するなどを繰り返す。そのやりとりの中で徐々に，本人に気づいてもらえるように働きかけていく。

Berg によると，クライアントは最初の数回の面接ではコンプレイナント・タイプであることが多いが，うまく対応していくにつれてそのクライアント自身がカスタマー・タイプへと変化することが多いと述べている。したがって援助者としてはコンプレイナント・タイプをうまく援助できることが必要なのであると述べている。

Ⅲ　ビジター・タイプ（お客さん型）

ただ面接につれてこられただけで，援助を必要と感じていない。問題とされる子どもがこのタイプであることも少なくない。機関から呼び出されたと思っている場合はこのようなタイプであることがほとんどである。

援助者にとって最も難しいのはこのビジター・タイプの親である。援助者は何が問題かということについて親と意見が合わず，どうしたらいいかという方向性も食い違うため，話し合いに困難を感じる。また，非協力的であることが多く，アドバイスにも従わないことが多い。

効果的な対応：とにかく治療の場に来てくれた労をねぎらい，治療者との関係づくりを最優先させる。問題に対するクライアントの認識について丁寧に聞く。その認識は往々にして援助者の常識や見解からは信じられないようなものであるため，援助者は否定したり指導したりしたくなる気持ちが沸き起こることが多いが，それはぐっと胸に収める必要がある。またクライアント自身が望んでいることについての認識について質問することも多く行われる。

クライアントが「わからない」などの消極的な対応をすることもあるが，援助者はクライアントが自分の認識について説明できると仮定しその認識を尊重する姿勢を保つことによって，次第に話し始めることが多い。そしてクライアントの負担は多いにも関わらず，抵抗は消えていくことが多いとBergは述べている。

このようにおおまかに分類してみることにより，援助者に対応の心構えができる。そしてこの全てのタイプへの対応において必要とされるのが，「コンプリメント技法」である。つまりクライアントの行動や対応や認識について，少しでもポジティブに受け取ることができる部分を援助者が目を皿のようにして探索し，それをクライアントに返していく。褒める技法，もしくはポジティブ・フィードバックとも呼ばれる。

このコンプリメント技法を丹念に繰り返すことによって，クライアントは援助者が自分を脅かさないこと，自分のせいで問題が起きていると責められているわけではないこと，自分にもいい部分があること，などを認識し，また援助者に対して「自分にとって必要なサポートを与えてくれる信頼できる援助者」として認識していくようになるのである。

文　献

De Jong, P., Berg, I.K. (1998) Interview for Solution. WWW Norton.（玉真慎子ら訳（1998）解決のための面接技法—ソリューション・フォーカスト・アプローチ．金剛出版.）

長谷川啓三（1998）解決志向的短期療法．In：大塚義孝編：現代のエスプリ別冊・心理面接プラクティス．至文堂.

非協力的な親

若島 孔文

キーワード：コンプレイナント・タイプ，カスタマー・タイプ，クレーム，共同作業

学校という現場，特に公立では，生徒やその保護者を選ぶことができない。一方で，生徒や保護者も先生を選ぶことができない。そういう意味で学校とは，いろいろな人々が偶然出くわす交差点のようなものである。教員やスクールカウンセラー（以下SC）から見ると，生徒の保護者は協力的な場合もあるし，非協力的な場合もあるだろう。しかし，協力－非協力という違いを保護者の個人的特徴に還元する見方は役に立たない場合がほとんどである。よく考えてみて欲しい。多くのケースにおいて，非協力的な保護者は，教員やSCとのやりとりの中で非協力的に社会構成されているのである。

I 非協力的な親と共同する

事例1

小学5年生の息子（A）がB君に暴力を振るったということで，担任の先生から連絡を受けた母親。母親はどのような経緯で，息子がB君に暴力を振るうに至ったのかという説明を受けていない。母親は他の保護者から，B君が授業中に集中できず，立ち歩くなど，多動傾向にあるということを聞いていた。こうしたB君やB君の保護者への対応を無視して，一方的に息子を悪者と決め付けたと感じた母親は担任の先生にクレームをつけることとなった。

この母親はおそらく担任から見て，協力的な保護者には見えないだろう。しかし，これは母親の視点からすると，問題なのはむしろ担任の先生その人なのである。にもかかわらず学校は，こうした母親をやっかいな保護者と位置づけるかもしれない。続いて学校が行う対応は「防衛的」と言われるような対応である。例えば，B君やB君の家族についての説明を求めるA君の母親に担任の先生やSCは何とこたえるのであろうか。おそらくB君やB君の家族のことを語ることはないであろう。そして，担任は自分の対応について説明をするであろう。これらは全て「防衛的」と言われるような構造を作り上げていく手順になってしまっている。このように，非協力的な保護

者＝やっかいものとするようなものの見方そのものが防衛を築き，悪循環を作り上げるということを理解した上で，非協力的な保護者，とりわけ担任や学校の対応に問題を感じる保護者に対する対応を示したい。

1．one of them と only one

学校から見ると，生徒やその保護者は，言い方は悪いが，one of them の存在である。しかし，保護者からすると自分や子どもの問題は唯一無二の最重要課題である。この温度差があることを理解しなくてはいけない。この視点を持っているならば，SC は，学校側が保護者の訴える問題に迅速に対応することを促すことが必要とされる。対応の迅速さは決して「はやく結論を出せ」ということではない。対応の現状やプロセスを迅速に伝えることでもよいのである。

よくある悪い例は，「あとで連絡します」と学校側が保護者に電話で言い，「しばらく」して電話連絡をすることである。「あとで」という言い方は，保護者にとって毎日毎日電話連絡が来るのを待っているという状況を引き起こす。しかし，学校側は確かに「あとで」連絡を入れるのである。つまり，学校側と保護者側では時間の流れが違うのである。そしてこの時間の流れの差は one of them と only one の違いを象徴するものである。迅速な対応と「いついつ」電話をするという言い方が必要である。

2．ねぎらいと感謝

どんなに非協力的に見える保護者であろうと，電話で話をしたり，学校に出向いてくれたならば，その内容が学校に対する不満やクレームであっても，SC はねぎらいと感謝の言葉（コンプリメント）を明確に述べるのがよい。

3．「遠慮なく，全て話して下さい」

次に「せっかくの機会ですから，遠慮なく，全て話していって下さい」と保護者に明確に述べる。ねぎらいとこの言葉により，保護者は学校側が防衛的でないことを肌で感じ入ることになる。

4．担任（あるいはその他教員）との共同作業

担任（あるいは学校側）の対応に対する不満やクレームを含んだ問題を保護者が訴えた場合，その当事者となる教員と SC が共同で，相談を受けることが不可欠である。この共同がうまくいけば，多くの非協力的と見える保護者は，協力的と言える方向に行動を進めていく。

Ⅱ　コンプレイナント・タイプとカスタマー・タイプ

事例2

ある保護者が，息子の不登校が問題で，その問題解決のプロセスで非協力的と見える保護者へと移行した。保護者は担任の先生についてのクレームを訴える。担任教員と SC でクレームの対応をした。SC は母親の熱心さと教育方針を賞賛していく。担

任教員はこの母親の変化に気づいた。すなわち，賞賛されるごとに柔軟な態度と怒りの緩和を示していたからである。担任が直接母親を賞賛し始めた頃には，学校側に対する冷静な「お願い」がなされたのである。担任はその「お願い」を具体化するよう話し始めた。その数日後，担任とSC宛に，お礼の手紙が届いた。

コンプレイナント・タイプ（complainant type）とは，自ら問題解決のために行動しようとせず，問題ばかり語るクライアントとカウンセラーの関係性を指す。一方のカスタマー・タイプ（customer type）とは，問題解決のために自ら変化する意志のあるクライアントとの関係性を指す。非協力的な保護者とは前者を意味する。これらの分類は米国の短期療法家 de Shazer, S. によるものであるが，これは決して クライアントの個人的特性を示すものではない。あくまでも「関係のタイプ」であり，対応によってはコンプレイナント・タイプからカスタマー・タイプへと変化していくことを示しているのである。そのためのいくつかの例を事例で示した。

文　献

若島孔文編（2003）学校臨床ヒント集―スクール・プロブレム・バスター・マニュアル．金剛出版．

過剰な親

本間 友巳

キーワード：保護者，クレーム，ほどよい関係

I　はじめに

あるベテラン教師の話によると，数十年前と最近の学校の最大のちがいは，教育課程や教師のあり方，子どもの言動以上に，親の意識の変化であるという。以前に比べ，さまざまな要求を学校に直接に伝える親が増えている。単に要望を伝えるのみならず，自らの望む改善を求めて繰り返し訴える親も多くなっているとのことである。

このことは，ある面，学校が民主的で，かつ健全に運営されていく上で必要なことであろう。周囲の意見に耳を傾けない組織が問題を抱えるのは，組織論の常識である。また，コミュニティ・スクールのような地域に根ざした学校づくりへの気運が高まるなか，このような親のあり方は決して否定的にとらえられるべきではなく，むしろ歓迎すべきことと言える。

しかし，我が子への心配からか担任に頻回に連絡してくる親や，理不尽とも思える過大な要求を学校側に執拗に繰り返す親がいることも事実である。このような過剰性を抱えた親に対して，心理臨床的な立場からスクールカウンセラー（以下 SC）がかかわることは意味あることと思われる。このような親に対して，SC はどのようにかかわっていけばよいのか，以下に考えていきたい。

II　担任に頻繁に抗議してくる母親

学校に過度な要求をぶつけたり，頻回に連絡してくる親の多くは，家族をはじめ，身近な人々との関係に何らかの課題を抱えている場合が多い。身近な人間関係が過剰であったり，逆に希薄であったりすることがしばしば見られる。

A男の母親は，クラスでのA男の友人関係に過剰に反応し，毎週のように担任に抗議の電話をしてくる母親であった。

「球技大会で，A男がクラスの男子たちから悪口を言われたんです。今までのことを考えると，これは明らかに『いじめ』です！　悪口を言った男子たちを厳しく注意して，A男の安全を確保してください」

担任は，「クラス対抗のバレーボールで

エキサイトした生徒たちが，試合中，バレーの苦手なA君に文句を言ったのは事実です。でも，ほかのバレーの下手な生徒も同じように言われていた。この程度のことは，男子では当然だと思うのですが……」

これを聞いた母親は，「『いじめ』を正当化するんですか！　先生がそんな気持ちでいるなら，教育委員会に話をさせてもらいます」

このことを知った校長があわてて母親に連絡し話し合いの場を持った。校長との話し合いで，母親の怒りは幾分収まったが，「学校外の人にきちんと話したい」という母親の要望もあって，SCと面接することになった。

SCとの面接の中で，母親は学校側への批判を繰り返し語る。SCは母親の話に共感的な態度で耳を傾ける。話を聴いていくうちに，母親はA男への思いを語りだす。

「A男は小さいときから，いじめられてきた。最初はA男が強くなるしかないと思い，学校には何も言わなかった。でも事態はいっそう悪くなっていった。そこで，ある時から担任にはっきり言うことに決めた。それからは，だいぶマシになった。A男のためなら，今は何でもするつもり！」

母親の率直な気持ちとA男への温かい思いが母親の言葉から伝わってきたことを，SCの感想として伝え，そして〈これからは，一緒に考えていきたい〉と付け加えた。

SCへの信頼が生まれたのか，母親の態度は軟化し，その後，A男が卒業するまで面接が続けられた。その後も母親が学校に抗議することはあったが，SCとの関係が緩衝装置となったからか，大きなトラブルへと向かうこともなく，A男は無事卒業していった。

Ⅲ　「過剰」の背後にある「希薄」や「過少」

面接の中でSCがもっとも感じたことは，母親の中にある「怒り」や「悔しさ」であった。すなわち，A男を守るための精一杯の努力は，夫を含め今まで誰からも受け入れられ認められることはなかった。それればかりか，“クレーマー”として周囲から否定的に見られていた。これらのことへの強い「怒り」や「悔しさ」が母親の中に隠されていた。そして，そのことが学校に直接激しい攻撃を向ける一因となっていた。

誰からも認められなかった努力が，SCによって共感され受け入れられたと感じることによって，学校へ向けられていた「怒り」や「悔しさ」は，わずかだが緩和された。またそれらの感情を学校に直接ぶつけても，悪循環に陥ることは少なくなり，徐々に学校側と落ち着いた話し合いができるようになっていった。

見方を変えるならば，夫との関係をはじめとする希薄で過少な周囲との関係が，A男への過剰な肯定と，学校への過剰な否定を形づくったと言えなくもない。この母親のみならず，子どもや学校に対して，肯定，否定のいずれの方向であっても過剰性を示す親は，身近な対人関係のどこかで希薄さや過少さで苦しんでいることが多い。

対人関係の課題を共感的に受け止め，過剰でも過少でもない，まさに適度で，ほどよい関係をつくるところに，心理臨床の専門家としてのSCの役割がある。過剰性に目を奪われることなく，その奥にある対人関係の課題にそっと寄り添うことができたとき，過剰性は穏当なものとなっていく。そしてそれは，心理臨床的な関係性のみならず，学校の日常的な関係にも，意味ある変化を生みだしていく。

もし逆に，SCが親の過剰性にとらわれた対応に終始すれば，過剰性は増幅され，その負の影響は学校の日常へと跳ね返っていくだろう。学校という日常で活動するSCは，親がそのどちらの方向へ向かっていくかに強い影響を与える関係の担い手であることを，つねに自覚しなければならないのである。

（精神医学的な）問題のある親

本間 友巳

キーワード：保護者，精神疾患，サポートの仕組み

Ⅰ　はじめに

スクールカウンセラー（以下SC）の主要な役割は，学校に通う児童生徒の心理社会的な発達・成長にかかわる課題への対処や予防である。したがって，SCがその親自身の抱える精神医学的な問題を直接扱うことは考えにくい。すなわち，統合失調症やうつ病や神経症などの精神医学的な課題を抱える親へのカウンセリングや心理療法は，学校内で活動するSCではなく，医療関係の専門機関に所属する精神科医や臨床心理士によって実施されるべきものである。

もし，精神医学的な課題を抱える親がSCと関わるとすれば，そのもっとも典型的な場面は，子どもが何らかの不適応状態に陥ったときに，子どもへの支援の一環としてそのような親に対応する場合であろう。そんなとき，SCが留意しなければならない点を以下に述べてみたい。

Ⅱ　自らの精神的な課題に気づかない親への対応

第一に，親自身が自らの精神医学的な課題に気づかず，子どもの相談にやってくる場合が考えられる。

通常，親と面接するとき，SCは親の話に耳を傾ける中で，子どものみならず，話をする親自身の見立ても行なっている。そのプロセスで，親自身の精神医学的な課題が強く感じられたとき，SCは親自身の治療の必要性を，その親に何らかの形で伝えることが必要になってくる。

しかし，どのようにして，このことを親へ伝えるか，これは現実にはかなり難しい問題である。そもそも子どもの相談に来た親に対して，親自身への見立てを安易に伝えることは，親の心に怒りや傷つきの感情を引き起こし，医療への道はいっそう遠のく危険性がある。逆にこのことを等閑視すれば，当然，医療との接点は見いだすことができないままとなる。

「急がば回れ」ではないが，親に医療の必要性を伝えるには，そのことを話題にで

きる条件づくりをすることが肝要である。すなわち，SCとのある程度の信頼関係が形成されたと実感できたときに，親自身の精神的な課題への見立てを伝え，医療の話題へと進むことになる。もちろんそのときも，ただ単に〈病院に行った方がよい〉と告げるのではなく，医療機関にかかる意義や手順を丁寧に説明し，医療とつながってからも，子どもの問題についてのここでの面接は，今まで同様継続されることも伝えるべきであろう。

ただし，ケースによっては，親の様子からみて自傷他害のおそれが強く，緊急に医療につながねばならないこともある。そんな場合には，親自身の配偶者や親戚や民生委員など，当事者への直接的なサポートができる人と連絡を取り，速やかに医療機関へとつなげていくことも必要となるだろう。

Ⅲ　虐待のおそれのある親への対応

精神医学的な課題を抱える親への対応を考えるときに，もうひとつSCが留意すべき点は，虐待の問題である。それは意図的な虐待というよりも，自らの病いのため子育てができなくなり，結果としてネグレクトや体罰などが生じるような場合であろう。

あるとき，中学校に派遣されているSCに，その学区にある小学校の担任から，コンサルテーションの依頼があった。SCに語られた担任の話をまとめると，以下のようになる。

クラスのA子の欠席が数日続いている。A子の家は，母親とA子の二人暮らし。母親は精神疾患で入院経験もあるらしい。A子が休みだしてからは，連絡も取れない状態が続いている。今日家庭訪問したところ，家には母親とA子がいた。母親は起き上がるのも辛い様子で，表情もけわしく，こちらの話にもうわの空という感じだった。A子はおびえるような表情だった。A子は食事も十分にとっていない様子。どうすればよいか。

SCは，担任の迅速な対応に賛意を示すとともに，〈A子が嫌がらなければ，当分の間A子を迎えに行ってほしい〉，また〈身近な親戚か福祉関係者にも早急に連絡をとってほしい〉と伝えた。さらに〈登校したら，私もA子に会ってみたい〉とつけ加えた。その後，担任とともに管理職にも状況を伝え，支援体制づくりのための協力を仰いだ。

その翌週，担任に伴われてA子が相談室を訪れた。緊張気味のA子に，〈好きなことをしていいよ〉と伝えると，箱庭に興味を示す。石や木や山に囲まれた内部に人形を置き，その外に怪獣や動物を置いていく。A子の心細さや不安が伝わってくる箱庭であった。SCが〈お母さんのこと，心配？〉ときくと，A子は小さく首を縦にふる。〈みんなで応援するから，大丈夫だよ〉と言うと，少し安心した表情になる。そののちも，SCはプレイを中心としたA子とのカウンセリングを継続していった。

担任をはじめとする学校側の努力の甲斐

あって，隣町に住む祖母に連絡がつき，母親は再び入院となる。A子の世話は，当分祖母が行なうことになった。

Ⅳ まとめ

最初にも述べたように,学校という場で,親自身の精神疾患の治療にSCが直接関与することは考えにくい。しかし，学校で活動するSCにできることが，決してないわけではない。SCのできることを整理して言えば，子どものカウンセリングや保護・関係機関との連携・親の医療機関へのリファーなど，親子をサポートする仕組みづくりと言える。

さらに，精神疾患を抱える親と面接を行なう機会が与えられるような場合は，その親との信頼関係をつくるなかで，ときに，医療機関を受診することへの意欲や納得を形成していく作業を丁寧に行なうこともSCの役割となるであろう。

家族療法的視点

中釜 洋子

キーワード：システム論的認識論，悪循環，誰も犯人にしない見方

I　なぜ家族療法的視点なのか

この項では，学校における心理援助にとって，家族療法的視点が，どのように役立つかを論じてゆく。家族療法や家族カウンセリングの実践の多くが，最近ではシステム論的認識論（より平易な言葉で「システムというものの見方」とも言う）に基づいて行われている。システム論的認識論によれば，個人の心理的症状や人間関係上の問題は，個人と個人を取り巻く環境を含めたシステムの不具合から生じ，相互影響関係のなかで解消されず維持されていると捉えられる。家族というシステムに注目した実践は家族臨床と呼ばれるし，学校や学級システムにこの認識論を適用すれば学校臨床になる。ここから，どちらか一方のシステムに限定せず，親・兄弟や友人，教師らを取り混ぜて，子どもを取り巻く関係者システムを想定することの意味もすぐに納得できるだろう。この項の前半では，システム論的認識論の学校への適用について，例を挙げながら説明する。後半では，各種質問技法や合同面接の技能といった家族療法が開発し発展させた技法の，学校における活用について述べる。基盤にある「ものの見方」と，いまここで何をするかという「介入（働きかけ）」の両面から，学校臨床における家族療法的視点の活用について考えてみよう。

II　システムというものの見方

システム論的認識論は，ベルタランフィの一般システム理論やミラーの生物体システム理論，ウィーナーのサイバネティックス理論，ベイトソンなどの影響を受けて発展してきた。細分化や分割というやり方で数々の事象を解明してきた1960年代の科学界において，ベルタランフィは，それとは逆のやり方を採用した。すなわち要素還元主義に陥らず，事象を環境から切り離さず文脈ごと理解する方法として，一般システム理論を提示した。ひとや家族や学級等々をシステム（なかでも生物体システム）と捉えて，円環的因果律やシステムの階層性・組織性に基づいて理解し関わってゆく

際の理論である。

まずシステムとは，意味のある要素の集まりのことを言う。家族がシステムと捉えられるように，学級もクラブ活動もシステムであり，より大きなところで学校もまたシステムである。システムは，あるルールを備えて歴史を共有している。とくに生物体システムは，外界との間で物質や情報のやりとりがある。外界の変化にも関わらず内側の安定を保つ一方で，ルール変更を伴う質的変化を経験しながら，変化・発達を遂げてゆく。子どもは小学校への入学とともに，家族，学級両システムの住人になる。学級に溶け込むことで社会の一般常識を取り入れてゆく傍らで，外の文化を少しずつ家族のなかに持ち込んで，家族が変わる推進力になることがしばしば子ども世代に期待される。

システムにおいては，システムの一部に生じた変化が全体に影響を与える。そして全体に生じた変化が，各要素の変化を引き起こす。例えば，クラス担任が特定の生徒に対する接し方を変えたところ，その子どものクラス内における地位が変化するのはよく経験する事態だろう。また，学級再編成や大がかりな席替えをしたところ，友人関係のそこここに微妙な変化が生じるなどが，後者を説明する好例だろう。

開放システムにおいては，原因と結果の流れがひとつに決まらない。相互影響関係を詳細に後追うのがせいぜいであり，直線的因果律によらず，円環的因果律で物事を理解することが欠かせない。例えば，A太が野球部でレギュラーのポジションを取れなかったことが，A太の生活態度の乱れと荒れた言動の原因だと考える人がいるかもしれない。だが視点を変えれば，A太の言動がますます親子関係のこじれやクラスでの孤立，部活動のさぼりを引き起こし，教師の叱責を助長して，A太が反抗的態度を募らせたあたりで，彼がレギュラーから外されたことも事実である。子どもの不適応や問題が生じると，しばしば学校と家族は，「子どもをしっかり躾けられない親が悪い」という言い分と「教師の指導が悪い，指導がよければ事態は大きく変わったろう」という言い分を掲げてぶつかりあう。しかし円環的因果律によれば，両者の言い分は，いずれも短絡的な見方と言わざるを得ない。どちらも悪循環を構成する一要素だという視点に立ち，誰も犯人にしない見方と介入法を提供することのほうがよほど意義深い。

Ⅲ　システムへの働きかけかた

家族療法が開発した技法の活用として，最も基本的なものにジョイニングがある。ジョイニングの考えに則れば，カウンセラーが学校に受け入れられ，働きかけが許されるようになるまでは，声のトーンや頻用する言葉まで含めた波長合わせに努めて，相手の文化の尊重に専念すべきことは，いまさら言うまでもないだろう。学校システムの一員であるカウンセラーの関わりが保護者から許されるようになるまで，保護者に対しても同様の配慮が必要である。関わりが許されるようになった時点では，カウンセラーを受け入れたそのことによって学校と家族に少しずつ，変化を受け入れる素地が整ったと見ることができよう。

最近，学校の中でしばしば活用されるようになった技法としては，ブリーフセラピーや解決志向アプローチが知られている。ブリーフセラピーは，過去や生育歴をいたずらに取り上げることなく，悪循環を断つためにこれから何ができるかに注目する。解決志向アプローチでは，問題に焦点づける代わりに，どんな場でも必ず起こっている少しでもいいこと（解決）に目を向けてゆく。例えば，教室に入れないまでも，朝起きることができた，家を出ることができたなど，見過ごされがちな小さな変化を見出してそれを拡げてゆく。相互批判に陥ることなく，生徒と教師と親など，関与する全員をエンパワーできる点がこれら新しいアプローチの魅力である。

合同面接の技量と，関係者のうちの誰か一人に偏らない公平な心理面接を実践する技能を身につけることもまた，学校における保護者支援に大いに役立つ。スクールカウンセラーの多くは単独で学校システムに関わるため，望むと望むまいと一人でたくさんの登場人物に会うポジションにいる。子どもの見方と母親の語るストーリーが大きく異なる場合にどうしたらいいか，二者や三者に会うことをいかに活かしてゆけるか等の問いに，答えを与えてくれるだろう。誰か一人を主たるクライエントの立場に置き，それ以外の人との面接はすべてコンサルテーションと割り切るやり方もなくはないが，友人間のトラブル，親子の諍いといった問題が持ち込まれた場合，そう単純に主たる相談，副次的相談に分けることができない。別々に会いながらスクールカウンセラーの中で各人の言い分を付き合わせる，合同面接を活用する等の工夫によって，援助の幅を確実に増すことができる。

文　献

中釜洋子（2004）援助資源としての家族と手をつなぐ．In：倉光修編：学校臨床心理学．誠信書房, pp.295-323.

吉川悟編著（1999）システム論から見た学校臨床．金剛出版．

Winslade J & Monk G (1999) Narrative Counseling in Schools：Powerful & Brief. Corwin Press.（小森康永訳（2001）新しいスクール・カウンセリング—学校におけるナラティヴ・アプローチ．金剛出版．）

さくいん

あ行

か行

さ行

た行

な行

は行

ま行

や行

ら行

執筆者一覧（50 音順）
有井悦子（有井小児科医院／京都造形芸術大学こども芸術学科）
生田倫子（武蔵野大学人間関係学部通信教育部）
一丸藤太郎（神戸松蔭女子学院大学人間科学部心理学科）
岩宮恵子（島根大学教育学部心理・発達臨床講座）
鵜養啓子（昭和女子大学人間社会学部心理学科）
鵜養美昭（日本女子大学人間社会学部心理学科）
氏原　寛（帝塚山学院大学人間科学研究科）
内田利広（京都教育大学教育学科）
岡田康伸（京都文教大学人間学部）
岡本淳子（立正大学大学院心理学研究科）
小川幸男（秋田大学教育文化学部附属教育実践センター）
梶谷健二（関西大学心理相談室）
木南千枝（公立小・中学校スクールカウンセラー）
窪田由紀（九州産業大学国際文化学部臨床心理学科）
倉光　修（東京大学学生相談所・大学院教育学研究科）
黒沢幸子（目白大学人間学部心理カウンセリング学科）
小坂浩嗣（鳴門教育大学教育臨床講座）
小山充道（名寄市立大学保健福祉学部）
定森恭司（心理相談室“こころ”）
下川昭夫（首都大学東京大学院人文科学研究科）
杉村省吾（武庫川女子大学大学院心理臨床学専攻）
髙橋　功（東村山市教育委員会指導室）
篁　倫子（お茶の水女子大学）
滝口俊子（放送大学大学院臨床心理プログラム）
田中克江（福岡医療短期大学保健福祉学科）
田畑　治（愛知学院大学心理科学部心理学科）
津川律子（日本大学文理学部心理学科）
徳田仁子（京都光華女子大学人間科学部人間関係学科）
冨永良喜（兵庫教育大学大学院）
中釜洋子（東京大学大学院教育学研究科）
中村博文（神戸松蔭女子学院大学人間科学部心理学科）
長坂正文（愛知県立刈谷東高等学校）
西村洲衞男（檀渓心理相談室）
野島一彦（九州大学大学院人間環境学研究院臨床心理学講座）
野田正人（立命館大学産業社会学部）
羽下大信（甲南大学文学部人間科学科）
長谷川啓三（東北大学大学院教育学研究科臨床心理研究コース）
馬殿禮子（関西国際大学人間科学部人間心理学科）
林　幹男（福岡大学人文学部教育・臨床心理学科）
東山弘子（佛教大学）
樋口亜瑞佐（近畿大学豊岡短期大学通信教育部こども学科）
久留一郎（鹿児島純心女子大学大学院人間科学研究科）
平野直己（北海道教育大学教育学部岩見沢校）
廣瀬健二（立教大学大学院法務研究科）
福田憲明（明星大学人文学部心理・教育学科）
藤田悠紀子（新潟県スクールカウンセラー／藤田「心の相談室」）
本間友巳（京都教育大学教育実践総合センター）
増井武士（東亜大学大学院（客員教授））
松田文雄（医療法人翠星会松田病院）
宮田敬一（大阪大学大学院人間科学研究科）
村瀬嘉代子（大正大学人間学部）
村山正治（九州産業大学九州産業大学国際文化学部臨床心理学科）
森谷寛之（京都文教大学人間学部）
吉川　悟（龍谷大学文学部）
芳川玲子（東海大学文学部心理・社会学科）
吉澤智子（AIH 心理相談室）
若島孔文（立正大学大学院心理学研究科）

編者略歴

村山正治（むらやま・しょうじ）　九州産業大学教授，九州大学名誉教授。専攻：カウンセリング，臨床心理学。教育学博士（京都大学論教博第8号）。臨床心理士34号（日本臨床心理士資格認定協会認定）。主な著訳書に，『ロジャースをめぐって―臨床を生きる発想と方法』金剛出版，『新しいスクールカウンセラー』ナカニシヤ出版，『臨床心理士のスクールカウンセリング3』（共編著）誠信書房，『スクールカウンセラー―その理論と展望』（共編著）ミネルヴァ書房，『エンカウンターグループ』（編著）福村出版，『ロジァーズ再考』（共編）培風館，『臨床心理士によるスクールカウンセリングの実際』（編著）至文堂，『実践！　スクールカウンセリング』（共編）金剛出版，『ロージァズ全集』全23巻（共編訳）岩崎学術出版社，ジェンドリン著『フォーカシング』（共訳）福村出版，カーシェンバウムら編『ロジャーズ選集（上下）』（共訳）誠信書房，ほか多数。

学校臨床（がっこうりんしょう）のヒント
SCのための73のキーワード

2007年 8月25日　印刷
2007年 9月25日　発行

編　者　村山（むらやま）　正治（しょうじ）

発行者　田中　春夫

発行所　株式会社　金剛出版

印刷・太平印刷　製本・越後堂製本

〒112-0005　東京都文京区水道1-5-16
電話03-3815-6661　振替00120-6-34848

ISBN978-4-7724-0987-2　C3011　Printed in Japan　